ÜBER DIE

PROZESSUALISCHE CONSUMTION

UND

DIE RECHTSKRAFT DES CIVILURTHEILS.

ÜBER DIE

PROZESSUALISCHE CONSUMTION

UND

DIE RECHTSKRAFT DES CIVILURTHEILS.

ERÖRTERUNGEN

VON

PROF. DR. JUR. E. KLEINSCHROD.

LEIPZIG
VERLAG VON VEIT & COMP.
1875.

Vorwort.

Nach Behebung längeren Unwohlseins, der Unterbrechung gewohnter und erfolgreicher Lehrthätigkeit, schrieb Verf. diese Abhandlung. Bekker's gediegenes Werk „die Actionen" veranlasste die Wahl des hochinteressanten Gegenstands. Trat auch Verf. diesem Schriftsteller öfters entgegen, so doch immer nur nach sorgfältiger Prüfung: um so willkommener dann die Belehrung. Ganz dasselbe will Verf. bemerkt wissen bezüglich Windscheid's grundlegenden Werks *„die Actio"*. Selbstredend ist der Ton mehrfacher Polemik nur angemessen dem Ernst der Sache, der wissenschaftlichen Bedeutung der Gegner. Was nun die „prozessualische Consumtion" anlangt, so gründet sie Bekker auf die alte Regel *„bis de eadem re ne sit actio"*, womit Verf. im Allgemeinen übereinstimmt, aber freilich der Ansicht ist, dass das rechtspolitische Motiv ihrer Anwendung im Formularprozess ein wesentlich anderes, und selbst auf einem anderen Rechtsgebiete zu suchendes ist, als für die Zeit des ältesten römischen Civilverfahrens. Im zweiten Kapitel dieser Erörterungen betrachtet Verf. das gerichtliche Urtheil nach seinen einzelnen Bestandtheilen und dem Verhältnisse der Rechtskraft zu denselben. Das dritte Kapitel macht keinen weiteren Anspruch, als den einer Erörterung einiger wichtiger die Rechtskraft betreffender Punkte im Hinblick auf neuere Civilprozess-Ordnungen und Entwürfe.

Bayreuth den 11. November 1874.

Der Verfasser.

Inhaltsverzeichniss.

Erstes Kapitel.

Die prozessualische Consumtion zur Zeit des klassischen Römischen Rechts.

Zweites Kapitel.

Die Lehre von der Rechtskraft des richterlichen Urtheils.

Drittes Kapitel.

Neuere Gesetzgebungen und Gesetzentwürfe.

Berichtigungen.

S. 159 ist Z. 15 v. oben nach:

„bleibt man bei der" einzuschalten „Gleichstellung der".

S. 41 Anm. 28 muss es heissen:

l. 8 § 1 etc.

Erstes Kapitel.

Die prozessualische Consumtion zur Zeit des klassischen Römischen Rechts.

I. (§ 1).

Die Regel „bis de eadem re ne sit actio" und die Mittheilungen von Gaius.

I. Obige, schon dem Legisaktionen-Prozesse bekannte, Regel liess die Geltendmachung von *res* durch *actio, i. e. legis actio,* nur einmal zu.[1])

Mag man nun den Ursprung derselben der Weiterbildung des alten Gewohnheitsrechts durch die Juristen zuschreiben,[2]) oder einer alten *Lex*[3]), so ist hiemit noch nichts darüber gesagt, ob die Regel dem vielleicht schon damals klar erfassten Motive der Abschneidung endlosen Prozessirens ihren Ursprung verdankte, oder irgend anderen Umständen.

Verf. entscheidet sich für Letzteres, vorläufig nur hinweisend auf den starren, gegen das geringste Versehen unerbittlichen Charakter des Legisaktionen-Prozesses (Gai. IV 11, 30), dessen schwerfälligen Formen-Apparat, das strenge Gebundenwerden der Partheien eben durch Vollziehung der *legis actio,* welche in ihrem vornehmsten Falle nichts als ein endgültig regelnder Vertrag der Partheien war. In Erwägung dieser Umstände drängt sich der

1) Quellenzeugnisse hierüber bei Bekker proz. Consumtion § 3.
2) Bekker l. § 4 und Aktionen I S. 334.
3) Krüger proz. Consumtion S. 5 und Ztschr. für Rechts-Geschichte VII S. 231.

Gedanke von selbst auf: „Solches hat für einen und denselben Zweck von denselben Partheien unmöglich beliebig wiederholt werden dürfen."

Näheres hierüber in § 4 Nro II 1; ebenda in Nro II 2 über den ganz anders gearteten Grund der Geltung der Regel im Formularprozess. Für den Legisaktionen-Prozess aber stellt sich unsere Regel also weniger dar als fussend auf einem Prinzip, sondern nur als Folge und zwar theils des damaligen Prozessformalismus, theils aber auch des vertragsartigen Charakters der Verhandlungen *in jure.*

Dennoch aber kommt ihr zugleich, was schon deren Fassung ergiebt, eine tiefe materiell-rechtliche Bedeutung zu: zeigt doch schon der erste oberflächliche Blick in Verbindung mit Gai. IV 108:

— — — *qua de re semel actum erat, de ea postea ipso jure agi non poterat* — — (auch ib. § 98)

augenscheinlich, dass sie ihren Schwerpunkt in dem Verhältnisse materieller Identität zweier Prozesssachen hat: wiederholte *legis actio* über *eadem res* soll an sich schon rechtlich unmöglich sein.

Freilich spielt dabei auch der Formalismus seine Rolle, denn es soll auf nichts Weiteres ankommen, als darauf, ob schon früher einmal über *eadem res lege* agirt war; ob es bis zu vollzogener *litis contestatio* gekommen, oder ob die jetzige *l. actio* gar einem früheren Urtheile widerspreche, darauf kam nichts an. Daher hatte der Gegner auch weiter nichts nöthig, als den Prätor auf die Thatsache schon einmal vollzogener *legis actio* hinzuweisen, und um Verweigerung seiner Mitwirkung hiebei zu ersuchen.[4]) An dem Prätor war es dann zu prüfen, ob wirklich die jetzt er-

4) Den Weg sogenannter Prozesseinreden oder eines bezüglichen Präjudizial-Verfahrens zur Geltendmachung unseres Satzes durch den Gegner (Bethmann-Hollweg Civ. Pr. I § 38 u. A.) hält Verfasser mit Bekker Actionen I. S. 347 für ganz unmöglich. Entweder hat man die l. a. oder man hat sie nicht, wie eben ein anderes Privatrecht auch, wenn die gesetzlichen Bedingungen da sind, oder fehlen. Gegenstand der prätorischen Prüfung *ex officio* ist es, diess herauszustellen. Dort bekommt man sie nicht durch den Prätor, weil man sie schon hat, und hier giebt es nichts zu versagen, weil schon vorher nichts da ist. Undenkbar daher ein *dare* oder *denegare l. actionem* durch den Prätor. Die *legis actio*, wie auch der civilrechtliche Satz *„bis etc."* steht über dem Prätor; er kann sie nicht geben, wenn sie die *Lex* verweigert, nicht versagen, wenn sie letztere giebt.

öffnete *l. a.* mit der schon früher durchgeführten identisch sei. Hier genügte aber nicht die blosse Namens-Gleichheit der jetzigen und der früheren *l. a.*, sondern es musste auch herausgestellt werden, ob Gleichheit des privatrechtlichen Fundaments, m. a. W. Gleichheit der *res* beider Legisaktionen vorliege. Hiezu gehörte zunächst die Identität der Personen, da doch auch zur Zeit der Legisaktionen der Anspruch gegen *Titius* ein anderer war, als der gegen *Numerius;* ferner aber auch die Identität des Objekts, also der nämlichen Sache „*cum sua causa*",[5]) oder des nämlichen obligatorischen Anspruchs, also z. B. bei dem *sacramento agere in personam* dieselben *X millia aeris* aus derselben *causa debendi* (*ex sponsu*).

Ergab sich nun in allen diesen Punkten Identität, so hatte der Magistrat die ihm angesonnene seinerseitige Mitwirkung bei der jetzt wiederholten *legis actio* schlechthin zu verweigern.

Ausreichend war dieser Rechtszustand allerdings für den Fall, dass der frühere Vindikant, ungeachtet sein *sacramentum* nicht für *justum* befunden worden war, nun abermals gegen denselben Gegner wegen derselben Sache vindicirend auftrat, bzw. der frühere, ebenfalls für sachfällig befundene, *creditor* dieselbe *legis actio* wegen desselben obligatorischen Anspruchs eröffnen wollte.

Wie dann aber z. B., wenn Vindikant früher gesiegt hatte, die Sache irgendwie in den Besitz des unterlegenen Beklagten gekommen war, und nun jener gegen diesen abermals vindicirend vorgehen wollte?

Solcher Absicht musste der Formalismus des Legisaktionen-Prozesses entscheidend im Wege stehen: Vindikant hätte ja mit ganz der nämlichen *actio* wie früher, mit allen ihren juristischen Qualifikationen wieder auftreten müssen. Diesem stand aber die Consumtion der schon einmal vollzogenen *legis actio* unerbittlich entgegen.

Eine andere Möglichkeit könnte man sich hier noch denken: Die Sache wäre durch irgend einen Zufall wieder in den Besitz des früher gesiegt habenden Vindikanten zurückgelangt, und nun

---

5) Karlowa, Röm. Civ. Pr. S. 71. Ein Beispiel für die Sach-Identität bei Cicero *pro Mur.* 12 „*fundus qui est in agro qui sabinus vocatur*".

wollte es deren seitheriger Besitzer (der im früheren Vindikationsstreite unterlegene Beklagte) jetzt seinerseits unternehmen zu vindiciren.

Gewiss wäre auch diess unzulässig gewesen, weil besonders nach der richtigen, und von namhaften Autoren getheilten Auffassung des inhaltsreichen § 16 Gai. IV eine Geschiedenheit der Partheirollen bei der alten *vindicatio* nicht bestand, und, wegen der prozessualischen Consumtion, aus dem früheren Vindikationsstreite weder die neue *vindicatio*, noch die entsprechende *contravindicatio* mehr möglich gewesen wäre. Besitzer behielt also hier einfach die Sache, sicher vor jeder weiteren Behelligung durch seinen früheren Gegner. Man kann also sagen, dass in diesem Falle die alte Consumtion gewissermaassen als Urtheils-Surrogat wirkte.

Obige Constellation war ja eben ein Hauptpunkt, an welchem in der folgenden Periode des Römischen Civilprozesses der Gedanke der Berücksichtigung des Inhalts des Urtheils ansetzte, und durch die *replicatio de re secundum se judicata* das schroffe und formale Prinzip der *exceptio rei in judicium deductae* zum Falle brachte.

Für die ganze Zeit des L.-A.-Prozesses muss aber die ausnahmslose Fortdauer der *ipso-jure*-Consumtion (oder der direkten)[6]) jeder einmal vollzogenen *legis actio* festgehalten werden; nur bestand die einzige Voraussetzung, dass dieselbe gerade bis zur *litis contestatio* gekommen, m. a. W. auch wirklich vollzogen war.

II. 1. Auch für die Frage der Prozesswirkungen während der Zeit des römischen Formularprozesses ist Gaius bekanntlich die Hauptquelle, und erst seit der Auffindung seiner Institutionen ist auch über zahlreiche hieher einschlägige Stellen der Justinianischen Sammlung Licht verbreitet worden.

Aus seinen Institutionen kommen in Betracht die §§ 180, 181 des dritten, die §§ 103—108 nebst § 123 des vierten Buchs; erstere finden sich am Schlusse seiner Aufzählung der Aufhebungsgründe der Contrakts-Obligationen, die §§ 103—108 am Ende seiner Darstellung über das Aktionenrecht, und der § 123 in sei-

6) Ueber diesen Ausdruck, überhaupt den Ausdruck „prozessualische Consumtion" s. Krüger l. S. 43.

ner Lehre von den Exceptionen. Im § 181 verweist Gaius selbst zur Erklärung des hier berührten Unterschieds der Prozesswirkung je nach Verschiedenheit der *judicia* auf die mit § 103 lib. IV anhebenden späteren Ausführungen, so dass obige vier ersten §§ als ein Ganzes zu betrachten sind.

Mit Ausnahme des § 108 beschäftigen sich sämmtliche angeführte §§ mit der Prozesswirkung im Formularprozess, wobei sich folgende Sätze ergeben;

a) Bezüglich der Prozesswirkung ist zu unterscheiden zwischen *judicia legitima* und *imperio continentia* (eine dem Legisaktionen-Prozess fremde Unterscheidung);

b) wenn *in judicio legitimo* geklagt worden, und zwar mit *actio in personam* und *formula* mit *intentio juris civilis*, so entfällt jede erneute Klagserhebung schon *ipso jure*;

c) anders, wenn *in judicio legitimo* geklagt wurde, aber mit *actio in rem* oder *in factum*: hier ist erneute Klagserhebung an sich wohl möglich, aber dieselbe stösst auf die beiden Einreden *rei judicatae* oder *rei in judicium deductae;*

d) wenn *in judicio i. cont.* mit was immer für einer Klage geklagt worden, so entstehen immer nur diese beiden eben angeführten Einreden;

e) alle diese Wirkungen beginnen mit dem Momente der *litiscontestatio* (welche im L.-A.-Prozesse nicht mehr nöthig war, um Consumtion eintreten zu lassen).

Sonach kennt der Formularprozess die im Legisaktionenprozesse immer eintretende *ipso-jure*-Consumtion nur mehr in einem einzigen Falle unter ganz besonderen Bedingungen. Ausserdem ist Klagswiederholung immer möglich, nur stösst sie auf Einreden, welche ihre Substanziirung entweder aus dem Momente schöpfen, dass es früher wenigstens bis zur *litiscontestatio* gekommen war, oder aus dem, dass die jetzt abermals hervorgezogene Streitsache bereits abgeurtheilt sei.

Abgesehen nun von jenem einzelstehenden Falle der *ipso-jure*-Consumtion, ergiebt sich also für die rechtsgeschichtlich wichtigste Periode des römischen Civilprozesses eine Zweiheit von Rechtsmitteln um wiederholter Klagstellung nach schon einmal erfolgter zu begegnen:

Die *exceptio rei in judicium deductae*, welche ihre Begründung aus der *deductio in judicium* schöpft, und

die *exceptio rei judicatae*, welche sich auf die Erledigung der „*res*“ durch Urtheil stützt.

2. Bekanntlich besteht Streit, ob mit dem Wegfalle des Formularprozesses auch die prozessualische Consumtion entfallen sei, oder ob sie nicht wenigstens um Justinians Zeit antiquirt war.

Dieser Streit schöpft seine Nahrung aus dem Umstande, dass kein Gesetz bekannt ist, welches die prozessualische Consumtion aufgehoben hätte, sowie aus der Thatsache, dass sich in der Justinianischen Sammlung nicht wenige Stellen vorfinden, welche unzweifelhafte Spuren dieses Rechtsinstitutes, oder augenscheinliche Interpolationen im Sinne des veränderten Rechts enthalten.

Die Frage ob und wie lange sich wohl die prozessualische Consumtion nach dem Diokletianischen Gesetze vom Jahre 294 erhalten habe, wird später berührt werden, hier aber nur einstweilen bemerkt, dass das Vorkommen jener „Spuren“ für sich allein noch nicht als Beweis dafür gelten kann, dass die prozessualische Consumtion den Formularprozess überlebt habe. Dass aus Versehen der Compilatoren älteres, schon lange antiquirtes Recht aufgenommen worden, findet sich in der Justinianischen Compilation auch vielfach anderwärts[7]), ja es ist bei der Massenhaftigkeit des bei der Compilation benützten Materials eher zu verwundern, dass nicht noch mehr solche „unvorsichtige Spuren“ (Savigny Obl. R. I § 19) des einst so wichtigen Rechtsinstituts vorhanden sind.

Jedenfalls aber dürfte hier im Anschlusse an Gaius der Ort sein, die unzweifelhaftesten jener von der prozessualischen Consumtion ausgehenden Stellen aufzuführen. Sie sind:

Nicht l. 5 D. 44, 2, wie Keller L. C. u. A. annehmen, worüber s. Bethmann-Hollweg Tüb. krit. Ztschr. V S. 85, — aber: l. 2 D. h. t. (Francke l. 4 S. 425); l. 2 D. 45, 2; l. 16 eod.; l. 116 V. O.; l. 31 § 1 D. 46, 2; l. 5 D. 46, 1; l. 28 C. 8, 41; über diese Stellen Savigny Syst. V 254 n. c; Bekker proz. Cons. S. 11 zählt noch hieher: l. 32 pr. D. 15, 1; l. 1 § 24 D. 14, 1;

---

7) Francke, Archiv XXIII 416. Savigny, Syst. Bd. VI S. 24 n. c. über l. 3 pr. Cod. 7, 54. Liebe, Stipulation S. 269. Bekker, Aktionen Bd. I S. 319.

l. 4 § 5 D. 14, 5; l. 9 § 1 D. 14, 4; l. 23 D. 27, 3; l. 46 § 5 D. 26, 7; l. 16 § 5 D. 20, 1; l. 9 § 1 D. 44, 2; l. 2, l. 4 Cod. 3, 1; l. 1 Cod. 2, 27; Keller, L. C. S. 233 rechnet hieher auch l. 22 § 8 D. 46, 8, ebenso Bethmann-Hollweg, Civ. Pr. II. S. 490; Francke l.: l. un. § 7 Cod. 5, 13; Liebe, Stipulation S. 176 n. 1 sieht noch Spuren der exc. r. i. jud. ded. in l. 45 § 1 D. 3, 3, l. 12 § 2 D. 10, 4, und will ferner in l. 4 § 3 D. 9, 4 eine Vertilgung der Spuren dieser Einrede durch Tribonian erkennen, ebenso Savigny l. dasselbe in l. 88 § 1 D. legat. I. und l. 2 Cod. 7, 57. Im weiteren Verlaufe dieser Abhandlung muss auf manche dieser Stellen nähere Rücksicht genommen werden.

II. (§ 2).

Grundgedanke der Consumtion.

In auffallender Knappheit steht uns der Satz „*bis etc.*“ gegenüber. Seine Voraussetzung: Identität der *res*, wegen welcher wieder *actio* angestellt wird, ist ebenso deutlich, wie sein unterschiedsloses Eintreten frappirend. Von Andeutung irgend eines Motivs, einer inneren Rechtfertigung ist keine Rede: dürr und trocken wird die Klagswiederholung versagt, ohne Rücksicht darauf, ob man mit der früheren Klagstellung das Ziel erreichte oder nicht.

„Weil geklagt worden, darum giebt's keine Klage mehr“, — diess wäre keine Erklärung, nur der Satz selber wieder in anderer Form, immer bliebe ungelöst, warum man nicht mehr klagen kann, weil geklagt ist.

Für die Beantwortung der Frage, warum der civile Satz „*bis etc.*“ auf den Formular-Prozess übertragen wurde, sind verschiedene Ansichten aufgestellt worden.

Planck Mehrheit etc. S. 4 findet den Grund hiefür in der Autorität des in der *formula* ertheilten (bedingten) Richterspruchs[8]).

---

8) Gerade der Ausdruck „Richterspruch“ liesse sich bestreiten, aber der Sache nach ist Planck beizustimmen; Buchka's l. II S. 5 Polemik gegen Planck könnte entgegengehalten werden, dass Buchka die Bedeutung der *formula* unterschätze. Hierüber unten § 4, und Windscheid, Actio S. 51.

Keller, und mit ihm die Mehrzahl der Autoren sucht die Lösung in der durch die Verhandlungen *in jure* bedingten „Novation" ein Gedanke, welcher später gewürdigt werden wird.

Eine dritte Ansicht kombinirt beide Momente.

Die vom Verf. vertretene, später § 4 II 2 näher ausgeführte Ansicht, findet den Grundgedanken der Consumtion in der durch die Formel-Ertheilung begründeten öffentlich-rechtlichen Gebundenheit der Partheien, ihr einmal vor den Magistrat gezogenes streitiges Rechtsverhältniss als durch diesen ein für allemal regulirtes, nur mehr der Cognition des ernannten *judex* unterstehendes und nicht mehr wiederholt anstreitbares zu betrachten.

Ausserdem könnte man noch folgende weitere Gründe aufführen, rechtspolitischer Art.

Bis zur prinzipalischen Zeit, und namentlich der Fixirung des *Edictum perpetuum* stand bekanntlich den Prätoren eine rechtsbildende Macht zu, welche in ihrer Wirksamkeit der gesetzgebenden Gewalt nahezu gleichstand. Man erwäge nur die prätorische Befugniss zur *datio* und *denegatio actionis*, das freie Ermessen des Prätors in Fällen, wo im Album kein Formular für die verlangte *actio* stand, *in factum actio* zu geben, ferner seine Befugniss zur Formel-Ertheilung auf den Grund von Fiktionen, überhaupt sein freies Würdigungsrecht der gegenseitigen Partheivorbringen, so dass er, wie dem Kläger *formulam* denegiren, den Beklagten trotz seiner Einwendungen als *confessus* betrachten und die Anordnung eines *judicium* verweigern konnte.

Hiezu nehme man überhaupt die ganze Flüssigkeit des damaligen Privatrechts, — und so lag es wohl nahe, dass ein Kläger beim Anblick der ertheilten *formula*, die ihm z. B. eine Condemnationsermässigung zumuthete (*c. cum taxatione*), auf den Gedanken verfallen konnte, dem Instruktions-Verfahren *in judicio* ferne zu bleiben, um sein Glück nochmals, aber bei einem anderen Prätor mit vielleicht ihm günstigeren Rechtsanschauungen zu versuchen. Zwar bestand „von Alters her" (Keller Civ. Pr. § 69) ein Desertions-Verfahren, allein immer lag es doch im freien Belieben des Beklagten, das Eremodicium zu verlangen, was unter Umständen nicht zu fordern er gute Gründe haben konnte. Man denke nur an die Wirkungslosigkeit des Urtheils in *eremodicio* gegen Dritte, oder z. B. im Ingenuitäts-Streit an das für den Beklagten wenig Befriedigende des Urtheils, welches in *eremodicio* auf halbem Wege stehen blieb.

l. 27 § 1 D. 40, 12 — — *sane hoc lucratur, quod is, qui eam status controversiam faciebat, amittit suam causam. Nec ea res ingenuum facit eum, qui non fuit — —; . . . pronunciare debebunt, servum illius non videri, neque haec res captionem ullam habet: cum non ingenuus pronuncietur, sed servus non videri.*

Ob nun die Vorschrift: „zweimal wird nicht über dieselbe *res* Formel ertheilt", (was eben die Verarbeitung des civilrechtlichen Satzes „*bis*" etc. für die Zeit des Formular-Prozesses war,) mit im Hinblick auf obige Möglichkeit entstand, ist zwar nicht zu beweisen, aber immer denkbar; mindestens aber kann man jener Vorschrift für diesen Fall das Prädikat thatsächlicher Utilität nicht verweigern, und zwar sowohl im Sinne der Geschäfts-Erleichterung des *munus judicandi*, als der Sicherung des Beklagten gegen nochmalige Uebernahme des Prozess-Risiko's.

Ein anderer Fall, worin die Utilität des, abermalige Formelertheilung ausschliessenden, Satzes zu Tage trat, ergab sich mit Rücksicht auf die kurze Dauer der *judicia*, deren Aufhören bei *judicia imperio continentia* mit dem Abtreten des das betreffende *judicium* angeordnet habenden Magistrats eintrat, bei *judicia legitima* (im Sinne von Gai. IV 104) nach $1^1/_2$ Jahren. Erlosch nun während schwebenden Prozesses das eine oder andere dieser *judicia*, so fiel Alles, *judicium* und *formula*, für alle Zeiten zusammen.

In dem ersten Falle des § 107 lib. IV bei Gaius wäre eine abermalige Formelertheilung, freilich *ipso jure* nichtig gewesen, in dem zweiten Falle aber, wie vor jedem (späterem) *judicium imperio continens* wäre obige Vorschrift in Anwendung gekommen und durch die *exceptio rei in judicium deductae* realisirt worden, wodurch die Utilitäten wie in jenem ersten Falle erreicht wurden.

Der Regel „*bis*" fehlte es also keineswegs an mancherlei Motivirung[9]), allein dennoch kann sie dem Vorwurfe nicht entgehen, eine vorwiegend nur formelle Vorschrift gewesen zu sein, welche sich um den letzten Zweck alles Prozessirens, Herbei-

9) S. auch Muther, Kritik S. 78.

führung materieller Entscheidung, gar nicht kümmerte, daher sie gewissermassen in sich selbst die Keime der Auflösung trug, welche eintreten musste, als einer weiter vorgeschrittenen Zeit die letzten Zwecke aller Rechtspflege immer deutlicher wurden, nämlich Sicherung der materiellen Rechtsverhältnisse durch Urtheil auf dem Wege des Prozesses als Mittel. Enge zusammenhängend mit der Gerichtsverfassung zur Zeit des Formular-Prozesses und den wichtigsten Einrichtungen dieses eigenthümlichen Verfahrens, musste sie mit diesem fallen, entbehrend jeder weiteren nützlichen Verwendung in dem nach Prinzip und Form so ganz verschiedenen Prozesse der späteren römischen Kaiserzeit; ja gegenüber dem sich immer feiner ausbildenden, allein fruchtbaren, Rechte der *exceptio rei judicatae* wäre sie als ein täglich unerträglicher werdender Anachronismus gefühlt worden.

Hierbei soll aber durchaus nicht verkannt werden, dass unsere Regel „*bis*", oder die prozessualische Consumtion, neben dem Keime der Auflösung auch den des Fortschritts in sich trug, und gerade für die Ausbildung der so eben berührten Lehre der *exceptio rei judicatae* eine ganz wesentliche Entwickelungs-Stufe bildete: musste ja doch immer, eben um zu beurtheilen, ob erneuter Klagserhebung Consumtion entgegenstehe oder nicht, eine sorgfältige Prüfung auf Identität der *res* angestellt werden, des materiellen Rechtsverhältnisses, — denn nichts anderes heisst hier „*res*", wie in § 6 Nro. 1 zu beweisen unternommen wird. So musste die Praxis allmählich und leise den Fesseln des Formalismus entrückt und immer näher den bezeichneten Zielen aller Rechtspflege zugeführt werden, wofür die nicht zu verkennenden schon von Anderen bemerkten, inneren Veränderungen in der Ausbildung der römischen Consumtionslehre selber den entschiedensten Beweis liefern. Auch für sie, die Consumtion, bestand eine Zeit lang eine rechtspolitische Rechtfertigung, wie überhaupt alle menschlichen Einrichtungen eine Zeit lang nothwendig sind. Ohne nöthigende Ursache legen sich die Menschen gewiss nicht Fesseln an, sowie auch niemals die Zeit ausbleibt, wo Dasjenige abgestreift wird, was, früher wohlthätig, jetzt eben als Fessel gefühlt wird, — nur ist's unsere Aufgabe, die Entwickelungsstufen des Rechtslebens vergangener Zeiten zu klarer Erkenntniss und richtiger Würdigung zu bringen.

III. Voraussetzungen der Consumtion.

§ 3. 1) Im Allgemeinen.

Diese Voraussetzungen lassen sich in den Satz zusammenfassen: es muss wirklich *lis* kontestirt und ein gültiges *judicium*[10]) bestellt worden sein.

Von nun an ist die Consumtion unbedingt entstanden, und *res in judicium deducta; „in judicium deducere“:* ein unzählige Male in den Quellen vorkommender Ausdruck, und zwar nicht allein in Anwendung auf das ganze Streitverhältniss, sondern auch den streitigen Gegenstand selber, wie z. B. einzelne Sachen, dingliche Rechte etc.: l. 30 D. 4, 8 — *rem, de qua compromissum sit, in judicium deducere;* l. 14 § 1 D. 10, 2 — *usus fructus an in judicium deducatur;* l. 30 eod. — *religiosa loca non in judicium deduci;* l. 37 D. 9, 4 — *actio in judicium deducta etc.* Allgemein: l. 27 pr. D. 3, 3.

Ebenso unbedingt treten auch von jetzt an die Wirkungen der Consumtion ein, ganz gleichgültig, ob es wirklich zu einem Urtheile kommt oder nicht, oder welcher dessen Inhalt sei, gleichgültig auch, ob und inwieweit es dem Beklagten gelingt, sich zu befreien, sei es wegen einer bloss dilatorischen oder peremptorischen Einrede, welcher Umstand in seiner völligen Ignorirung der möglichen inneren Verschiedenheiten der Vertheidigung des Beklagten ganz besonders die Schroffheit des ganzen Consumtions-Instituts vor Augen führt.

Voraussetzung zum Eintritte aller dieser Folgen ist aber, dass die L. C. auch wirklich in gültiger und namentlich den Kläger bindender Weise zu Stande gekommen ist.

Für diesen Zweck muss vor Allem der Magistrat *jurisdictio* über die betreffende Streitsache haben. l. 1 Cod. 4, 56 (Alexander): — *perduci eum ad praetorem cujus de liberali causa jurisdictio est, ut (ibi) lis ordinetur;* — l. 2 eod. (idem): — *agatur*

10) Hiezu Keller, L. C. S. 292, 351, welcher die interessante l. 74, § 2 D. 5, 1 analysirt; dann die schon von der Glosse aufgeführten Parallelstellen: l. 36 D. 10, 2; l. 2 § 15, § 16 D. 41, 4; l. 1 pr., l. 2 D. 49, 8; l. 191 R. J.; l. 30 pr. D. 40, 5.

causa apud eum, cujus de ea re notio est. Ist es anders, so wird nichts *in judicium* deduzirt und nichts konsumirt.

Ausser diesem musste der Magistrat die Fähigkeit der *judicis datio* haben (l. 12 § 1, l. 81 D. 5, 1), und ebenso der *judex datus* die zur Uebernahme des *judicium.* l. 12 § 2 eodem.

Stellvertretung im Prozess betreffend deduzirte wohl der *cognitor* (Gai. IV 98), lange Zeit aber der *procurator* nicht *in judicium,* daher die von solchem geschehene L. C. für den *dominus* nicht existirte; anders erst gegen Mitte des zweiten Jahrhunderts, nur musste wirkliche Bevollmächtigung da sein. l. 11 § 7 D. 44, 2.

Ebensowenig wäre *lis* kontestirt und *in judicium* deduzirt gewesen, wenn es irgend an einem wesentlichen Theile der Formel gefehlt hätte, z. B. an der Anweisung mit der bekannten Alternative, oder die *demonstratio* wäre falsch gewesen.[11]) Hier hätte das *„judicium constituere“* des Magistrats nicht als vollbracht angesehen werden können, sollte auch das klägerische *„judicium contestari cum reo“* und das *„judicium accipere“* des Beklagten in Ordnung gewesen sein, denn nur das gemeinsame, *rite* vollzogene Zusammenwirken des Magistrats und der Partheien bewirkte die *litiscontestatio,* den Moment des Eintritts der Consumtion.

Bei den neueren Juristen finden sich für den Ausdruck *„rem in judicium deducere“* verschiedene Ausdrücke. So bei Buchka, Einfluss etc. I 291: „dem Richter zur Entscheidung vorlegen“; Keller, L. C. S. 107: „die Sache vor den *judex* bringen“; Planck, Mehrheit etc. S. 4 sagt: „mit der Ertheilung der *formula* ist das frühere Recht untergegangen, und Alles was davon übrig bleibt, in die neue Form eines vor dem *judex* zu verfolgenden Rechts aufgenommen. Das Klagrecht ist jetzt *in judicium* deduzirt“; Krüger, Pr. Cons. S. 53: „Aufgabe der Consumtion ist, die nochmalige Geltendmachung des klägerischen Anspruchs zu verhindern. *Res* ist also der vom Kläger geltend gemachte Anspruch.“ Bekker, Cons. S. 48: *„r. i. j. deducta* ist der einmal klagbar verfolgte Anspruch.“ Anders Bekker, Aktionen, worüber unten § 6 Nro. 2. Savigny giebt von *r. i. j. d.* nirgends eine

11) Keller, Civ. Pr. § 44 Nro. 5.

Definition, und redet nur von der *exceptio r. i. j. deductae* als „Organes der Consumtion des Klagrechts". Bei Bülow, Prozesseinreden etc. endlich finden sich folgende Aussprüche: S. 7; „*res i. j. d.* ist Thatbestand des streitigen Privatrechtsverhältnisses", gegenüber von *judicium* als „Thatbestand des Prozessverhältnisses"; auf S. 158 wird *res i. j. deducta* identifizirt mit Vollziehung der L. C.; S. 222 nennt Bülow *res i. j. d.* den eingeklagten Rechtsanspruch. Puchta, Cursus etc. II 176 sagt: *rem in judicium deducere* sei: „die Sache vor den *judex* bringen".

Es soll nun zunächst der Ausgangspunkt aller Consumtion, die Litiskontestation, betrachtet werden, und warum an diese der Eintritt der Consumtion geknüpft wurde. Dann wird die Rede sein von der Geltendmachung der Consumtion durch die *exceptio rei in judicium deductae*, um hierauf zur Wirkung der Consumtion, der Frage: was wird denn eigentlich konsumirt?, überzugehen.

Schliesslich wird von den Ausgangspunkten zur Entscheidung der Consumtionsfrage im römischen Formularprozesse gehandelt werden, besonders von den die Bezeichnung der *res* enthaltenden Theilen der *formula*.

§ 4. 2) Im Besondern von der Litiskontestation.

(Novation oder Prozessobligation?)

Dass die L. C. der zeitliche Anfang aller Consumtion ist, bedarf seit Keller keines Beweises mehr; vor der L. C. wird nie etwas consumirt.[12]

Warum aber begann die Consumtion mit der L. C.? Hierüber bestehen zwei Hauptansichten.

Die eine stellt auf: weil die L. C. ein prozessualischer Vertrag der Partheien des Inhalts ist, ihren Rechtsstreit ein für allemal in diesem *judicium* auszutragen, worin von selbst Ausschluss jeder Wiederholung der *actio* liegt;

die andere: weil die L. C. *ipso jure* eine *novatio* bewirkt, daher wegen hiedurch herbeigeführter Aufhebung der alten *obligatio* auch *actio* erloschen ist.

Betrachten wir zunächst diese zweite Ansicht.

12) S. die gründlichen Ausführungen bei Bekker, Cons. S. 98—119.

I. Die Novationstheorie.

Hauptvertreter derselben ist Keller L. C. § 8 — § 11; § 24; Civ. Pr. § 60; Rec. in Hall. Lit. Z. 1846. Ihm schlossen sich in der Hauptsache an, zum Theil jedoch mit verschiedenen Modifikationen: Liebe Stipulation, S. 178; Planck Mehrheit etc. S. 4; Ribbentrop Corr. Obl. S. 11; Endemann Bew. Lehre S. 100; Bethmann-Hollweg Civ. Pr. S. 512 u. öfters; Derselbe in Tüb. Krit. Ztschr. V (1829); Savigny Syst. § 258; Wächter Erörter. III. Heft 12. Erörterung; Osterloh Ordentl. Civ. Pr. II 50 u. A.

Die Hauptstütze für die Lehre von der durch die L. C. mit Rechtsnothwendigkeit bewirkt werden sollenden *novatio*, welcher man zum Gegensatz der kontraktlichen *novatio* den Namen *novatio necessaria* gab, lieferte Gaius III 180, 181; dazu IV 106, 107, 98, daher die ganze Novations-Theorie erst der neueren Zeit nach Auffindung von Gaius angehört.[13]) In folgenden Stellen wollte man dann noch „Spuren" der *nov. nec.* finden: l. 29, l. 11 § 1 D. 46, 2; l. 3 pr. Cod. 7, 54.[14])

Die ganze Theorie der „*novatio necessaria*" — eine Bezeichnung, welche eigentlich eine *contradictio in adjecto* enthält — stellt sich von vornherein als eine sehr begrenzte dar. Zunächst ergiebt sich schon aus dem Begriffe *novatio* deren Beschränkung auf das Gebiet der Obligationen, also die Unanwendbarkeit dieser Lehre in allen ausserobligatorischen Verhältnissen.

Hiezu tritt aber noch eine zweite Beschränkung, denn nicht einmal in allen Rechtsstreitigkeiten wegen Obligationen soll die L. C. novirend wirken, sondern nur da, wo mit *actio in personam* geklagt ist, die *intentio jur. civ.* und das *judicium legitimum* war. Nichts novirt, nichts aufgehoben soll werden bei allen übrigen persönlichen Klagen, wenn eine der beiden anderen Bedingungen fehlt, ferner bei den *actiones in rem* und denen in *factum*.

Bethmann-Hollweg Civ. Pr. II S. 490 meint, in diesen letzteren Fällen könne man doch wenigstens einen Vergleich mit der *novatio* ziehen, da die *actio*, ein der Obligation ähnliches

---

13) S. noch Keller L. C. S. 102. n. 14.

14) Auch Vat. fr. § 263 soll die nov. beweisen. Hiegegen Windscheid Aktio S. 59. n. 36. Muther Kritik S. 87.

Recht, durch den Willen der Partheien „zerstört" und ein wahrhaft obligatorisches Verhältniss, das *judicium*, an ihre Stelle gesetzt wird.

Würde diess wirklich so sein, so wäre nicht mehr blosse Aehnlichkeit mit der *novatio* da, sondern diese selber; ausserdem wäre keine nochmalige Anstellung der „durch den Willen der Partheien zerstörten" *actio* denkbar, was doch Gaius selbst voraussetzt, da er die *exc. rei in jud. deductae* für nöthig hält.

Savigny, Syst. VI S. 25 stellt als möglich hin, dass jene sog. *novatio necessaria* durch *stipulatio* begründet wurde. Würde diess aber dann nicht wieder eine *novatio voluntaria* sein? Ausserdem dürfte diese Vermuthung schon darum unhaltbar sein, weil die L.C. gewiss gegenseitige Verpflichtungen der Partheien begründete (wovon später) und nicht bloss einseitige, wie die *stipulatio*.

Keller's Novations- (*melius*) Verwandelungs-Theorie [15]) stützt sich bekanntlich auf die von Gaius III 180 i. f. mitgetheilte Rechtsparömie:

> *ante litem contestatam dare debitorem oportere, post litem contestatam condemnari oportere, post condemnationem judicatum facere oportere,*

welche recht eigentlich das Prinzip der „vielbesprochenen Lehre von der *novatio necessaria*" enthalten soll.

Mit vollem Recht ist schon bemerkt worden, dass Gaius mit dieser Parömie mehr ein Bild geben wollte, wie diess ja bei Sprichwörtern überall mehr oder weniger zutrifft, und man hier am wenigsten juristische Präcision verlangen kann. Daher erscheint es schon im Allgemeinen verdächtig, eine gelegentlich mitgetheilte Parömie als Hauptargument für die behauptete Existenz eines sonst durch kein einziges unzweifelhaftes Zeugniss bestätigten angeblichen Rechtsinstituts zu prädiciren. [16]) Dennoch

---

15) Denn nach Keller haben wir es sogar mit zwei Verwandlungen zu thun; zuerst soll sich nämlich die *obligatio d. o.* in die *obl. c. o.* (durch die L. C.) verwandeln, dann die *obl. c. o.* in die *obligatio judicatum facere* (durch das Urtheil). Genau ebenso Liebe *l. c.* Hiegegen Savigny VI 26, seine frühere Auffassung (V 325) aufgebend. Sehr scharf spricht sich gegen solche „Verwickelung der Obligationen ohne allen Zweck" aus: Mayer L. C. (1830) S. 42. S. auch Fein Archiv XXVI S. 380.

16) Ausserdem ist auch noch auf die ganze Einseitigkeit jenes Sprichwortes hinzuweisen, als ob die L. C. nicht auch für den Kläger Ver-

aber soll die *nov. necessaria* auf Grund dieser Parömie „gleichsam mit Augen zu sehen sein“![17]

Bei aller Deferenz gegen Keller wagt es Verf. dennoch, diese Offensichtlichkeit abzusprechen.

Bekanntlich geht man bei der Interpretation der römischen Rechtsquellen stets am sichersten, wenn man das Einfachere, Natürlichere, den nächsten Wortsinn annimmt; hiernach dürfte eine unbefangene Betrachtung der Stelle ergeben, dass sie gar nichts Besonderes vorführen, sondern nur die Lage des *verus debitor* nach *in judicium* deduzirter *actio* schildern will: schuldig von vorneherein muss er verurtheilt werden und schliesslich dem Judikat nachkommen, — ein in Folge jeder begründeten Klage sich abwickelnder Vorgang, zu dessen Erklärung die Annahme zweier gewaltsamer Novationen ebenso unnöthig ist, wie zu dessen Herbeiführung.

Keller findet nun die wichtigste Utilität jenes angeblichen Bestandenhabens einer „unabhängig von der Willkür der Partheien wirkenden“ *novatio* — genauer: zweier, wie Keller, nimmt man doch einmal den Novations-Standpunkt an, konsequenter aufstellt, als Andere — in der Möglichkeit, mittelst dieser *nov. necessaria* Aenderungen des ursprünglichen Schuldverhältnisses herbeizuführen, als z. B. „neue Bedingungen (*exc. etc.*), Umsatz der geschuldeten Sache in Condemnationsgeld (*quanti ea res est*), Veränderungen in den Subjekten (Cessionar statt des ursprünglichen *creditor*, Vater anstatt des obligirten Sohns), quantitative Beschränkungen, z. B. *duntaxat de peculio, de in rem verso, quantum facere possit etc.*“[18]

Hiegegen dürfte Folgendes geltend gemacht werden können: Es muss zugegeben werden, dass *in jure* die mannigfaltigsten Aenderungen des ursprünglichen Schuldverhältnisses zu Stande kommen konnten, was auf zweierlei Weise möglich war. Zunächst nämlich durch den Prätor selber, in dessen Machtvoll-

pflichtungen erzeugt hätte, und sein ursprünglicher Anspruch nicht bedeutend beschnitten in der *formula* zum Vorschein hätte kommen können. Dem Verf. kommt vor, als habe man fraglicher Parömie viel zu viel Ehre angethan.

17) Keller Civ. Pr. § 61.

18) Keller Civ. Pr. § 60 und Allg. Lit. Ztg. 1846 n. 189.

kommenheit es lag, die gegenseitigen Ansprüche der Partheien selbst bedeutend zu modificiren, was ja Keller selbst anerkennt. Von „*novatio*" hier zu reden, wäre aber rein unmöglich: zwar liegt ein *novum* vor, aber zu Folge Zwangs, und zwar wegen Intervention eines Dritten, ausserhalb des Rechtsverhältnisses der Partheien Stehenden.

Aenderungen der bemerkten Art konnten aber auch von den Partheien ausgehen, welche *in jure* auf die freiste Weise mit einander verhandelten. Hier käme es dann erst wieder darauf an, welche Tragweite die Partheien derartigen Aenderungen beilegen wollten. Sollen es blosse Modifikationen des ursprünglichen Schuldverhältnisses in einzelnen Punkten sein, dann fehlt es überhaupt an den Voraussetzungen einer *novatio*; sollen dieselben aber den Sinn einer wahren Aufhebung des alten, und Begründung eines neuen Schuldverhältnisses haben, dann läge eben nichts weiter vor, als eine *in jure* vollzogene (freiwillige) gewöhnliche *novatio*. Was soll dann noch der Satz: „jetzt müssen wir annehmen, es sei *necessarie* novirt"?

Wenn sich Keller dann weiter zum Beweise der novirenden Wirkung der L.C. namentlich auf l. 29 nov. beruft, wo Paulus den mit einigen Beispielen belegten Satz an die Spitze stellt;

> *aliam causam esse novationis voluntariae, aliam judicii accepti, multa exempla ostendunt,*

so dürften die Ausdrücke „*aliam — aliam*", dem nächsten Wortsinne nach eher gegen, als für Keller sprechen. Kann man denn, fasst man die ganze l. 29 nach ihrem inneren Zusammenhange auf, anders übersetzen, als: „anders ist es, ein anderes Verhältniss, bei der *novatio voluntaria*, als beim *judicium acceptum, i. e.* der L.C."?

Hier erscheinen also die für die *novatio* bestehenden Regeln für den Fall der Einlassung auf die Klage geradezu abgelehnt.

Keller will freilich (L.C. S. 99) den Differenzpunkt darauf beschränken, dass man wohl bei der freiwilligen *novatio* seine Lage deterioriren könne, bei der nothwendigen aber solche Deterioration gegen den vermuthlichen Willen der Partheien wäre. Richtig! Beweist aber eine richtig gedachte Beschränkung eines nur supponirten Rechtsinstituts schon die Existenz dieses selber?

Dagegen könnte man, um Keller's Argument aus l. 29 cit. zu halten, eher so raisonniren:

Wie kommt es, dass Paulus der *nov. voluntaria* gerade das *judicium acceptum* anreiht, und nur einen Differenzpunkt zwischen Beiden findet, so als ob sonst kein Unterschied zwischen ihnen bestände? Muss man da nicht so folgern: weil eben Beide nichts als *species* eines und desselben *genus* sind, welches *novatio* heisst?

Wäre zu beweisen, dass Paulus diess wirklich hat sagen wollen, so läge hierin allerdings ein Argument für die Novationstheorie. Jedoch giebt es noch eine andere, und wie dem Verf. scheint, natürlichere Interpretation der Stelle, wonach Paulus überhaupt von einigen der wichtigsten Arten von einer Forderung Gebrauch zu machen, etwa so redet: man kann eine Forderung noviren, aber auch gerichtlich geltend machen, nur tritt in letzterem Falle dasjenige nicht ein, was die regelmässige Folge der *novatio* ist, nämlich der Untergang der Accessorien und Privilegien, was hier der Gläubiger vernünftigerweise nicht wollen kann.

Den nämlichen Gedanken an wichtige Fälle, seine Forderung praktisch zu verwerthen, spricht derselbe Paulus in l. 22 D. 26, 7 aus:

> „*tutor ad utilitatem pupilli et novare et rem in judicium deducere potest*". — —

Hiezu vergleiche man noch Ulp. in l. 2 § 8 D. 18, 4, wo von den verschiedenen Pflichten des *venditor hereditatis* die Rede ist, und es unter Anderm heisst:

> *sed et si novaverit, vel in judicium deduxerit actionem, praestare debebit hanc ipsam actionem, quam nanctus est*

also ebenfalls wieder von verschiedenen Verwendungs-Arten einer Obligation die Rede ist, auch die *novatio* in einen entschiedenen Gegensatz zu *ded. in judicium* gebracht ist.

Ganz entscheidend aber für die Behauptung, dass die römischen Juristen die Wirkung der L.C. keineswegs als *novatio* auffassten, zeigt der Schlusssatz in l. 26 § 2 D. 12, 2:

> *jurisjurandi condicio ex numero potest esse videri novandi delegandive, quia proficiscitur ex conventione, quamvis habeat et instar judicii.* [19])

---

19) Gegen Keller's Argument aus l. 11 § 1 nov. s. Mühlenbruch, Cession 3. Aufl. S. 35 n. 64.

Will man nun aber dennoch den Ausdruck *novatio necessaria* beibehalten, so scheint die Interpretation desselben bei Brinz, Pandekten, S. 556 noch das Annehmbarste. Derselbe sieht in jener zunächst nicht einen Wechsel von Obligationen, sondern die prozessgemässe Entwickelung des *jus agendi* durch die zwei „Gänge" des siegreichen Urtheils und der Exekution. Jene, in obiger Parömie aufgeführte Reihenfolge von *dare —, condemnari —, judicatum facere oportere* hat nach Brinz keinen anderen Grund als den der Ausübung des Klagrechts, keinen tieferen als den des Klagrechts, und das Ganze ist ein Wechsel von Aktionen zur Geltendmachung „immer dringenderer Ansprüche", — genau wie die obige Auffassung: „schuldig von vorneherein muss *debitor* verurtheilt werden und schliesslich dem Judikat nachkommen," nur dass Brinz die Bedeutung unserer Parömie für die klägerische Seite zur Anschauung gebracht hat.

Für die hier vertretene Ansicht der Abweisung des Novationsbegriffs für die Consumtions-Lehre sind aus neuerer Zeit zwei namhafte Autoren anzuführen: Windscheid und Bekker.[19a])

Windscheid's Ansicht (Aktio § 8) lautet in der Hauptsache: Nicht untergegangen ist die *obligatio* durch die L.C., nur aufgegangen in das *judicium*, dessen Agens sie jetzt ist. Vor der L.C. hatte der Berechtigte *obligatio*, jetzt *judicium*, oder die Obligation *inclusa hoc judicio* (l. 139 R. J.). Novirt ist nicht, denn nichts hat sich geändert, noch immer ist die alte *obligatio* und die alte *actio* da, nur ist der Anspruch wegen der *obligatio* intensiver geworden („dringender": Brinz). S. auch noch Windscheid l. § 12.

Bekker Cons. § 23 führt mit überzeugenden Gründen gegen Keller und Wächter aus, dass die L.C. keine Aufhebung des alten Anspruchs bewirkte, sondern nur Unmöglichkeit einer wiederholten *actio* über *eadem res*, dass ferner die Ansicht einer zweiten im Urtheil enthaltenen Novation direkt den Quellen widerstreite, und dass die *in judicium* deduzirte Forderung nach der L.C. als *naturalis* fortbestehe.[20])

19a) Zu vgl. jetzt auch Westerburg, Kreisrichter in Brilon, Archiv f. prakt. Rsw. N. F. Bd. IX Heft 4 (1873) von S. 340 an in der Abhandlung „Einfluss der *res judicata* auf nicht erwähnte Zinsen".

20) S. ausserdem noch Bekker l. S. 12. Die praktische Wichtigkeit der Frage rechtfertigt wohl den Abdruck der von Bekker aufgeführten

II. Die Prozessobligation (Vertragstheorie).

1. Wenn für irgend eine Periode des römischen Civilprozesses zugegeben werden kann, dass die L.C. novirend wirkte, so ist diess für die Zeit des Legisaktionen-Prozesses.

Hiefür spricht zunächst der den L.-A.-Prozess ausschliesslich beherrschende privatrechtliche Grundzug — Verhandlungs-Maxime bis auf die Spitze getrieben. Diess zeigte sich schon von der *in jus vocatio* an, jenem fast bis auf Cicero's Zeit einzigen Privatmittel des Klägers, seinen Gegner vor den Magistrat zu bringen. Von obrigkeitlicher Beihülfe, nicht einmal indirekter wie später (Gai. IV 46; Dig. 2, 5), war die längste Zeit keine Rede; und das Wesen der *in jus vocatio* selber war kein anderes, als den Beklagten zu vermögen, mit dem *in jus* vocirenden Kläger möglichst freiwillig vor dem Magistrat zu erscheinen, um dort gemeinsam mit ihm den zweiseitigen Akt der Streiteröffnung vorzunehmen.

War dann der Beklagte dem Kläger *in jus* gefolgt, so zeigte sich wieder der Charakter des alten Prozesses als einer Privatverhandlung der Partheien darin, dass Kläger seine Rechtsbehauptung (*intentio*) nicht an den Magistrat (nur vor ihm), sondern an den Beklagten richtete.

Einzelfälle der Wirkung dieser *naturalis obligatio.* Sie sind: a) *solutum non repetere* wenn der *verus debitor* trotz absolutorischen Urtheils gezahlt hat: l. 8 § 1 D. 46, 8; l. 50 § 2 D. 15, 1; b) auch der schon konsumirte Anspruch kann zur Compensation benützt werden: l. 8, l. 18 pr. D. 16, 2; c) Bestellung von Bürgen möglich auch für eine konsumirte *obligatio:* l. 8 § 3 D. 46, 1, dazu Bekker l. c. Beilage V B; d) Möglichkeit, die von der Consumtion verschonte *naturalis obligatio* durch Constitutum oder Novation wieder in eine klagbare zu verwandeln: direkt aus den Quellen nicht beweisbar, aber analog anderen Naturobligationen; e) der Zinsenlauf wird durch die Consumtion nicht gehemmt, was die Existenz wenigstens einer Naturalobligation beweist, denn Zinspflicht für eine Nichtschuld ist undenkbar.

Wenn Bekker den Wirkungen unserer *nat. obligatio* auch noch die anreiht, dass bekanntlich das Pfandrecht nach angestellter Schuldklage klagbar fortbesteht, also die Consumtion überdauert, und hiefür als Grund anführt, dass „die *hypothecaria* und die *crediti actio* nie als Klagen *de eadem re* betrachtet werden können", so scheint uns diess kein Argument zu sein gerade für das Stillestehen der Consumtionswirkung vor dem naturalen Bestandtheil der eingeklagten Obligation: wo *alia res* ist, wird ja ohnehin nichts konsumirt. S. hierüber auch Windscheid Aktio S. 55, und über obiges Fortbestehen des Pfandrechts trotz der Consumtion: l. 27, l. 13 § 4 D. 20, 1; l. 11 pr. § 1 D. 13, 7; l. 8 Cod. 8, 14.

In der Wahl der *legis actio* ferner stund dem Kläger auch die unbedingteste, amtlich in gar keiner Weise beeinflusste Freiheit zu; freilich aber stand auch bei ihm unbedingt das ihn allein treffende Risiko eines Missgriffs in solcher Wahl (Gai. IV 11, 30), also eine Gefährlichkeit vor aller Verhandlung, welcher Umstand gerade einen fundamentalen Unterschied zwischen dem Legisaktionen- und dem Formular-Prozess bildet. Zwar lag auch in der möglichen Gestaltung der zu ertheilenden Formel eine eventuelle Gefährlichkeit für den Kläger (auch für den Beklagten, ein Punkt aber, dessen nähere Berührung nicht hieher gehört), wegen der dem Magistrat zustehenden Berechtigung zur Condemnations-Ermässigung und anderen Beschränkungen des klägerischen Anspruchs, allein diess geschah doch immer auf Grund sachlicher Prüfung in den Vorverhandlungen, bzw. materieller Erwägungen, innerlicher Rechtfertigungen, nicht aus bloss formellen Rücksichten.

Auch das nun folgende weitere Verfahren im Legisaktionenprozesse bis zu dessen Schlusse *in jure* hinterlässt nur den reinsten Eindruck eines in Gegenwart des Magistrats vor sich gehenden, von demselben schliesslich solennisirten vertragsartigen Rechtsgeschäfts der Partheien über das zwischen ihnen bestehende Streitverhältniss.

Diess zeigt sich ganz prägnant bei der *l. a. sacramento,* dieser „*generalis legis actio*". Die hier ebenfalls ganz auf Wag' und Gefahr stehenden Verhandlungen der in voller Gleichwerthigkeit sich gegenüberstehenden Partheien unter einander drehten sich um formgerechtes Ansprechen des behaupteten Rechts auf Seite des Klägers und formgerechten directen Widerspruch, bzw. Selberansprechen jenes Rechts (*contravindicatio*) auf der des Beklagten, worauf als Culminationspunkt aller dieser Wechselverhandlungen die gegenseitige Prozesswette der Partheien folgte: die beiderseitige Verwettung einer (Straf-) Summe für den Fall des Unrechthabens — des Klägers, wenn seine Rechtsbehauptung, des Beklagten, wenn sein Absprechen dieser richterlich verworfen werden sollte.

Hiebei handelte es sich aber (Ihering, Geist I, 157) „nicht um Unterwerfung unter den Richter", sondern um die Provocation des Richterspruchs als einer Bedingung, „unter der die Partheien sich etwas versprochen haben".

Ganz entsprechend lautete dann der Richterspruch nicht etwa auf Condemnation oder Absolution, sondern auf den Entscheid über die Wette: „*utrius sacramentum justum, utrius injustum sit*", womit zugleich über die Hauptsache entschieden war (Gai., IV, 48).

Nach vollzogener Prozesswette kam es zur ordinatio judicii, wobei in der Regel die Person des *judex* aus der freien vertragsmässigen Vereinbarung der Partheien hervorgieng, und nur die förmliche Ernennung des Gewählten durch den Magistrat erfolgte. Das Ganze schloss dann mit dem solennen Akte der *litiscontestatio*, einer von jeder der beiden Partheien vorgenommenen feierlichen Aufrufung von Zeugen für die zu Stande gekommene und von dem Magistrat als erfolgt erklärte *ordinatio judicii*.

In Erwägung alles Vorhergehenden dürfte wohl nicht zu viel behauptet sein, wenn für die Zeit des Legisaktionen-Prozesses den Verhandlungen der Partheien *in jure* der Charakter eines, das Streitverhältniss der Partheien zum Gegenstande habenden, sich schrittweise entwickelnden Vertrags zugesprochen wird, welcher mit einem entschiedenen Formalakte, der *litiscontestatio*, abschloss, und welchem auch die Begründung einer Formalschuld und daher *novatio* kaum abgesprochen werden kann.

Für den Legisaktionen-Prozess muss man sich also für eine wahre Prozessobligation und bzw. Novation entscheiden.

Nun fragt es sich aber: Wie verhält sich die Regel „*bis de eadem re ne sit actio*" zu jener durch die alte L. C. begründete Formalobligation? Ist sie Ausfluss derselben — etwa so: weil novirt ist, darum giebt es aus dem ursprünglichen Rechtsverhältnisse keine *legisactio* mehr —, oder geht sie selbständig nebenher?

Gewiss muss man sich für letzteres entscheiden auf den Grund der Allgemeinheit des Satzes bei Gai. IV 108: *alia causa fuit olim legis actionum: nam qua de re actum semel erat, de ea postea ipso jure agi non poterat* — —. Trägt man in diese Stelle keine Unterscheidung, welche nicht darinsteht, so ergiebt sich der einfache Sinn: an den Vollzug der *legis actio* knüpft sich der Eintritt der Regel, — was auch dem Charakter der alten Consumtion, als eines rein formellen Rechtsinstituts vollkommen entspricht: der äussere Vollzug der *legis actio* genügt, weiteres bedarf es nicht mehr, m. einem W.: die prozessualische Consumtion im Legisaktionen-Prozess ist von der Litiskontestation unabhängig. —

Wenden wir uns nun zur Frage nach etwaiger Prozessobligation für die Zeit des Formularprozesses.

2. Für diese Zeit erklärt sich Verfasser für den Satz:

Die L. C. bewirkte weder eine Formalschuld, noch eine eigentliche (Prozess-)Obligation. Zwar entstund eine Gebundenheit der Partheien, das konstituirte *judicium* anzuerkennen und sich dessen Ausgang zu unterwerfen, diese Gebundenheit hatte aber ihre Begründung nicht in einem Vertrage oder Quasivertrage der Partheien, sondern in dem staatsrechtlichen Subjektions-Verhältnisse der Partheien unter den Magistrat.

Für den Kläger hatte ausserdem die von dem einmal angegangenen Magistrate vorgenommene Regulirung des unter den Partheien streitigen Rechtsverhältnisses zugleich die Folge, dass er dasselbe nicht mehr wiederholt in Contestation ziehen, bzw. wegen desselben neuerdings *formula* erbitten durfte (Consumtion).

Die Gründe hiefür liegen in dem von des Legisaktionenprozesses Charakter so verschiedenen des Formularprozesses, in der nach Form und Bedeutung jetzt so anders gearteten *litiscontestatio*, und in der jetzigen so wesentlich untergeordneten Stellung der Partheien zu dem Magistrat als dem mit den ausgedehntesten Befugnissen ausgestatteten, unbedingt massgebenden, und das Streitverhältniss der Partheien endgültig normirenden Prozessdirektor.

Hierüber nun Folgendes im Nähern.

a) Ein Hauptunterschied des neuen Verfahrens vor dem ältern bestand zunächst darin, dass Formal-Handlungen der Partheien nicht vorkamen. Das *lege agere* hatte sich für die streitige Gerichtsbarkeit auf jene wenigen Fälle zurückgezogen, für welche nach Gai. IV 31 der Legisaktionen-Prozess noch belassen wurde; jetzt konnten die Partheien nur mehr durch materiell unrichtige Anträge Schaden leiden, z. B. *pluspetitio*. Dagegen lag der ganze Schwerpunkt des neuen Verfahrens in der Herbeiführung der von dem Magistrate zu ertheilenden *formula*. Als Schlussresultat sämmtlicher vor ihm sich abgewickelt habender Verhandlungen war dieselbe eine bündige Zusammenfassung des Streitverhältnisses, nebst Anweisung an den *judex*, nach Befund des Sachverhalts zu entscheiden.

Wenn es sich bei der alten *legis actio sacramento* um jene, die *actiones in rem* und *personam* eigentlich nivellirende Prozesswette als Zielpunkt für das *judicium* handelte, und, praktisch genommen, Alles darauf ankam, den *judex* zu überzeugen — während die Privatansicht des Magistrats, verweigerte er nur nicht seine Mitwirkung bei der *legis actio*, den Partheien eigentlich gleichgültig sein konnte —, so musste es im Formularprozess den Partheien gerade umgekehrt darauf ankommen, den Magistrat für sich zu gewinnen: lag doch zunächst in seiner Hand alles Wohl und Weh der Partheien, da es ihm unter Umständen auch ganz frei stund, die verlangte Formel zu ertheilen, zu beschränken, oder zu verweigern, Exceptionen aufzunehmen oder nicht, ja den Beklagten selbst für sachfällig zu erklären und die ganze *ordinatio judicii* abzulehnen.

So kam es, dass jetzt die Partheien nicht mehr mit einander verhandelten, sondern gegen einander stritten, nicht mehr bloss in Gegenwart des Magistrats, sondern ihm selbst gegenüber auftraten, an ihn speciell gerichtet als Prozessdirektor und (wenigstens mittelbar) Herrn ihres Schicksals. Nicht mehr *lege agere* hiess jetzt ihre Thätigkeit, sondern *litigare*, also das gerade Gegentheil von Convention, aus dem Rechtsgeschäft war der Prozess ein Streit geworden, ermangelnd jedes Scheins der früheren Contrakts-Natur. Darum erfolgte auch die jetzt sog. *editio actionis* nicht allein dem Gegner gegenüber wie die alte *legis actio*, sondern auch dem Prätor[21]), welchem die Formulirung des Streites zukam; und die Partheivorträge waren nicht mehr jene apodiktischen, sich gleichwerthig gegenüberstehenden Rechtsbehauptungen der früheren Zeit, sondern Rechtfertigungen gegenüber dem Magistrat, welcher nicht mehr der blosse Solennitäts-Beistand von ehedem war, sondern der Kritiker, welchem die Erwägung zustand über die Zulässigkeit der Parthei-Vorbringen, deren Relevanz und Genügendheit als Voraussetzungen für ein *judicium*.[21a])

21) Hiefür die wichtigsten Gründe. Keller Civ. Pr. § 50. Rudorff Röm. Rsgesch. II S. 228.

21a) Wo es zu solchen „Rechtfertigungen" selbstverständlich nicht zu kommen brauchte s. § 7 unten; überhaupt, je mehr das Prätorische Recht im Laufe der Zeit eine Summe stehender Rechtssätze, und je umfangreicher dasselbe wurde, in um so mehr Fällen wurden den Partheien *in jure* nähere Ausführungen erspart: es genügte dass blosse Sichbeziehen auf eine Ediktsstelle.

Dem entsprechend hiess jetzt die Rechtsbehauptung des Klägers (die *intentio*) mit einem bescheideneren Ausdrucke: „*ea pars* (*sc. formulae*), *qua actor desiderium suum concludit*". Gai. IV 41, und während es früher hiess: „*ajo te mihi X millia aeris dare oportere*", erschien im Formularprozesse die nämliche Forderung in der weniger anmassenden Form eines erst noch der Erhärtung bedürftigen bedingten Anspruchs: „*Si paret Nm. Ao. X M. d. o.*" Andererseits war der Verklagte nicht mehr beschränkt auf nackten Widerspruch oder Entgegenwerfen gleicher Rechtsbehauptung, sondern er hatte ein weites Feld, durch Vorbringen der verschiedensten Art den Prätor zu vermögen, entweder die Ertheilung der *formula* ganz zu verweigern, oder doch Zusätze in dieselbe aufzunehmen, welche zur Entziehung der Wirksamkeit, oder Schmälerung des Umfangs des klägerischen Anspruchs führen konnten.

Ganz entsprechend der oben bemerkten Subjektion der Partheien unter den Prätor erhielt der *judex* auch nicht mehr durch die Partheien Kenntniss ihres Streitverhältnisses, sondern durch den Prätor, welcher dann seinerseits selber wieder dem *judex* nach mehrfacher Seite hin begrenzende Anweisung geben konnte. Lag in dem früheren: „*ajo te mihi X M d. o.*" eigentlich ein eigenmächtiger Urtheilsakt der Parthei selbst, welcher immer vor den *judex* kommen musste, so stand es jetzt bei dem Prätor, zu urtheilen, ob der geltend gemachte Anspruch die *ordinatio judicii* auch verdiene. Er, der Hort des geltenden und des im Volke lebenden Rechts, war auch befugt zur Abweisung des angemassten. Mittel zu jenem Schutz stunden ihm genug zu Gebote, als: Fiktionen, *actiones in factum conceptae,* Restitutionen, Exceptionen und Replikationen, Erweiterung der Haftbarkeit aus gewissen Rechtsverhältnissen auf dritte Nichtkontrahenten (z. B. den *exercitor*) etc., überhaupt jene ganze Fülle unaufzählbarer, im jeweiligen konkreten Falle sich ergebender Befugnisse, welche dem Prätor als Inhaber der *jurisdictio* in freister Würdigung der Parthei-Vorbringen jederzeit zustehen mussten. Im Einklang mit allem diesem wurde auch allmählich mit den letzten Härten und Einseitigkeiten der früher ausschliesslich dem Kläger überlassenen privaten Rechtsverfolgung aufgeräumt, z. B. schrittweise Milderung, später Beseitigung der *in jus vocatio* (und des *vadimonium*), so dass sich jetzt die magistratische Gewalt gewissermassen schon vor dem Prozesse geltend machte.

Die vorstehenden Bemerkungen dürften wohl ausreichend darthun, welch' grundverschiedener Charakter dem Formular-Prozesse vor dem *per legis actiones* zukam, und wie ganz anders jetzt die Stellung der Partheien gegenüber dem Magistrat und namentlich unter sich selber war. Von dem früheren durch den Magistrat nur solennisirten Contrakte hatte sich Alles verloren. Der Contrakt und die Solennisation: an Stelle jenes ist die *Contentio* getreten (l. 43 D. 12, 6: *si quis jurasset, se dare oportere, ab omni contentione disceditur* — —; Gai. IV 60 — — *juris contentio)*, und auch die L. C. erfuhr die wesentlichsten Veränderungen.

b) Die *litiscontestatio* im Formularprozess. Dass der ursprüngliche Akt der L. C., jener wichtige von beiden Partheien vorgenommene Formalakt der Zeugenaufrufung, als Schlusshandlung *in jure*, nicht auf den Formularprozess übertragen wurde, ist längst bekannt. Nach Keller L. C. u. C. Pr. ist jetzt L. C.: Das gesammte Verfahren *in jure* und dessen Vollziehung von Seite der Partheien, und die Wirkungen des früheren feierlichen Schlussakts sind jetzt an den bloss ideellen Endpunkt des Verfahrens *in jure* geknüpft.

Der aktuelle Schlussakt im neuen Verfahren wurde jetzt vom Prätor vorgenommen durch Ertheilung der *formula*. Auch diess stimmt mit dem ganzen Wesen des Formular-Prozesses: Der früher vorwiegend private Charakter des Prozesses ist jetzt ein entschieden officieller geworden. *Ex officio* wird jetzt dem Kläger vom Prätor, und zwar rechtskräftig, notificirt, in wie weit er aus dem geltend gemachten Klagrechte *condemnatio* des Beklagten erwarten könne, in wieweit nicht, und in gleicher Weise ersieht der Beklagte aus der Formel, ob und in wieferne er auf Absolution zu hoffen habe. Waren die Partheien *in jure* früher Herren ihres von ihnen zur Verhandlung gezogenen Streitverhältnisses, so lag seit dem Formularprozesse von dem Augenblicke ihres Erscheinens *in jure* an das nächste Schicksal desselben nur in der Hand des Prätors.[21b])

21 b) S. auch hier die bemerkenswerthe Erörterung Bekker's, pr. Cons. S. 55 über l. 61 pr. C. 5, 1.

„Rechtliche Verarbeitung des Klagrechts durch die Formel" (Keller): diess ist wohl der richtigste Ausdruck. Dazu kam auch noch, dass dasselbe von nun an für alle weitere klagweise Verfolgung unbrauchbar gemacht war (Consumtion). Diess Alles tritt selbstverständlich nur dann ein, wenn der Prätor eben wirklich Formel ertheilt hat, nicht, wenn er sie denegirte; hier würde nichts konsumirt.

Unserer Ueberzeugung nach kann man sich den Einfluss der Magistrate auf die streitige Rechtspflege kaum bedeutend genug denken, Zu allem schon oben Angeführten nehme man nur die Befugniss jener, Klagrechte zu geben, wo das Gesetz keine kennt, oder der prozessualischen Geltendmachung solcher, die das Gesetz kennt, entgegenzutreten, ja sogar rechtliche Gesichtspunkte zu bezeichnen, nach welchen der *judex* zu erkennen hat; ferner der *formula* ganz neue *exceptiones* zu inseriren, welche bei Begründetheit der Exceptions-Thatsachen die Wirksamkeit des nach dem Buchstaben des Gesetzes auch bestbegründeten Klagrechts vernichten mussten. Diess sind Befugnisse, welche unsere Zeit nur der Gesetzgebung oder den Cassationshöfen zugesteht, aber weder einem prozessualischen Hülfsbeamten, noch irgend einem Richter.

Schrankenlose Willkür jedoch hat man sich unter jenen „Befugnissen" der Magistrate keineswegs vorzustellen. Hiegegen spricht vor Allem die sorgfältige Competenzen-Ordnung bezüglich der den Magistraten eingeräumten *jurisdictio* (man vgl. nur lib. I. D. vom 9. Titel an, dann Dig. II, 1 und Pomponius l. 2 O. J.), und wie genau gerade die streitige Gerichtsbarkeit nach Gegenstand und selbst Geldwerth auf die einzelnen Magistraturen vertheilt war, worüber z. B. mehrfach schon Lex Rubria.

Die von den Magistraten einzuhaltende juristische Richtung lässt sich kurz dahin bezeichnen: Auffassung der vor sie gezogenen Fälle nach dem bestehenden Recht; nur wo das Festhalten am „*summum jus*" der Natur des Falles, oder auch der Intention der Partheien zuwider war, eine die Eigenthümlichkeiten des konkreten Falles in Rechnung ziehende Würdigung desselben nach freier menschlicher Ueberzeugung. Dabei aber fand doch immer ein Anlehnen an das bestehende Recht statt, wofür das

Operiren der Magistrate mit Analogieen und Fiktionen sattsam spricht.

Gerade aber diese ganz eigenthümliche Einrichtung jener so umfassenden Machtvollkommenheit der Magistrate war die Hauptursache der freien und grossen Entwickelung des Römischen Rechts, welche es der Eroberung der menschlichen Rechtswelt und der Gewinnung einer so hervorragenden Stelle in der Geschichte der Civilisation entgegenführte.

Den *judices* solche Machtvollkommenheit einzuräumen, unverantwortlichen Privatleuten, welche nach Abgabe ihres Entscheids sofort wieder zurücktraten, hätte zu nichts als grösster Unsicherheit und Buntscheckigkeit der Rechtspflege geführt, daher man es als eine Leistung eminenten praktischen Scharfblicks anerkennen muss, wie es die Römer verstanden haben, zwischen einerseits eine starre und primitive Gesetzgebung und andererseits die Richterwillkür, verantwortliche Beamte aufzustellen, denen doch wieder die nöthige Freiheit und Beweglichkeit eingeräumt war, jenes Recht zur Durchführung zu bringen, welches im jeweiligen Momente der Ansuchung magistratischer Rechtshülfe im römischen Volke lebte. Denn in jedem Volke lebt das Recht als seinem Urquell in ewiger Fortbildung begriffen, da Leben und Verkehr der Völker keinen Augenblick stillstehen, fortwährend neue unabweisbare Bedürfnisse erzeugend und neue thatsächliche Verhältnisse, welche sich von den Voraussetzungen der geschriebenen Gesetze stets mehr oder weniger ablösen. Darum ist auch das gemeinsame Schicksal aller Gestezgebungen, auch der zur Zeit besten: schrittweise Anachronismen zu werden. Wie der einzelne Mensch, so trägt auch jedes Gesetz von seinem Entstehen an den Todeskeim in sich, der ihm durch das Leben geboten wird. Wie werthvoll es dann ist, nicht ausschliesslich an das schwerfällige Geschäft der Schaffung einer neuen Gesetzgebung verwiesen zu sein, sondern die Einrichtung eines Verbindungsglieds an der Hand zu haben, welches es ermöglicht, neuen rechtlichen Gestaltungen im Verkehrsleben des Volkes augenblicklich praktische Anerkennung zu verschaffen, diess hat uns das römische Volk in ausgezeichneter Weise vor Augen geführt. Zugleich hat es uns aber auch gelehrt, dass wichtiger als alle Gesetz- und Verordnungs-Macherei die Handhabung des bestehenden Rechts ist, und der Geist, welcher diese Handhabung durchdringt, in welcher Beziehung gerade die römischen Magistrate, diese wahrhaftige „*viva vox juris civilis*", die leuchtendsten Muster für alle Zeiten sind.

Blicken wir nun auf alles Vorbemerkte zurück, so dürfte der prinzipale Unterschied des neuen Verfahrens vor dem älteren wohl immer schärfer hervortreten.

Früher machten die Partheien aus eigener Machtvollkommenheit *in jure* nur Rechte geltend, jetzt tritt ihnen die Machtvollkommenheit des Magistrats entgegen, und aus den Verhandlungen *in jure* können für sie Pflichten und Beschränkungen entstehen.

Wenn Keller (A.L.Z. 1846 S. 359) ausruft: „Sollten denn wirklich die Römer von der staatsrechtlichen Kraft des Richteramts gar keinen Begriff gehabt haben? D. h. dem Urtheil Geltung zugesprochen haben schon zufolge jener Kraft des Richteramts. Wozu dann noch jener Contrakt der Partheien untereinander, dass sie das Urtheil anerkennen wollen?", — so ist diess richtig; aber noch richtiger ist, was Windscheid (Aktio S. 60) bemerkt: „Der *judex* kondemnirt den Beklagten nicht, weil derselbe sich seinem *judicium* unterworfen hat, sondern weil er vom Magistrat angewiesen ist, ihn zu kondemniren".

Gewiss ist es so. Der Grund der Verpflichtung der Partheien, sich die *formula* gefallen zu lassen, und auf den Grund derselben den Entscheid des *judex* anzuerkennen[22]), liegt an erster Stelle in der staatsrechtlichen Bedeutung der Magistratur, aber nicht darin, weil die Partheien „kontrahirt" haben, ihre Sache von dem *judex* entscheiden zu lassen, (welchen sie nicht einmal ernennen).

Jawohl ist es nicht zu glauben, dass die Römer „gar keinen Begriff" dessen gehabt haben sollten, was das heutige Staatsrecht Justizhoheit nennt, nämlich den Inbegriff aller, dem Staate als solchem zustehenden Befugnisse zur Handhabung

22) Ebenso wie die Gebundenheit des Richters an die *formula;* ja die Jurisdiktion des Magistrats wirkte selbst auf das konstituirte Judicium, welches in mannigfacher Beziehung „der Einwirkung des kommittirenden Magistrats unterworfen war". Rudorff R. R. Gesch. II Bd. S. 247. S. auch noch den auffallenden Fall bei Cic. *in Verrem* II 31 (dem Richter aufgedrungene Entscheidung).

des Rechts auf seinem Territorium; und wenn die Römer auch eine entsprechende begriffliche Formulirung jener Gesammtbefugnisse in einem technischen Ausdrucke nicht aufgestellt haben (wie sie sich ja überhaupt mit dem Definitionenwesen nicht viel abgaben), so finden sich im römischen Staate doch andererseits alle Einrichtungen vor, welche wir unter die Bezeichnung „Attribute der Justizhoheit“ stellen würden.

So begegnen wir bei den Römern zunächst allen Bedingungen einer ganz wohlgeordneten Rechtspflege, wozu namentlich eine bis in das Detail gegliederte Organisation der Magistraturen gehört — man erwäge z. B. nur jene wichtigen Neuerungen in der italienischen Municipal-Jurisdiktion unter Hadrian —, ferner finden wir durchweg für alle diese Magistraturen das Prinzip der Verantwortlichkeit derselben eingeführt, was wohl der genügendste Beweis dafür ist, dass den Römern die Nothwendigkeit des staatlichen Oberaufsichtsrechts über die ordnungsmässige Handhabung der Rechtspflege als erster Bedingung für die Existenz jedes Staates bewusst gewesen sein muss; und endlich finden wir auch noch die ganz bedeutungsvolle Einrichtung, dass die Exekution der von den *judices* gesprochenen Urtheile nicht diesen überlassen war, sondern wieder an die Magistrate zurückgieng. Beweist denn diese wichtige Einrichtung nicht klärlich, dass den Römern auch die Vorstellung nicht gefehlt haben kann, wie gerade die staatliche Vorsorge für sichere Vollstreckung der gerichtlichen Urtheile eines der primitivsten Attribute aller Justizhoheit ist?

Was haben wir nun nach allem Vorstehenden von der nun wohl ziemlich kleinlich erscheinenden Vertragstheorie zu denken, wonach die Schuldigkeit der Partheien zur Anerkennung des Urtheils in einem Contrakte derselben beruhen soll, sich der Entscheidung des *judex* unterwerfen zu wollen, und zu was soll denn dieser angebliche „Contrakt“ noch dienen?

Die Wahrheit ist vielmehr; Von dem Augenblick ihres Erscheinens *in jure* an hören die Partheien auf, Herren des zwischen ihnen bestehenden Streitverhältnisses zu sein. Für den Beklagten entsteht die Pflicht zu „*actionem excipere oportere*“ (l. 36 § 1 D. 5, 1), für beide Partheien die, sich der Beurtheilung ihres Streitverhältnisses durch den Magistrat zu fügen. „*Totum enim hoc pendet ex Praetoris cognitione*“ (l. 24 § 5 D. 4, 4). S. a.

l. 39 pr. D. 21, 2 „*si ei fundus praetoria cognitione ablatus fuerit.*" Klagsdenegirung: l. 5 Cod. 2, 13. (Antonin. 213). Von nun an hat der Magistrat so das Recht wie die Pflicht der umfassendsten Würdigung des vor ihn gezogenen Streitfalls. Ihm, dem Inhaber der *jurisdictio,* welchem nach der bestehenden Gerichtsordnung vorzugsweise die Civilrechtspflege anvertraut ist, sind die Partheien untergeordnet, und haben die *formula* nicht weniger für sich als maassgebend zu betrachten, als auch der *judex* an dieselbe gebunden ist. Hievon ist es dann nur die reinste Consequenz, wenn die Partheien auch schuldig sind, sich dem Urtheil des von ihnen erwählten, oder, einigen sie sich nicht, ihnen vom Magistrate bestellten (in beiden Fällen aber immer von diesem ernannten) *judex* zu fügen, denn das Urtheil im Formular-Prozess ist nichts als die Realisation der *formula,* bzw. des einen oder andern Glieds der in der *formula* gesetzten Alternative, — oder auch: Urtheil und *formula* stehen in keinem anderen Verhältnisse, als in dem von Folgerung und Prämisse, die Prämisse setzt aber der Magistrat, bindend für die Partheien, wie den Richter.

3. Wie aus Vorstehendem ersichtlich, geht Verf. von dem Gesichtspunkte aus: Die Partheien werden durch die, das Verfahren *in jure* abschliessende, *formula* verpflichtet, ihr Streitverhältniss als ein durch die Formel-Ertheilung ein für allemal regulirtes zu betrachten, und das auf Grund der *formula* zu schöpfende Urtheil anzuerkennen, welcher auch dessen Inhalt sei.

Rechtlicher Grund dieser Verpflichtung: Das staatsrechtliche Subjections-Verhältniss der Partheien unter den Magistrat als den Inhaber der *jurisdictio.* Dass eine Appellation gegen das die Formel festsetzende Dekret zulässig war, ist dieser Auffassung natürlich nicht abträglich.[23])

---

23) Nur auf einige Stellen sei hier hingewiesen, welche die Unterordnung der Partheien unter den Magistrat berühren: l. 1 D. 2, 1: *jus dicentis officium latissimum est* —; l. 13 pr. eod.: *eum, qui judicare jubet, magistratum esse oportet.* Arg. a contr. aus l. 20 eodem: *extra territorium jus dicenti impune non paretur. Idem est, et si supra jurisdictionem suam velit jus dicere.* l. 2 D. 2, 4: — — *magistratus, qui imperium habent, qui coërcere aliquem possunt.* l. 12 D. 1, 16: — — *judicis dandi jus habet;* l. 13 D. 2, 4 — — *jussus Praetoris;* l. 4 § 1, l. 16 D. eodem — — *permissus Praetoris.* Vgl. ausserdem noch die bemerkenswerthe Begriffs-Formulirung von Litiskontestation bei Bülow Prozesseinreden etc. S. 296.

Ganz nahe dieser Anschauung steht Puchta, Cursus etc. § 172. Hier führt Puchta zuerst die Wirkungen der L.C. auf, nämlich Consumtion des Klagrechts und Verpflichtung zur Anerkennung des Ergebnisses des Judiciums, und sagt dann wohl sehr treffend: „Das bestrittene Rechtsverhältniss löst sich in einen Anspruch auf *condemnatio* von Seite des Klägers, und Absolution von Seite des Beklagten auf.“ Dann heisst es später: „Diese Wirkungen folgen aus der Natur des Prozesses, aus der Ordination des *judicium*'s selbst“, sie seien eigentlich unabhängig von der *litiscontestatio*, diese nur Mittel zum Zweck, und selbst wenn im römischen Prozessrechte der Akt der L.C. fehle, wären jene Wirkungen dennoch anerkannt worden.

Falsch sei es aber, die L.C. als Quelle letzterer anzusehen, was wieder darauf geführt habe, die *litiscontestatio* als einen Contrakt zu bezeichnen, durch welchen sich die Partheien verpflichteten, sich dem künftigen Urtheile zu unterwerfen. Die wahre Quelle jener Wirkungen liege in der Natur und dem Wesen des Prozesses, was übrigens nicht hindere, die L.C. als ein obligatorisches Rechtsgeschäft (Quasi-Contrakt) daneben aufzufassen. Schliesslich meint Puchta, man könne die L.C., um „jene Vorstellung zu retten“, als bekräftigenden Vertrag annehmen, allein es wäre doch immer höchst unwahrscheinlich, „dass den Römern die Privathandlung vor Zeugen als eine kräftigere Solennität erschienen sei, als die Handlungen vor dem Prätor!“

Dieser (und Verf.'s) Anschauung stehen nahezu sämmtliche seitherige Autoren gegenüber, welche in der L.C. des Formularprozesses den für die Partheien entscheidendsten Umstand sehen, wofür sie aber den Grund nicht in einem staats- sondern privatrechtlichen Momente finden. Bei dessen näherer Präcisirung sind sie jedoch selbst untereinander nicht einig, Einzelne schwankend.

Um diese Frage nicht übermässig auszudehnen, berücksichtigt Verfasser die Ansichten nur der hervorragendsten Schriftsteller, und wendet sich nun zu den beiden Punkten:

Wie stellen jene Autoren die „Vertragstheorie“ dar, und welche quellenmässige Begründung haben sie beigebracht?

a) Zunächst die Formulirung der Vertragstheorie betreffend, finden wir bei Buchka I S. 163: Aus der L.C. erwachse zwischen Kläger und Beklagtem eine *obligatio*, vermöge deren ersterer einen Anspruch darauf habe, das als rechtes Urtheil gelten zu lassen, was der Richter auf Grund der L.C. erkenne. Diess sei „der eigentliche Kern und das wahre Wesen dieser *obligatio*". Ferner (S. 171): Die L. C. hat ihrem innersten Wesen nach etwas Contraktähnliches, da es zur Voraussetzung derselben gehöre, dass die beiden Partheien übereinstimmend den Willen an den Tag legten, dass sie es auf einen Rechtsstreit ankommen lassen wollten.

Keller, Hall. L. Z. 1846 ruft hier mit Recht aus: „Warum soll nur für den Beklagten die Verpflichtung entstehen, sich das Urtheil gefallen zu lassen, und nicht für den Kläger?"[24]) Dann ferner: „Warum denn *quasi ex contractu* und nicht gleich *ex contractu?*"

Hiezu kann noch bemerkt werden: Der Richter erkennt nicht „auf Grund der L. C.", sondern der *formula*; ferner: jener „übereinstimmende Wille der Partheien" ist meist nicht wahr, da Beklagter in der Regel nichts von einem Prozesse wissen will; und endlich läge jenes quasikontraktliche Gebundenwerden weniger in der L. C., als in den (Buchka'schen) „Voraussetzungen" solcher.

Auch soll nach Buchka die Prozessobligation etwas von dem der Klage zu Grunde liegenden Verhältnisse Verschiedenes sein, also eine selbständige Natur haben.[25])

Hiegegen Windscheid Actio S. 56.

Bethmann-Hollweg Tüb. Krit. Ztschr. V S. 79 stellt auf: Die L. C. sei ein prozessualischer Vertrag, eine *obligatio* des Inhalts erzeugend, dass sich die Partheien gegenseitig verpflichteten, ihren Rechtsstreit ganz von diesem *judicium* abhängig zu machen. Hieraus erklärten sich die prozessualischen Folgen des konsti-

---

24) Erst für den späteren Prozess nimmt Buchka (II 23) eine passive Prozessobligation auch des Klägers an. Arndts Pand. 7. ed. § 113 scheint auch noch für das heutige R. R. die Vertragstheorie zu vertreten, indem es hier heisst: „durch den wirklichen Beginn des Rechtsstreites entsteht ein neues vertragähnliches Verhältniss unter denjenigen, die sich nun als streitende Theile gegenüberstehen".

25) Hiernach hätten wir also folgende Complication: das ursprüngliche Rechtsverhältniss unter den Partheien, die hievon verschiedene „selbständige" Prozessobligation, die doch nicht zu ignorirende Gebundenheit der Partheien gegenüber dem Magistrat, wozu dann endlich die ebenfalls selbstständige (Keller'sche) Judikations-Obligation käme!

tuirten *judiciums* in allen seinen Theilen, besonders dessen Unabänderlichkeit und Einfluss auf das materielle Rechtsverhältniss. (Als ob der *judex* von den Partheien seine Autorisation erhielte, und seinem Entscheid nicht schon an sich — mit und ohne solche *obligatio* — die Eigenschaft der Unabänderlichkeit zukäme!)

Derselbe Civ. Pr. II S. 487 sieht dagegen in der L. C. wegen dieser „Durch den Willen beider Partheien begründeten" Unterwerfung unter den eventuellen Ausgang des konstituirten Judiciums, nur etwas einem Vertrage Aehnliches, während a. a. O. oben die L. C. geradezu ein „prozessualischer Vertrag" genannt wird.

Auch Endemann Bew. Lehre S. 100 hält die L. C. für einen „novirenden Quasikontrakt", aus welchem er namentlich das „*jus tantum facit inter partes*" (des Urtheils) erklären will. Hiegegen wäre zu bemerken, dass dieses „*jus tantum etc.*" in der Natur des prozessualisch ventilirten Rechts liegt, als eines Privatrechts.

Wächter Erörtt. H. III unterscheidet:

In den Fällen der Keller'schen „direkten prozessualischen Consumtion" habe die L. C. an Stelle des aufgehobenen Rechtsverhältnisses eine neue bedingte Obligation der Partheien auf Unterwerfung unter das Urtheil gesetzt (also gegenseitige). Hiezu bemerkt Wächter in einer Einschaltung: „gleichsam als ob die Partheien durch einen Contrakt sich verpflichtet hätten, die Sache so, wie sie durch die Litiskontestation fixirt wurde, lediglich vom eingeleiteten Judicium abhängig zu machen". Wächter vertritt also Novation durch Quasikontrakt und legt den ganzen Schwerpunkt in die L. C. mit Ignoriruug des Umstandes, dass das für die Partheien zwingende Moment, das Judicium anzuerkennen, in der das Verfahren *in jure* abschliessenden *formula* liegt. Ja selbst wenn die Partheien wirklich einen Vertrag geschlossen hätten, ihre Sache richterlich austragen zu lassen, was aber meist nicht der Fall sein wird, könnte demselben gegenüber dem mit der Formel-Ertheilung eintretenden obrigkeitlichen Zwang zur Anerkennung des Judiciums irgend eine greifbare Bedeutung nicht mehr zugesprochen werden.

Das andere Glied der Wächter'schen Unterscheidung betrifft die Fälle der Keller'schen „indirekten prozessualischen Consumtion". Hier, bemerkt Wächter, trete zwar im Wesentlichen dasselbe ein, aber nicht auf so direktem Wege. Auch hier nämlich begründe die L. C. „ein neues Band unter den Partheien", das nun allein die Grundlage für das betreffende Rechtsverhältniss geworden sei. Zwar könne nach strengem Rechte noch aus dem alten Rechtsverhältnisse geklagt werden, allein der Beklagte habe die *exceptio rei in judicium deductae* und nach Umständen *rei judicatae*.

Novation kann also Wächter für diesen Fall nicht annehmen, da er (an sich gewiss mit Recht) noch die Klage aus dem alten Rechtsverhältnisse zulässt, obwohl nach ihm jenes „neue Band" jetzt allein die Grundlage für das betr. Rechtsverhältniss geworden ist.

Fein Archiv XXVI S. 380 erklärt sich unter Berufung auf Mayer L. C. S. 24 gegen die auf Gaius III 180 gestützte Verwandelungs-Theorie der *obligatio d. o.* in die *c. o.* und dieser wieder in die *obligatio j. f. o.*, und schliesst sich der Keller'schen und Mayer'schen Ansicht an, dass aus der *litiscontestatio quasi ex contractu* eine bedingte, auf Erfüllung des Urtheils gerichtete *obligatio* entstehe, worauf dann dieses die bekannte „Purification", aber durchaus keine Novation, wirken solle (diess wieder gegen Keller). In der *judicati actio* sieht dann Fein die aus dem, durch die L. C. begründeten, bedingten Quasikontrakte, *existente conditione* entstehende Klage, und die *exc. rei in jud. ded.* ist ihm nichts, als das Rechtsmittel zur Geltendmachung der Pendenz jener durch die L. C. gesetzten bedingten *obligatio*.

Dieser Ansicht dürfte die Einseitigkeit jener nur den Beklagten wegen der L. C. treffen sollenden *obligatio* entgegengehalten werden können, wie die Erwägung, dass die *exc. rei i. jud. ded.* nichts ist, als ein die Prozesswirkung geltend machendes selbstständiges Rechtsmittel, welches in der L. C. nur seine Entstehung findet, und dass die Judikatsklage eine Klage ist, welche ihre Substanziirung aus nichts, als eben dem Urtheile schöpft, der definitiven Regulirung des unter den Partheien schon *ex ante* bestehenden Verhältnisses. Windscheid, Pand. R. § 129. Auch Rudorff R. R. G. II S. 268 spricht nur von einer vom

Beklagten durch die L. C. übernommenen Prozessobligation (c. o.), wodurch andererseits der Anspruch des Klägers gegen verschiedene Gefahren, z. B. Erlöschen durch Tod, Klagenverjährung etc. sichergestellt werden soll.

Keller, bekanntlich ein Hauptvertreter der *obligatio c. o.*, findet es am „natürlichsten“, als Grundlage dieser Obligation einen durch die L. C. begründeten Quasikontrakt anzunehmen, jedoch nicht als „Ueberbleibsel einer früheren wirklichen Vertragshandlung“. (Civ. Pr. § 62).

Savigny VI S. 26 nimmt bei *actiones in rem* neben der L. C. eine Stipulation an, wodurch jene „eigenthümlichen Obligationen begründet wurden, die uns gegenwärtig als Folgen der L. C. beschäftigen“; *satisdatio judicatum solvi* von Seite des Beklagten; ferner *cautio judicatum solvi* bei wirklicher *novatio*, sonst: „fingirter Vertrag“ zu Folge der L. C. Letzteren nimmt Savigny auch für das justinianische Recht an, macht aber hiebei die treffende Bemerkung, dass die Gründung einer Obligation bei der L. C. nicht auf freiem Entschlusse der Partheien beruhe, sondern auf den unabweislichen Vorschriften des Prozessrechts.[26]) Jedenfalls aber statuirt Savigny einen zweiseitigen durch die L. C. begründeten Quasikontrakt, gerichtet auf „Unterwerfung beider Partheien unter dieses Judicium“. —

Es ist kein befriedigender Eindruck, welchen die Vorführung obiger Ansichten über die sog. Prozessobligation hinterlässt. Bald soll letztere nur den Beklagten binden, so als ob für den Kläger nicht dieselbe Pflicht der Uebernahme des Risiko's möglicher Sachfälligkeit bestünde, bald aber beide Partheien; bald heisst die L. C. geradezu ein prozessualischer Vertrag, bald nur ein Quasikontrakt, ja selbst der schwächliche Ausdruck findet sich, sie sei (nur) kontrakt-ähnlich, „gleichsam“ ein Kontrakt. Welche praktische Bedeutung ferner diesem Kontrakt oder Quasikontrakt beizulegen sei, ist schon ganz unerfindlich. Man sagt, er

26) Hieher auch Muther Kritik S. 79, wo es heisst, die Partheien kämen „durch die Ernennung und das Instruiren des Judex in ein neues Rechtsverhältniss“. Nur kommt es dem Verf. nicht annehmbar vor, wenn Muther dann sagt, der Staat konstituire ein neues obligatorisches Verhältniss zwischen Kläger und Beklagten, — und diesem Verhältniss die privatrechtliche Bezeichnung „Quasikontrakt“ giebt; ausserdem erscheint es befremdlich, dass ein Dritter *inter alios* einen (Quasi-) Kontrakt sollte stiften können.

soll die Partheien binden zur Anerkennung des Judiciums, — als wenn es weder magistratische *jurisdictio* noch prätorisches (Formel-)Dekret gegeben hätte! Oder soll jener Kontrakt vielleicht den Prätor selbst erst zur Cognition und Formelertheilung autorisiren? Ebensowenig lässt sich eine Verwerthbarkeit solchen Kontrakts für das *judicium* denken: erhält doch der *judex* seine formelle Autorisation zum *munus judicandi*, wie seine Instruktion, nur durch den Prätor!

„Quasikontrakt" nennt man jenes „neue Band unter den Partheien", ähnlich der schablonenartigen, wenig tiefgehenden und die Verlegenheit schlecht verhüllenden Klassificirung jener Obligationen, welche *„quia non ex maleficio substantiam capiunt, quasi ex contractu nasci videntur"*. pr. und § 3 J. 3, 28.

Diess heisst also nur im Allgemeinen: Die Prozess-Obligation fällt unter einen der beiden Haupt-Entstehungsgründe von Obligationen; an irgend einen einzelnen Kontrakt als juristisches Muster hat man hiebei nicht gedacht. Auf welche Weise übrigens die sog. Prozess-Obligation gegen den sich ihr nicht Fügenden praktisch durchgeführt werden soll, hat, ausser Fein, keiner der anderen Schriftsteller angegeben.[27]) Aehnlich noch Mayer L. C.

Wenden wir uns nun zu der obigen zweiten Frage:

b) Welche quellenmässige Begründung ist für die Prozess-Obligation versucht worden?

Es sind eigentlich nur zwei Stellen, auf welche hauptsächlich die ganze Theorie von der Prozess-Obligation gebaut wurde: l. 3. § 11 D. 15, 1 und l. 22 D. 27, 3. Dass der Ausdruck: *„judicio :ontrahi"* in der ersten Stelle nichts als ganz im Allgemeinen ɛine Gebundenheit bezeichne, welcher ein nicht nach der Seite ler Delikts-, sondern Contrakts-Ansprüche fallender Anspruch :egenübersteht, hat bereits Windscheid Actio S. 61 hervorgeoben, und mit Bezug auf den dieser Stelle zu Grunde liegenden 'all auf l. 58 R. J. verwiesen. Ebenso erklärt sich ohne Zwang

27) Was man (s. bes. Buchka I 171) als praktische Consequenzen gerade ɪr durch die L. C. angeblich begründeten „Prozessobligation" prädicirt .t — *procurator lite contestata dominus litis efficitur*, Vererblichkeit der *tio, actiones lite contestata perpetuantur* — erklärt sich einfach schon aus r Thatsache der L. C. selbst, als dem Anfange der prozessrechtlichen ·bundenheit der Partheien, und der *inclusio judicio* des streitigen Rechts-·hältnisses.

obige zweite Stelle, wenn man „*contrahere*“ in einem weiteren Sinne nimmt. S. auch noch l. 20 D. 5, 1: *omnem obligationem pro contractu habendam, existimandum est: ut ubicunque aliquis obligetur, et contrahi videatur* — —. Keinenfalls aber sind jene beiden für die Existenz der sog. Prozess-Obligation angeführten Hauptstützen schlüssig genug, um jenes durch keine direkt sprechende Ueberlieferung unterstütztes angebliches Rechtsinstitut zu beweisen.

Kehren wir nun wieder zur weiteren Verfolgung der Consumtionslehre zurück.

§ 5.

IV. Geltendmachung der Consumtion durch exceptio rei in judicium deductae.

Dass die prozessualische Consumtion im Formular- (nicht aber L. A.-) Prozesse Vollziehung der L. C. nebst gültiger Bestellung des Judiciums voraussetzte, und bald *ipso jure*, bald *per exceptionem* geltend gemacht wurde, ist schon oben bemerkt worden. —

Die überwiegend grössere Zahl von Fällen traf begreiflicher Weise auf diese zweite Rubrik, die sog. indirekte Consumtion, welche uns auch im Folgenden ausschliesslich beschäftigen soll. Hier wurde nun die prozessualische Consumtion durch die *exceptio rei in judicium deductae* verwirklicht, eine peremptorische Einrede, erst aus Gaius III 181, IV 106, 107, 121 bekannt, so oft sich auch im Corpus juris die Ausdrücke „*deducere in judicium, deductio i. j.*“ vorfinden. Das Anwendungsgebiet dieser Einrede lässt sich am Kürzesten dahin bezeichnen: sie steht der Wiederholung der *actio* überall da entgegen, wo nicht *in judicio legitimo* mit *actio in personam* und *intentio juris civilis* geklagt worden war. Ihre Formulirung war nach Cicero de Orat. I 168:

„*si non ea res in iudicium antea venerit.*“

An sich erscheint die Einrede als ein Rechtsmittel zur Geltendmachung der L. C.'s-Wirkungen, aber nicht in nur vorübergehender Weise, wie unsere heutige Einrede der Litispendenz, sondern in definitiver, jede wiederholte Litigirung für alle Zeiten abschneidend. In ihrer Unbekümmertheit um die Erreichung des letzten Ziels alles Prozessirens, die Herbeiführung einer Entscheidung, mochte die Consumtion sehr häufig gegen die Intentionen auch des Beklagten gegangen sein, immer aber gegen die des Klägers (Aktions-Verlust ohne Ersatz), so dass das ganze Institut der prozessualischen Consumtion auf den ersten Anblick dem Vorwurfe der Einseitigkeit nicht entgehen dürfte. Man darf daher wohl annehmen, dass der Kläger stets Alles darangesetzt haben wird, den Prozess bis zum Urtheile zu treiben, so dass der nächsten Anwendungsfälle für die Einrede nur wenige waren, wie schon Savigny VI 267 n. a bemerkt (früherer Prozess noch schwebend oder liegen geblieben). Allein mit Recht wird von Vielen angenommen, dass die Funktion der *exc. rei i. j. ded.* schon frühe auf die *exceptio rei judicatae* übertragen wurde, so dass auch mit dieser die Consumtion geltend gemacht werden konnte; man könnte hier auch sagen: die *exc. rei i. j. ded.* ist bezüglich ihrer Voraussetzungen erweitert worden. Nur ist jetzt streitig, ob es nach dem Urtheile noch eine selbständige *exc. rei i. j. ded.* gegeben habe, so dass der Beklagte zwischen dieser und der *exc. rei judicatae* nur zu wählen hatte. Die Quellen enthalten nichts über diese Frage.

Keller entscheidet sich im bejahenden Sinne, während Savigny, welchem Bekker I. S. 278 beistimmt, die *exc. rei i. j. ded.* in der *exceptio rei judicatae* aufgehen lässt. Verf. neigt sich auf Savigny's Seite aus folgenden, dem vermuthlichen Entwickelungsgange beider Rechtsinstitute entnommenen Gründen.

Die aus dem Legisaktionen-Prozesse in den Formular-Prozess übergegangene Regel: „*bis de eadem re ne sit actio*“ hat in letzterem ihren ursprünglichen Charakter gewiss längere Zeit unverändert beibehalten, was die mannichfachen Schroffheiten der *exc. rei i. j. ded.* wohl sattsam beweisen. Nun musste sich in gewiss nicht allzu langer Zeit die Erwägung aufdrängen: wenn man schon nicht mehr Actio hat, wenn es nur bis zur L. C. gekommen, so kann diess noch viel weniger möglich sein, wenn die Sache bis zum Urtheil gelangt ist; man gab also auch hier die *exc. rei i. j. ded.*, nur mit Begründung aus dem Urtheil und entsprechender Benennung. Dass man aber für diesen Fall die Bezeichnung *exceptio rei in judicium deductae* als identische daneben hätte bestehen lassen, so dass, wie Keller meint, der Beklagte „beide nach freier Wahl der Wiederholung der *Actio* entgegen setzen konnte", diess ist wohl höchst unwahrscheinlich.

Rechtsgeschichtlich genommen, muss man aber die Anwendung der *exceptio rei judicatae* als Mittel zur Geltendmachung wenn auch nur der Consumtion, bereits als wesentlichen Schritt in der Ausbildung der Lehre von der Rechtskraft begrüssen. War bei der *exc. rei i. j. ded.* nur zu prüfen, ob wegen *eadem res* wiederholt *actio* angestellt wurde, so musste jetzt geprüft werden, ob es wegen *eadem res* wirklich bis zum Urtheil gekommen war, also ob die jetzt angestellte *actio* in den Umkreis des durch das Urtheil Erledigten falle.

So musste allmälig die Bedeutung des Urtheils, als Schlichtung der unter den Partheien streitig gewesenen materiellen Rechtsverhältnisse, immer deutlicher erkannt werden, und die *exceptio rei judicatae* aus ihrer seitherigen nur die Consumtion urgirenden und bloss negativen Richtung auf die Stufe eines selbständigen Rechtsmittels zur Geltendmachung des Inhalts des Urtheils gelangen. Es entstund jetzt der Satz, dass unter Umständen auch dem Kläger die *exceptio rei judicatae* verstattet werden müsse, und dann war es nur mehr ein Schritt zur Gewährung der *replicatio rei judicatae*, um den Urtheils-Inhalt gegen die sich noch auf die Prozess-Consumtion steifende *exceptio rei in judicium deductae* zu sichern.

Wenn es nun richtig ist, dass die *exc. r. i. j. ded.* nichts ist, als eine rechtsgeschichtliche Entwickelungsstufe zu dem höheren Rechte der durch die *exceptio* und *replicatio rei judicatae* geltend zu machenden Rechtskraft, so folgt hieraus von selbst ihr Absterben, nachdem dieses Ziel erreicht war, sowie es auch erklärlich ist, warum die Compilatoren auf das Sorgfältigste bemüht waren, die Erwähnung derselben zu vermeiden. Dennoch aber finden sich aus oben schon angegebenen Gründen in der Compilation nicht wenige Stellen, welche. Spuren der um Justinian's Zeit gewiss längst obsolet gewordenen *exc. rei i. jud. ded.* enthalten. Ueber die von Vielen hiehergezogene l. 5 D. 44, 2 s. oben § 1 a. E., über die in mehrfacher Beziehung zur Zeit der Compilation als antiquirt zu betrachtende l. 2 eod. s. Francke Arch. Bd. 23 S. 425. Liebe Stipulation S. 176 n. 1 vermuthet mit A. Faber Rat. ad h. l. eine Interpolation in l. 4 § 3 D. 9, 4 (Paulus); der kritische Satz ist:

donec autem prius judicium agitatur, licentia agenti est, si eum de scientia domini arguenda poeniteat, tunc ad noxalem causam transire —;

unzweifelhaft war es nämlich im *prius judicium* schon bis zur L. C. gekommen, daher das hier dennoch gestattete *jus variandi* der Consumtion offenbar widerspricht; da nun um Paulus' Zeit die *exc. rei i. jud. ded.* noch in voller Anwendung gewesen, kann dieser die Stelle so, wie sie heute vor uns liegt, unmöglich redigirt haben.

Zu den allerunzweifelhaftesten Resten der früheren Consumtionslehre müssen aber alle jene Stellen gerechnet werden, in welchen sich uns die L. C. als ein den durch *actio* geltend gemachten ursprünglichen Anspruch abschwächendes und gefährdendes Moment darstellt (wegen der Consumtion), während h. z. T. die *inclusio judicio* nur „kraftsteigernd" wirkt.[28])

So erscheinen als die reinsten Antiquitäten alle Fragmente der Digesten, welche sich mit den Wirkungen der L. C. in Correalverhältnissen beschäftigen. Es gehören hieher: l. 2, l. 16 D. 45, 2; l. 5 D. 46, 1 bes. i. f.; l. 31 § 1 D. 46, 2; l. 116 D. 45, 1, hiezu l. 21 D. 46, 3. Hiernach hat schon die L. C. eines Correal-Gläubigers mit dem Correal-Schuldner die Aufhebung des Rechts der anderen Correal-Creditoren zur Folge, und umgekehrt werden die anderen Correal-Schuldner frei, wenn der Gläubiger mit einem derselben nur *lis* kontestirt hat. Diess hat Justinian bekanntlich in l. 28 Cod. 8, 41 geändert, so dass seitdem Haftung und Berechtigung aus dem Correal-Verhältnisse erst mit der *solutio* aufhört. In dieser so spät erscheinenden gesetzlichen Aenderung des früheren Rechts hat man einen Beweis für die ebenso lange Aufrechthaltung der *exc. rei in jud. ded.* sehen wollen. Nun berichtet uns aber Justinian in l. 28 cit. selber, dass der Privatverkehr für die hier vorgesehenen Fälle seither Mittel gefunden habe, den Nachtheilen der Consumtion zu begegnen, so dass Justinian eigentlich dasjenige nur legalisirt hat, was längst vor ihm in Uebung

---

28) l. 9 § 3 D. 12, 2: *post litem contestatam cum eo perpetuatur adversus um obligatio;* auch l. § 1 i. f. D. 27, 7.

gewesen war. Es hatte sich also der Verkehr schon selbst geholfen, und Justinian liess sich nur in seiner „*animi vigilantia*“ die gute Gelegenheit nicht entgehen, seinen Hang zur Gesetzmacherei und schönen „*amputationes*“ wieder einmal zu befriedigen.

So sah sich ja auch derselbe Justinian bemüssigt, den Unterschied zwischen quiritarischem und bonitarischem Eigenthum eigens aufzuheben (l. un. Cod. 7, 25), obwohl er selbst anführt, dass von dieser Unterscheidung nirgends mehr etwas zu sehen, und das „*nudum nomen ex jure Quiritium*“ längst gegenstandslos geworden sei.

Weitere Beweise des früheren unerbittlichen Rechts der *exc. rei i. jud. ded.* liefern ferner alle jene Stellen, wonach Kläger, welcher unter Mehreren als Beklagten wählen konnte, durch L. C. mit Einem die Klagen gegen die Anderen verlor, oder wenn ihm wegen eines Anspruchs mehrere Klagen zustanden, die anderen Klagen durch die L. C. über eine derselben konsumirt wurden, oder endlich, wo er die Wahl unter mehreren Objekten hatte, L. C. wegen eines die Klage auf die anderen Objekte konsumirte.

Hieher gehören: l. 24, l. 25, l. 26 pr. § 1 — § 4 D. 9, 4; l. 32 pr. D. 15, 1; l. 33 D. 30 (I); l. 20 D. 33, 5; l. 9 § 1 D. 14,4. Dieser strengen Auffassung trat die Rechtsübung schon um Ulpian's Zeit mildernd entgegen, wie l. 32 cit. sagt:

> *sed licet hoc jure contingat, tamen aequitas dictat, judicium in eos dari, qui occasione juris liberantur* — —.

Auch l. 1 § 24 D. 14, 1 ist hier anzureihen, wenn „*etsi cum utro eorum actum est*“ nicht bedeutet: erfolgreiches *agere*. Dagegen kann Verf. in l. 4 Cod. 3, 1, wie Bekker aufstellt. eine Spur der *exc. rei i. j. ded.* nicht erkennen. Die Stelle lautet:

> „*si cum tibi pretium praediorum a curatoribus comparatorum reputaretur, et instrumenta emptionis traderentur, quaestionem omissae evictionis non movisti: intelligis semel finitam litem instaurari non posse*“ (Alexander 229).

Also: bei Gelegenheit gerichtlicher Auseinandersetzung einer Vormundschaft kam es von Seite der Curatoren zu betreffenden Reputationen des von ihnen ausgelegten Kaufpreises für einige dem Mündel erworbene Grundstücke (*contraria tutelae actio* l. 1 § 4 h. t.). Der Rechtsstreit wurde durch gerichtliches Urtheil erledigt, der gewesene Curand empfing ohne Einspruch wegen etwa unterlassener Evictions-Stipulation die Kaufsurkunden, jetzt will er aber wegen mittlerweile wirklich erfolgter Eviction die Curatoren abermals in Anspruch nehmen. Diess spricht ihm nun Alexander ab wegen durch Urtheil erledigter Sache, also *ex capite* der Rechtskraft, nicht der Consumtion der (*utilis*) *tutelae actio*. Ein weiteres Argument liefert auch noch die nur akzessorische Natur der Eviktions-Frage, sowie anzunehmender Verzicht auf Ventilirung letzterer.

Auch l. 1 Cod. 2, 27 (Alexander):

> *minus ex tutelae judicio consecuti, de superfluo habere actionem ita potestis, si tempore judicii minores annis fuistis, et nunc beneficium aetatis vobis largitur. Caeterum, si post legitimam aetatem sententia prolata est, iterato eandem actionem de eisdem speciebus inferre non potestis*

spricht wohl weniger von Restitution gegen die Consumtion, wie Bekker und Krüger wollen, als von der gegen *res judicata*, wofür die ganze Stellung der *const.* im Titel „*si adversus etc.*" spricht, wie die Ausdrücke: „*sententia prolata*" und „*de eisdem speciebus*", d. h. der schon abgeurtheilten.

Dagegen enthält l. un. § 7 Cod. 5, 13 (Justinianus) in der Caution:

> „*quod si ad meliorem fortunam pervenerit, etiam quod minus persolvit, hoc restituere procuret*",

welche dem zur *restitutio dotis* pflichtigen Manne noch auferlegt wird, einen nicht zu verkennenden Rest der früheren Consumtions-Lehre, denn jetzt hatten blosse dilatorische Einreden keine konsumirende Wirkung mehr, es war also die Nothwendigkeit jener Caution entfallen. —

Wir gehen nun über zu den näheren Voraussetzungen für Anwendung unserer Einrede.

§. 6.

V. Wann ist die exceptio rei in judicium deductae begründet?

Der Ausgangspunkt für die Beantwortung dieser Frage kann nur wieder der alle Consumtion bestimmende Ur-Satz sein: „*bis de eadem re ne sit actio*".

Nach dessen Wortlaut setzt er zweierlei voraus: *eadem res*, das materielle Moment der sog. objektiven Identität (wovon unten näher), und abermals *actio* über *eadem res*, aber nicht *eadem actio*, sondern *actio* überhaupt, jeder *actio* über *eadem res*. Auch in dieser zweiten Voraussetzung liegt ein Identitäts-Moment, nur eines allgemeinerer Natur, denn während erstere ihre Begrenzung und Erschöpfung in der konkreten Rechtssache, dem schon einmal verhandelten individuellen Rechtsverhältnisse findet, so ist diese nur generisch bestimmt als „*actio*", unabhängig davon, ob gerade die heute angestellte *species actionis* schon früher gebraucht wurde, sondern Alles ergreifend, was unter den Begriff *actio* fällt, wenn es nur auf *eadem res* gerichtet ist.

So deutlich auch diese Voraussetzungen der Regel „*bis etc.*" sind, so stimmen sie doch für den ersten Anblick nicht befriedigend, denn wenn schlechthin *actio* über eine schon einmal mit *actio* verfolgte *res* versagt wird, so läge hierin das Unannehmbare, dass man keinen Anspruch mehr als einmal verfolgen dürfe, was bei dinglichen Ansprüchen zu den widersinnigsten Consequenzen führen würde. Es ist selbstverständlich, dass die Römer diess nicht gewollt haben konnten, aber ebenso einleuchtend, dass der Redaktion des Satzes „*bis*" etwas zu fehlen scheint.

Es ist diess nichts Anderes, als die Hervorhebung des Verbindungsglieds, welches jedem konkreten Prozesse erst sein Dasein verleiht, nämlich die Richtung gegen einen bestimmten Gegner. Im Hinblick auf unsere Regel nennen wir diess heute das Moment der subjektiven Identität, also *actio* über *eadem res* gegen *eundem* und *ab eodem*. Daher ist nur zweierlei möglich: entweder ist obiger Satz in der Formulirung nicht genau, oder es steckt jenes nicht ausdrücklich hervorgehobene subjektive Moment entweder in „*actio*" oder in „*eadem res*". In letzterer Beziehung ist die Erwägung nicht abzuweisen, dass jedenfalls bei *actiones in personam* das subjektive Identitäts-Moment schon durch den Begriff *obligatio* gegeben ist, da solche ohne einen bestimmten Gegner nicht denkbar ist, dieser also schon in der Rechtsbehauptung (*intentio*) erscheint; anders aber ist es bei *actiones in rem*, wo uns auch die Zuhülfenahme des Begriffes „*causa*" noch nichts über die Frage der subjektiven Identität sagt, so wichtig auch in anderer Beziehung die Feststellung dessen ist, was Alles für die Zeit der L.C. unter „*causa*" fällt. Sonach erscheint der Satz „*bis etc.*" für Bestimmung der Consumtion bei *actiones in rem* als ungenügend, was jedoch, wie sich später ergeben wird, nur scheinbar ist. Will man genau sprechen, so muss man als Voraussetzungen der *exceptio rei in judicium deductae* folgende drei angeben:

Identität der *res*, Identität dessen, was *actio* heisst, und Identität der Personen.

Unter Verweisung dieses letzten (einfachsten) Punktes auf das zweite Kapitel müssen nun die beiden Fragen näher betrachtet werden: Was heisst in der Consumtions-Lehre *res*, bzw. *eadem res*, was *actio?*

Es kommt also hier nicht darauf an, was denkbarer Weise Alles *res* und *actio* heisst — was zu einer ebenso weitläufigen, als für die Zwecke dieser Abhandlung unnützen Untersuchung führen würde —, sondern darauf, welche Bedeutung die Begriffe „*eadem res*" und „*actio*" gerade für den Satz: „*bis de eadem re ne sit actio*" haben.

1. *Res, eadem res* für die Consumtions-Lehre.

Dass der Schwerpunkt der ganzen Consumtions-Lehre in jenem Momente liegt, welches *res* heisst, bedarf keines Beweises. Schon die Fassung der Regel „*bis*" führt hierauf: ist hier doch *res* das Bestimmende, *actio* das Bestimmte. *Res* wirkt auf Alles für immer konsumirend, was unter „*actio*" fällt. So oft *res* einer *actio* mit der einer früheren *actio* identisch ist, ebenso oft steht jener Consumtion entgegen. Also liegt das Entscheidende im Verhältniss der *actio* zur *res*.

Hier aber ist die wichtigste Frage:

Welcher Natur ist dieses Verhältniss? Was heisst überhaupt *actio de re?* Soll „*res*" Gegenstand der *actio* bedeuten, oder Entstehungsgebiet[29]), Ziel oder Quelle, *res* realisirt durch *actio*, wie der Zweck durch das Mittel, oder *actio* weil *res* da ist, wie das Erzeugte aus dem Erzeugenden, die Folge aus dem Grund?

---

29) Sprachlich ist Beides möglich: a) *cognoscere de aliqua re, Cic.; judicare de conjuratione, Sall.; docere de aliqua re, Cic.;* b) *partem solido demere de die, Hor.; hominem certum misi de comitibus meis, Cic.; homo de plebe, Cic.; homo de schola, Cic.*

Man könnte auch so fragen: Ist die *res* für das Aktionen-Gebiet desshalb juristisch entwerthet, weil sie Objekt der *actio* war, oder weil sie, wenn auch nur einmal den Boden abgab, aus welchem *actio* entsprang?

Anerkannt ist, dass die *res* durch die *deductio in judicium* für immer unbrauchbar geworden, mit *actio* in Verbindung zu treten, aber das ist eben die Hauptfrage, ob desshalb, weil sie nur einmal durch *actio* verfolgt werden kann, oder weil sie nicht mehr als einmal Quelle einer *actio* sein darf?

Sehen wir uns in der juristischen Literatur um, so begegnen wir dem einzigen Bekker[30]), welcher sich wirklich eingehend mit „*res*" beschäftigt hat. Bekker's Lehre von „*res*" in seiner pr. Consumtion lautet:

Die *res*, auf welche sich die Klage beziehe, *in judicium* deduzirt und endlich durch Erkenntniss entschieden werde, sei nichts anderes als der Anspruch, welchen Kläger mit der Klage verfolge.

Actio sei dann die Form, welche die *res* annehme, um realisirt zu werden.

Hierauf trete an Stelle der *res* der Anspruch aus dem Judikat, als Produkt der *actio*.[31])

Schwieriger könne es werden, den klägerischen Anspruch von der Behauptung zu sondern, auf die er sich gründe.

Die *res* erscheine nämlich überall als Forderung, könne aber auf verschiedenen Rechten beruhen. Unschwer sei die Scheidung, wenn das behauptete, und die *res* tragende Recht nicht obligatorischer Natur sei, wie z. B. bei der *vindicatio*, welche sich auf das Eigenthum des Klägers stütze. Hier sei die *res* nicht dieses Eigenthum, sondern nur ein specieller Ausfluss desselben, nämlich der Anspruch auf Restitution.

Anders aber sei es bei den Klagen *in personam*, wo der eingeklagte Anspruch und das in der *intentio* behauptete, die *res* begründende, Recht gleichartig seien (beide: Forderungsrechte). Daher schienen sie oft zusammenzufallen; z. B. bei einem Dar-

---

30) Prozessual. Consumtion und Aktionen.

31) Auch eine Verwandelungs-Theorie, welche der Novations-Theorie sehr ähnlich sieht, die doch Bekker selber abweist!

lehen von 100, wo das „*Numerium mihi centum dare oportere*“ sowohl das ganze behauptete Recht, als den Anspruch bedeute.

Jedoch auch bei den Klagen *in personam* sei es nöthig, dass der Unterschied des eingeklagten Anspruchs und des begründenden Rechts hervortrete. So wenn z. B. aus einem umfangreichen Societäts- oder Mandats-Verhältnisse eine einzelne Leistung eingeklagt werde, wo letztere immer kleiner sei, als die Summe dessen, was überhaupt aus einem solchen Verhältnisse geschuldet werde.

Bekker prüft nun, zur schärferen Bestimmung des Wesens der *res,* wie sich dieselbe zur *actio* äusserlich darstelle.

Jede Klage gienge nämlich auf einen gewissen Anspruch — *res* —; diese sei dem Wesen nach überall gleich, obwohl sie bei verschiedenen Klagen „als Ausflüsse verschiedener Rechte“ zu betrachten wäre (S. 48). Diese *res* sei Gegenstand und Maass der prozessualischen Consumtion, daher, wenn Anspruch, *res*, einmal klagbar verfolgt sei, sie nicht mehr Gegenstand einer zweiten Klage werden könne.

Er, Bekker, stimme mit Keller L.C. § 33 überein in dessen Art der Abgrenzung des eingeklagten Anspruchs (Klagrecht) gegen das begründende Recht, nur dass Keller Klagrecht im materiellen Sinne nehme, was er (Bekker) *res* nenne.

Ein Hauptunterschied zwischen seiner, Bekker's, und Keller's Anschauung bestehe aber in Bezug auf den Ausdruck, welchen die *res* in der *actio* finde. Keller finde den Gegenstand der Consumtion in der *intentio,* während seine, Bekker's, Auffassung der *intentio* eine ganz andere sei, wie zahlreiche Stellen seines Buches bewiesen.

Uebrigens bleibe Keller seiner Ansicht, dass die *res* (eingeklagter Anspruch) den Umfang der Consumtion bestimme, nicht immer treu, denn S. 258 l. beziehe er sich, um den Umfang der Consumtion bei persönlichen Klagen mit *incerta intentio* zu erklären, auf die Einheit der mehrgliedrigen *obligatio.* Hier gehe Keller offenbar von der Ansicht aus, dass „Klagrecht im materiellen Sinne“ weniger begreife, als die Consumtion umfasse. Sein Fehler bestehe darin, dass er die Gleichheit des Umfangs der Consumtion und des eingeklagten Anspruchs (*res de qua agitur*) übersehen habe, denn der Umfang der Consumtion werde überall durch den Umfang der *res* bestimmt. Diess nun habe Keller nicht erkannt, und sei so auf jene eigentlich überflüssige Theorie von der Einheit der mehrgliedrigen *obligatio* gekommen, wogegen am Durchschlagendsten spreche, dass aus derselben nicht nur die Gesammtheit aller Forderungen auf einmal und mit einer Hauptklage, sondern auch alle Forderungen einzeln mit Specialklagen verfolgt werden könnten. — —

So weit nun im Wesentlichen Bekker's Lehre, welche auf der Grundanschauung ruht: *res* ist Anspruch, *actio* Mittel für dessen prozessualische Durchführung.[32])

Prüfen wir nun, welche quellenmässige Begründung Bekker hiefür vorgebracht hat.

Zunächst führt Bekker Cons. Beil. I an: Gai. III 13, 14, 15, 21, 26 und Tit. Dig. 44, 5 *quarum rerum actio non datur*, wo überall *res* als „Anspruch" einen guten Sinn gäbe, wenn es auch möglich sei, dass *res* hier „worüber" bedeute. Auch Gai. IV 19 — — *lege vero Calpurnia de omni certa re*, übersetzt Bekker mit „Anspruch". Dasselbe sei ferner ganz klar in den Ausdrücken *rem amittere, rem servare*, obwohl letzterer, wie auch „*res integra*" mit „Vermögen" übersetzt werden könnte.

Bekker citirt hier, ausser Gai. IV 58, 123, noch: l. 7 pr. D. 4, 3; l. 19 § 1 D. 16, 1; l. 35 § 1 D. 19, 2; l. 2 D. 14, 3; l. 10 D. 44, 4; l. 12 D. 46, 6; l. 11 pr. D. 50, 1; l. 3 § 4 D. 50, 8; l. 172 § 1 R. J.; auch hiesse in l. 7 D. 44, 1 „*exceptio rei cohaerens*": haftend am „Anspruch". —

Dass durch diese Stellen unzweifelhaft bewiesen werde, *res* sei „Anspruch", behauptet wohl Bekker selbst nicht. Zunächst ist gegen das Argument aus Tit. Dig. 44, 5 einzuwenden, dass „*quarum rerum*", der Ueberschrift wie dem Inhalt des Titels angemessener, mit: „in welchen Angelegenheiten, aus welchen Vorgängen, auch Rechtsverhältnissen Klage nicht gewährt wird" übersetzt werden dürfte. Die mögliche Doppeldeutigkeit von „*rem amittere*" giebt Bekker selber zu, nur bei Gai. III 176, IV 68 giebt *res* als „Anspruch" allerdings den besten Sinn.

---

32) Um obige Darstellung nicht zu verwirren, ist vorläufig keine Rücksicht genommen worden auf diejenigen Modifikationen, welche sich in Bekker's „Actionen" bezüglich seiner in der „Pr. Consumtion" niedergelegten Lehre finden; hievon in Nro. 2 dieses §.

Die Frage aber: was heisst „*res*“ in der Consumtionslehre — wird durch obige Stellen gewiss nicht gelöst. Möchte es gelingen, vorläufig auf den Grund der unten vorzuführenden diese Lösung zu fördern. Zunächst aber eine Bemerkung über den Ausdruck „Anspruch“.[33])

„Anspruch“ ist von Haus aus ein zu vieldeutiges Wort, um für sich allein zur Formulirung eines präcisen Begriffs verwendet werden zu können. Man gebraucht diesen Ausdruck gleichmässig ohne Bedenken wegen uns zustehender wahrer Privatrechte, z. B. Anspruch auf Entschädigung, Exhibition, Restitution etc., wie bezüglich sog. Liebespflichten, z. B. Anspruch auf Dankbarkeit, Schonung etc., so dass dieses Wort an sich eigentlich nichtssagend ist, und nur in Verbindung mit anderen bestimmenden Momenten die ihm im konkreten Falle zukommende Bedeutung erhält.

Betrachtet man die Beispiele, welche Bekker zur Erklärung dessen, was *res* sein soll, anführt, — Anspruch auf Restitution (beim Eigenthumsstreit), auf Rückzahlung eines Darlehens von 100 —, so kommt hier „Anspruch“ auf das hinaus, was man h. z. T. Klagspetit nennt, während der Ausdruck „Anspruch“ weit passender auf das Verlangen der richterlichen Anerkennung des Eigenthums, oder der Schuldforderung anwendbar wäre, wenn derselbe eben nicht überhaupt aus dem Katalog der selbständigen juristisch-technischen Beziehungen zu verbannen wäre. Ausserdem muss man fragen, ob man bezüglich einer deponirten, kommodirten Sache, oder eines Fideikommisses, nicht auch gerade so gut, oder so schlecht, von einem „Anspruch auf Restitution“ reden könnte?

Gegen Bekker's Lehre besteht aber noch ein weiteres Bedenken.

Bekker sagt: *res* ist Anspruch;

ferner: der Umfang der Consumtion wird überall durch den Umfang der *res* bestimmt;

33) Welchen Ausdruck Bethmann-Hollweg Civ. Pr. II S. 495 gegen Windscheid, Bekker, Krüger, als einen „unrömischen Begriff“ verwirft, während er ihn ebenda S. 729 selbst gebraucht, und hiedurch Bekker Aktionen I S. 9 die Gelegenheit giebt, sich auf ihn, Bethmann-Hollweg, zu berufen. S. auch noch Bekker Aktionen II S. 261 n. 18.

nun will Kläger bei der mehrgliedrigen (*incerta*) *obligatio π* mit den möglichen Posten a, b, c, nur a einklagen, wo also nach Bekker a = *res* = Anspruch ist;

dennoch werden, wie wir wissen, durch die Klage auf a auch b und c konsumirt, welche nicht „angesprochen" sind (Gai. IV. 131).

Also ist nur zweierlei möglich:

entweder ist es nicht wahr, dass der Umfang der Consumtion durch den Umfang der (Bekker'schen) *res*, als sog, Anspruchs, bestimmt wird, —

oder *res* heisst etwas Anderes als Anspruch,[34])

Verf. ist nun unbedingt Bekker's Ansicht, dass der Umfang der Consumtion überall durch den Umfang von „*res*" bestimmt wird, aber er versteht eben unter „*res*" etwas Anderes als Bekker.

Der Satz, welchen Verf. vorläufig durch die bald aufzuführenden Stellen zu begründen hofft, ist dieser:

Res in der Consumtionslehre bedeutet das Rechtsverhältniss, soweit es zur Begründung von *actio* geeignet ist, und in soweit ist es auch Gegenstand der Consumtion.

Rechtsverhältniss nennen wir jede rechtliche Beziehung, in welcher eine Person zu einer anderen, oder einer Sache steht. Die Klage ist der regelmässige Schutz der Rechtsverhältnisse. Wenn irgend ein Rechtssystem mehrmalige Geltendmachung eines Rechtsverhältnisses durch Klage ausschliesst, so kann diess nicht in dem streng wörtlichen Sinne gemeint sein, dass ein Rechtsverhältniss überhaupt nur einmal durch Klage verfolgt werden dürfe, was der reinsten Vernichtung des Klagschutzes gleichkäme, — sondern jene Klagsausschliessung muss offenbar an eine ihr erst Sinn und Bedeutung verleihende Beschränkung gebunden sein.

34) Die Schlüssigkeit dieses Raisonnements wird nicht durch den Umstand gestört, dass der römische Prozess verschiedene Mittel kannte, um den Umfang der Consumtion geeignet zu beschränken — welcher Frage Bekker Cons. § 7 eine eingehende Betrachtung widmet. Hier will nur gezeigt werden, dass Bekker's Begriffsbestimmung von *res* nicht in Einklang gebracht werden kann mit jenen übergreifenden Consumtions-Wirkungen, worüber noch zu vgl. l. 76 § 1 V. O.; Cic. de Oratore I 167, 168 (36, 37).

Unschwer ist solche zu erkennen: wir finden sie, sieht man genauer zu, in den zwei Punkten *„eadem res“* und *„actio“* der Regel *„bis etc.“* angegeben.

„Eadem res“ ist Dasjenige, was man objektive Identität nennt, nach der hier vertretenen Theorie „dasselbe Rechtsverhältniss“, und *„actio“* schliesst in sich die sog. „subjektive Identität“, also *actio* wieder unter denselben Personen, zwischen welchen schon einmal *actio* war. Dieses durch den Begriff *actio* schon gegebene subjektive Element ergiebt sich unzweifelhaft daraus, dass *actio* für sich allein keine greifbare Bedeutung hat, und nur existent wird durch eine Gebundenheit eines bestimmten Dritten. Savigny Syst. V § 205 sagt in dieser Beziehung (ohne dass aber Verf. die Theorie der sog. Rechtsverletzung annimmt): „Die besondere Gestalt, welche jedes Recht in Folge einer Verletzung annimmt, zeigt sich zunächst in folgender Weise. Unsere Rechte überhaupt beziehen sich theils auf alle uns gegenüber stehende Menschen, theils auf bestimmte Individuen, und diesen letzten Charakter tragen am Entschiedensten die Obligationen an sich. Die Verletzung unserer Rechte aber ist nur denkbar als Thätigkeit eines bestimmten Verletzers, zu welchem wir dadurch in ein eigenes, neues Rechtsverhältniss treten; der Inhalt dieses Verhältnisses lässt sich im Allgemeinen dahin bestimmen, dass wir von diesem Gegner die Aufhebung der Verletzung fordern. Dieser Anspruch gegen eine bestimmte Person und auf eine bestimmte Handlung hat demnach eine den Obligationen ähnliche Natur: der Verletzte und der Verletzer, oder der Kläger und der Beklagte, stehen einander gegenüber wie ein Gläubiger und ein Schuldner.“

Also der „obligatorische Charakter“ jeder *actio,* welchen auch Bekker (Cons. S. 48) anerkennt, weist auf das dem ersten flüchtigen Blick nicht sofort erkennbare Erforderniss der Personen-Identität in der Regel: *„bis de eadem re ne sit actio“* hin, und dann ist der Sinn der Regel dieser:

Wer einmal wegen eines bestimmten einzelnen Rechtsverhältnisses gegen einen Anderen *actio* angestellt hat, ist nicht allein von Wiederholung derselben *actio* gegen denselben Gegner ausgeschlossen, sondern von jeder *actio,* welche sich wider denselben Gegner aus demselben Rechtsverhältnisse, als ihrer Quelle, ableitet.

Wenn Bekker aufstellt: *res* = Anspruch, und *actio* = Form für dessen prozessualische Geltendmachung, so bleibt immer noch die Frage übrig: woher kommt dieser durch *actio* zu realisirende Anspruch, z. B., um ein von Bekker gewähltes Exempel beizubehalten, der „Anspruch" auf Sachrestitution im Eigenthumsstreite? Ohne das zu Grunde liegende Rechtsverhältniss des Eigenthums und dessen Verletzung durch die Besitzentziehung Seitens eines Dritten giebt es keinen Restitutions-Anspruch, wie eben überhaupt der Ausdruck „Anspruch", wie schon bemerkt, an sich nichtssagend ist, und selbst wenn er bezüglich des Schuldners und dessen was man „anspricht", spezifizirt wäre, wie in dem andern Bekker'schen Beispiele — *Numerium mihi centum dare oportere* —, immer noch zu der Frage hindrängen würde: aus welchem rechtlichen Grunde, oder, was dasselbe, aus welchem Rechtsverhältnisse, da sich ohne solches eine Forderung des A's. an N's. gar nicht denken lässt. Hiemit will vorzüglich behauptet werden, dass sich aus der Bekker'schen *res* in manchen Fällen der Umfang der Consumtion nicht erklären lässt.

Nehmen wir dagegen *res* als Rechtsverhältniss nach der Seite seiner Verfolgbarkeit durch *actio* an, bzw. als Quelle aller aus demselben möglicher Weise ableitbaren *actiones*, so erhellt sofort deutlich genug, welchen Umfang die durch die *deductio in judicium* begründete Entziehung des Klagschutzes hat, welche Aktionen alle konsumirt sind, weil sie sich auf dieses konkrete Rechtsverhältniss als ihre gemeinsame Quelle zurückführen lassen. Auch die krasseste Eigenheit der römischen Consumtionslehre, dass nämlich der Umfang der Consumtion eine nach gegenwärtiger Lage nur beschränkt mögliche *condemnatio* weit überschiessen kann, erhält wenigstens ihre sofort in die Augen springende Erklärung, wenn der Gedanke der Consumtion richtig ausgedrückt ist mit:

„juristischer Entwerthung des betreffenden Rechtsverhältnisses für das Aktionen-Gebiet schon zu Folge einmaliger dem materiellen Umfange nach beschränkter oder erschöpfender klagweiser Verwerthung desselben."

Ehe aber die zur Unterstützung dieser Theorie von *res* dienlichen Stellen vorgeführt werden, sei ein Blick auf die bei einigen anderen Rechtslehrern vorfindlichen Ansichten über *res* gestattet.

Wetzell ordtl. Civ. Pr. § 47 hält „*res*“ für gleichbedeutend mit Klagrecht: *actio* im materiellen Sinne, und verweist übrigens auf Bekker l.

Endemann Princip der Rechtskraft S. 71 sagt, *res* sei Thatbestand, gleichviel unter welchen rechtlichen Gesichtspunkten, mit welcher einzelnen Klage der Kläger vorgehe. Bleibe er nur bei derselben *res*, so sei es eben diese, welche konsumirt werde, möge auch Kläger für seine Klage einen rechtlichen Namen gebrauchen, welchen er wolle.[34a])

Bethmann-Hollweg, Civ. Pr. II S. 495 stellt auf: *eadem res* sei im Civilprozess = *eadem actio*, diese aber sei das Recht des Klägers (*idem jus*) als Gegenstand des Rechtsstreits, welches zunächst durch seine Natur, dann seinen Entstehungsgrund (*eadem causa*) und durch sein Object (*idem corpus*, *eadem quantitas*) charakterisirt und, soweit möglich und nützlich, in der *formula* beschrieben werde.

Liebe, Stipulation, lässt sich an verschiedenen Stellen seines Buches über die prozessualische Consumtion aus, doch findet sich keine gleichmässige Darstellung über *res* und was überhaupt Gegenstand der Consumtion sei.

S. 159 wird (für Novations-Zwecke) *res* „der ganze Inbegriff der kontraktlichen Leistungen“ genannt.

S. 173 heisst es: die prozessualische Consumtion setze keineswegs Identität der einzelnen Klage, sondern nur des Anspruchs an sich, und des materiellen Verhältnisses voraus — (was hier „Anspruch“ in seinem Unterschiede von Klage und materiellem

---

34a) Näher heisst es bei Endemann l. S. 99: „Der klagend verfolgte Thatbestand ist das eigentliche Objekt der Judikats-Consumtion“. Diess wäre also z. B. die Beschädigung meiner Sache durch Titius, oder mein Erbe-Gewordensein und *pro possessore*-Besitz einer Erbschaftssache bei eben demselben.

Die gleiche Anschauung hat Endemann Beweislehre S. 112: „Das Faktum in seiner Bedeutung vor dem Rechtsgesetz, die Thatsache sammt ihrer möglichen Rechtskonsequenz war es, was *in judicium* deduzirt und abgeurtheilt wurde“.

Verf. kann von dem, was hier, dann S. 40, S. 492 n. 9 (Beweislehre) gesagt ist, nur so viel zugeben, dass Gegenstand der richterlichen Cognition nur juristische Thatsachen sind, aber ebensowenig, dass es eine Consumtion durch Urtheil gegeben habe, als dass Gegenstand derselben die juristischen Thatsachen gewesen seien. S. auch Windscheid, über Endemann's Prinzip der Rechtskraft in Krit. V. J. Schr. III 1861 S. 112—117.

Verhältnisse bedeuten soll, wird nicht gesagt). Ebenda steht mit Bezug auf den Fall der Häufung von Verpflichtungsgründen für eine und dieselbe *obligatio:* „Die aus einem Verpflichtungsakte erhobene Klage konsumirt die aus dem anderen auf dasselbe Objekt anzustellende. Es genügt, dass *eadem res* sei."

Hier also erscheint „*res*" als Klags-Objekt.

Uebrigens bringt hier Liebe die prozessualische Consumtion in Verbindung mit der von ihm vertretenen Novations-Theorie, indem er (S. 175) sagt: Bei der prozessualischen Consumtion werde durch die L. C. in dem über den einen Verpflichtungsgrund erhobenen Prozesse der Bestand der *obligatio* selbst umgeschmolzen und an einen neuen Verpflichtungs-Grund geknüpft.

S. 237 spricht Liebe wieder davon: in der dritten Periode des römischen Civil-Prozesses sei die Ansicht verschwunden, als werde „das Rechtsgeschäft selbst" in seinem ganzen Umfange *in judicium* deduzirt.[35]) Aehnlich heisst es S. 259 mit Bezug auf vollkommen zweiseitige Geschäfte, dass die Römer in der klassischen Zeit eine Consumtion des ganzen Geschäfts durch das von der einen oder anderen Seite angestellte *judicium* angenommen hätten. (Diese ganze Lehre würde völlig in der Luft stehen ohne Zuhülfenahme der — ohnehin verwerflichen — Novations-Theorie.)

Endlich, während S. 236 steht: unter *lis* sei nicht bloss das Verfahren, in welchem die *actio* durchgeführt werde, zu verstehen, sondern „das *in judicium* deduzirte Recht selbst", — wird S. 260 für die prozessualische Consumtion Alles darauf gestellt, dass „unter denselben Partheien dasselbe Rechtsverhältniss auf's Neue Gegenstand des Prozesses wird." Hiebei beruft sich Liebe auf l. 7 § 4 D. 44, 2 — — *quoties inter easdem personas eadem quaestio revocatur*.

S. 265 erscheint abermals der „Anspruch" als dasjenige, was konsumirt sei, so dass bezüglich der hier untersuchten Frage bei Liebe eine bestimmte Antwort nicht zu finden ist.

Buchka, Einfluss etc. I S. 24 nennt als allgemeine Voraus-

35) Nicht richtig: der naturale Bestandtheil gewiss nicht! Bethmann-Hollweg Civ. Pr. II S. 649. S. auch Pfeiffer Archiv f. civ. Pr. Bd. 37 S. 104.

setzungen der Consumtion einer Klage durch einen früheren Prozess: Identität der Klage und der Partheien. Die Identität ersterer hienge davon ab, dass dasselbe Rechtsverhältniss wiederholt zum Gegenstande der richterlichen Cognition gemacht werde.

S. 59 dagegen wird, in Bezug auf die Frage einer gegenseitigen Beziehung zweier Obligationen, *eadem res* nicht dasselbe körperliche Objekt genannt, sondern derselbe juristische Zweck der Leistung.

Bei der Prüfung der Frage, was „*eadem res*" für die *exceptio rei judicatae* bedeute, wird hierauf noch Rücksicht genommen werden, denn hier kommt es nur auf Vorführung einer gemessenen Anzahl von Ansichten über die begriffliche Bedeutung von „*res, eadem res*" an, daher auch dort erst zu untersuchen ist, was sich bei Savigny und Keller über das Erforderniss von „*eadem res*" vorfindet. Zunächst aber ist der Nachweis zu liefern, dass die Ansicht Verf.'s, „*res*" in der Consumtionslehre bedeute „Rechtsverhältniss als Quelle von *actio*", in nicht wenigen Stellen der Compilation Unterstützung findet.

In l. 7 § 1 D. 44, 2 sagt Ulpian:

toties eandem rem agi, quoties apud judicem posteriorem id quaeritur, quod apud priorem petitum est, — dazu

dann pr. ib.:

eadem enim res accipitur, et si pars petatur ejus quod totum petitum est, —

woraus hervorgeht, dass das Entscheidende für die Frage der Consumtion nicht in der Identität des Objekts liegen kann, da hier trotz Verschiedenheit desselben Consumtion angenommen wird, sondern auf einem anderen, dem beidemaligen „*petere*" der verschiedenen Objekte gemeinsamen Umstande beruhen muss. Dieser kann aber nur in der Gemeinsamkeit der rechtlichen Grundlage beider Klagen gesucht werden, nämlich dem behaupteten Eigenthums-Rechte, oder, was dasselbe ist, dem Eigenthums-Verhältnisse des Klägers zu fraglicher konkreter Sache.[35a]) Gleichgültig ist dann, ob wegen letzteres einmal die ganze Sache ein anderes mal

35a) Bedeutend ist hier auch l. 11 § 5 i. f. eodem: *nam qualecunque et undecunque dominium adquisitum habuit, vindicatione prima in judicium deduxit.* (Ulp.)

nur ein Theil derselben verlangt wird, gleichgültig ferner auch, auf welchen Entstehungsgrund (*causa*) das Eigenthum im ersten oder zweiten Prozesse zurückgeführt wird (abgesehen von *causa superveniens*, welche ein ganz neues Eigenthums-Verhältniss begründet). Es ist richtig (Keller L. C. S. 284), dass ein wesentlicher Unterschied zwischen persönlichen und dinglichen Klagen obwaltet, indem bei jenen Entstehungsgrund und Rechtsverhältniss zusammenfallen („gekauft" bedeutet Beides), während diess bei dinglichen Klagen ganz anders ist („Sache mein, weil eingetauscht, ersessen, legirt erhalten"), dennoch aber heisst es l. 14 § 1 h. t., dass durch einmalige Geltendmachung des Eigenthums *omnes causae una petitione adprehenduntur*", weil eben nach der Consumtionslehre jede irgendwie begründet wordene klagweise Verwerthung irgend eines Rechts-, hier des Eigenthums-Verhältnisses, jede fernere abschneidet; „*causa*" hat aber hier keine andere Bedeutung, als die: Moment für die „Beweisinstanz",[36]) — „ich begründe die von mir verlangte Anerkennung meines Eigenthumsrechts mit der *causa emtionis, donationis, etc.*"

Wenn sich Ulpian in l. 9 § 3 D. 4, 2 verbis:

> *et quidem aut imperfecta res est, licet metus intervenerit, utputa stipulationem numeratio non est secuta: aut perfecta, si post stipulationem et numeratio facta est, aut per metum accepto debitor liberatus est, vel quid simile contigerit, quod negotium perficeret* — —

nicht eine Verwechselung von Rechtsverhältniss und Rechtsgeschäft hat beigehen lassen, so kann hier *res*, welcher *negotium* gegenübergestellt wird, wohl nichts Anderes heissen, als jenes; denn „*stipulationem numeratio non est secuta*" wird „*imperfecta res*" genannt, „*perfecta*" aber, wenn dasjenige hinzukommt, „*quod negotium perficeret*"; also macht die *perfectio negotii* die *res* zur *perfecta*, d. h. schafft ein Rechtsverhältniss.

Einen Beweis für die Behauptung, dass das an sich indifferente Wort „Anspruch" seine Bedeutung erst aus dem, letzteren rechtfertigenden und qualifizirenden Rechtsverhältnisse erhält,

36) Nebenbei sei bemerkt, dass das Schwankende und Mehrdeutige, was sich in den Quellen über „*causa*" vorfindet, ein würdiges Seitenstück in dem findet, was Ulpian in l. 5 h. t. über „*eadem res*" entwickelt. S. auch Bekker, Aktionen I S. 340.

ferner, dass auch nur dieses für die Consumtions-Frage entscheidend ist, liefert l. 18 D. 44, 7 (Julian.):

si is, qui Stichum dari stipulatus fuerat, heres extiterit ei, cui ex testamento idem Stichus debebatur: si ex testamento Stichum petierit, non consumet stipulationem: et contra, si ex stipulatu Stichum petierit, actionem ex testamento salvam habebit: quia initio ita constiterint hae duae obligationes, ut altera in judicium deducta, altera nihilominus integra remaneret.

Hier liegt in beiden Fällen materielle Identität des Anspruchs, Inhaltsgleichheit vor, dennoch aber ist die Consumtion ausgeschlossen, weil der Anspruch auf diesen „*idem Stichus*" auf zwei von einander verschiedene Rechtsverhältnisse gestützt ist.

Was kann ferner in l. 15 Cod. 4, 35 (Diocl. et Max.)

mandatum re integra domini morte finitur

„*res*" Anderes heissen, als: vor begonnener Ausführung bei noch unverändertem Rechtsverhältnisse?

Die gleiche Annahme giebt den besten Sinn in: l. 31 D. 5, 1 (Cels.): *si petitor plures heredes reliquerit, unusque eorum judicio egerit, non erit verum, totam rem, quae in priore judicio fuerit, deductam esse,* — und in l, 22 § 1 D. 2, 4 (Gai.): *qui in jus vocatus est, duobus casibus dimittendus est; si quis ejus personam defendet: et si, dum in jus venitur, de re transactum fuerit.* Hieher auch: l. 12 D. 2, 14 (Ulp.):

nam et nocere constat (i. e. *procurator*)*: sive ei mandavi, ut pacisceretur, sive omnium rerum mearum procurator fuit — — cum placuit, eum etiam rem in judicium deducere.*

Sehr bedeutend für die Behauptung, *in judicium* deduzirt sei das Rechtsverhältniss, sind folgende zwei Stellen:

Zunächst die l. 66 D. 3, 3 (Papin.):

si is, qui Stichum vel Damam, utrum eorum ipse vellet, stipulatus est: et ratum habeat, quod alterum procuratorio nomine Titius petit: facit ut res in judicium deducta videatur, et stipulationem consumit:

also wird durch die Klage auf den einen *servus* auch die auf den anderen konsumirt, weil schon durch jene Klage auf einen der *servi* das ganze Rechtsverhältniss, nämlich das vertragsmässige Wahlrecht unter beiden, *in judicium* deduzirt wurde.

Die andere Stelle ist l. 17 D. 3, 5 (Ulp.):

eum actum, quem quis in servitute egit, manumissus non cogitur reddere. Plane si quid connexum fuit, ut separari ratio ejus, quod in servitute gestum est, ab eo, quod in libertate gestum sit, non possit: constat venire in judicium vel mandati, vel negotiorum gestorum, et quod in servitute gestum est. Denique si tempore servitutis aream emerit, et in ea insulam aedificaverit, eaque corruerit: deinde manumissus fundum locaverit: sola locatio fundorum in judicio negotiorum gestorum deducetur: quia ex superioris temporis administratione nihil amplius judicio deduci potest, quam id, sine quo ratio libertatis tempore administratorum negotiorum expediri non potest.'

Hier wird also das Rechtsverhältniss der *locatio* ganz *ex professo* mit der *deductio in judicium* in Verbindung gebracht!

Ein weiteres Argument für die hier vertretene Ansicht enthält l. 5 D. 46, 1 i. f.: — — *Item si reus stipulandi extiterit heres rei stipulandi, duas species obligationis sustinebit; plane si ex altera earum egerit, utramque consumet: videlicet quia natura obligationnm duarum quas haberet, ea esset, ut, cum altera earum in judicium deduceretur, altera consumeretur.* Hiezu noch l. 18 § 3 D. 13, 5: *vetus fuit dubitatio, an qui hac actione egit, sortis obligationem consumat? Et tutius est dicere, solutione potius ex hac actione facta liberationem contingere, non litis contestatione: quoniam solutio ad utramque obligationem proficit,* — — und l. 2 D. 45, 2: *cum duo eandem pecuniam aut promiserint, aut stipulati sunt: ipso jure et singuli in solidum debentur, et singuli debent; ideoque petitione, acceptilatione unius tota solvitur obligatio,* — — wie auch Gai. IV 131 — — *totam obligationem, id est etiam futurorum annorum, in judicium deducimus.*

Eine ganz wichtige Stelle für die Behauptung, *res* sei = Rechtsverhältniss nach der Seite seiner Verfolgbarkeit durch *actio* ist l. 1 § 21 und § 22 D. 27, 3; aus welcher dieser Satz und sein Gegensatz auf das Deutlichste hervorgehen dürfte. In § 21 sagt

Ulpian: *in tutela ex una obligatione duas esse actiones constat: et ideo, sive tutelae fuerit actum, de rationibus distrahendis agi non potest: sive contra, tutelae actio, quod ad speciem istam, perempta est.* Dann heisst es in § 22 in unverkennbarster Absicht, den Gegensatz vorführen zu wollen: *hunc tamen tutorem qui intercepit pecuniam pupillarem, et furti teneri Papinianus ait: qui, et si furti teneatur, hac actione conventus, furti actione non liberatur: nec enim eadem est obligatio furti ac tutelae, ut quis dicat plures esse actiones ejusdem facti, sed plures obligationes: nam et tutelae et furti obligatur.*

Man beachte ferner: l. 90 V. O. (Pompon.): *cum stipulati sumus pro usuris legitimis poenam in singulos menses, si sors soluta non sit: etiamsi sortis obligatio in judicium sit deducta, adhuc tamen poena crescit: quia verum est, solutam pecuniam non esse*; dann l. 10 D. 22, 5 (Pompon.): *nullus idoneus testis in re sua intelligitur*, — l. 17 D. 16, 3 (Florentin.) verbis: *cum aliqua res in controversiam deducitur*, — l. 34 D. 17, 2 (Pompon.) verb.: *quod postea gesserint, efficitur, ut in pro socio actionem deducatur*, — l. 3 pr. D. 33, 7 (Papin.): *fundum instructum libertis patronus testamento legavit: postea codicillis petit, ut morientes partes suas fundi superstitibus restituerent, nec instructi mentionem habuit. Talem in causam fideicommissi deductum videri placuit, qualis fuerat legatus* — —, l. 25 § 3 D. 36, 1 (Julian.) — — *hereditas in causa fideicommissi non deduceretur* —, l. 75 § 1, § 8 V. O. (Ulp.): *incertum deducere in obligationem* —, l. 125, l. 136 pr. ib., l. 15 D. 16, 2, l. 76 D. 5, 1, l. 23 § 2 D. 4, 2 (Ulp.) — — *his probatis competens judex rem suae aequitati restitui decernat* (auch § 1 ib.).

Auch in der berühmten l. 1 Cod. 3, 9 (Sever. et Antonin.) giebt „*res*" = Rechtsverhältniss als Objekt der *deductio in judicium* den besten Sinn, wenn man nur zwischen „*res*", „*negotium*", „*causa*" gehörig unterscheidet.

Zur Unterstützung der hier vertretenen Ansicht kann auch das Institut der römischen *pronuntiatio* angeführt werden, welcher in vielen Fällen der Gedanke eines richterlichen Ausspruchs über das Bestehen oder Nichtbestehen eines Rechtsverhältnisses zu Grunde liegt. Schon im Legisaktionen-Prozess erscheint die *pronuntiatio* als der richterliche Ausspruch über das zwischen den

Partheien durch die Prozesswette begründete Rechtsverhältniss. Im Formularprozess hatte die richterliche *pronuntiatio* zu Folge der *formula petitoria* im Eigenthums-Streit direkt das beim Kläger stehende Rechtsverhältniss des Eigenthums zum Gegenstande. Vgl. z. B.:

l. 6 § 2 D. 42, 2 — — *perinde habearis, atque si dominii mei fundum esse pronuntiatum esset* — —

l. 30 § 1 D. 44, 2 — — *si de proprietate fundi litigatur, et secundum actorem pronuntiatum fuisset* — —.

Ebenso war bei den *actiones arbitrariae* die *pronuntiatio* die Grundlage der eigentlichen *condemnatio*.

Ueberhaupt dürfte der Ausspruch begründet sein, dass man über dem *S.P.C., S.N.P.A.,* also der *condemnatio* oder *absolutio*, die Hauptsache übersehen hat: Das eigentlich Entschiedene in jedem Prozesse dreht sich um die Frage eines unter den Partheien bestehenden oder nicht bestehenden Rechtsverhältnisses. Die *condemnatio*, oder *absolutio* ist hievon erst die Consequenz.

In vorstehenden Quellenzeugnissen dürfte die hier gegebene Erklärung, was „*res*" in der Consumtionslehre heisst, einigermaassen genügende Belege finden; dieselben sollen vermehrt werden in der späteren Untersuchung der materiellen Erfordernisse der *exceptio rei judicatae*. Ob es dem Verf. gelingen wird, in dieser Frage zu ganz sicheren Resultaten zu kommen, hierüber wagt derselbe in Anbetracht des unfertigen Zustandes der Quellen kein Urtheil.

Es erübrigt aber nun die Berücksichtigung obiger zweiter Frage:

2. Was heisst *actio* in der Consumtionslehre?

Nach den tiefgehenden Untersuchungen aus neuerer Zeit über *actio*[37]), kann es hier auf nichts weniger, als eine Neubearbeitung

---

37) Windscheid die *actio* des röm. Civilr. 1856; Derselbe Pand. 2. Aufl. § 44 Anm. 6 bezüglich anderer literarischer Nachweise, und jetzt Bekker die Aktionen des röm. Priv.-Rechts 1871. I Bd., 1873. II. Bd. Ferner: Derselbe in Ztschr. f. R. G. IX Bd. S. 366—407; dann die bekannten Schriften im Windscheid-Muther'schen Streit, und Krit. Ueberschau V, Heidelb. Krit. Zeitschr. V, Schletters Jahrb. V, Demelius,

dieser Lehre ankommen, sondern nur auf die begrenzte Frage, welche Bedeutung *„actio"* in der Regel: *„bis de eadem re ne sit actio"* habe. Andererseits aber kann bei dem Versuche, diese Frage zu lösen, nicht Umgang genommen werden von der Rücksichtnahme auf den heutigen Stand der Lehre von *actio*; aus allerneuster Zeit ist namentlich beachtenswerth, was Bekker (Aktionen) wieder über *„actio"* und prozessualische Consumtion gegen seine eigenen früheren, aber auch aller Anderer Ausführungen vorgebracht hat.

Wenn hier übrigens (Bd. I. S. 317) steht: „selbstverständlich bedingen die Begriffsbestimmungen von Aktion und Anspruch Inhalt und Umfang der Lehre von der Consumption der Aktionen, und von der Unklagbarmachung der Ansprüche", — so glaubt Verf., dass die Frage in dieser Weise nicht gestellt werden dürfe. Nicht darauf kommt es an, was neben *actio* „Anspruch" heisse, dieser leere, durch keinen bestimmten Quellenausdruck unterstützte Rahmen, sondern eben nur darauf, welche Bedeutung die positiven Begriffe *„eadem res"* und *„actio"* in der bekannten Normalregel aller Consumtion haben, und da könnte man nun meinen: wenn uns deutlich genug gesagt sei, dass über *eadem res* nicht mehr *actio* sein solle, also das Anwendungs-Gebiet dieser Vorschrift nach seiner territorialen Begrenzung genau bezeichnet worden, auch nicht wenige Beispiele mit Anwendungen der Vorschrift vorlägen, so müsste es mit Hülfe dieses Materials möglich sein, schliesslich herauszubringen, was hier *actio* selber heisse, — so ungefähr, als wie wir den Begriff Interzession rekonstruiren könnten, läge auch gar nichts weiter vor uns, als eine Mittheilung über das Anwendungsgebiet des *S. C. Vellejanum* (Interzession der Frauen), und die Ueberlieferung einer Anzahl von Fällen der Zulassung oder Ausschliessung des Vellejanischen Hülfsmittels.

Dennoch aber ist obiger Schluss nicht zutreffend, so wenig wie der vom *S. C. Vellej.* hergenommene Vergleich. Hier sind

---

Unters. S. 128. Was im Neuen Rh. Mus. f. Jurisprudenz Bd. II (1834) Nro. I und Nro. II über „das Wesen der *actio*" (aus dem Nachlass des jüngeren Hasse) steht, ist für eine nüchterne privatrechtliche Untersuchung grossentheils unbrauchbar. Ueber den Begriff *actio* im Allgemeinen s. Arndts Pand. 7. ed. § 96, bes. Anm. 3 und 4 daselbst.

die Quellen klar und enthalten eine Fülle bester Beispiele, aus deren vielseitigen Wendungen sich der Interzessions-Begriff immer deutlicher abhebt. Anders bei der Vorschrift *„bis de eadem re ne sit actio“*. Gerade bezüglich des Fundaments der ganzen Vorschrift, die *„eadem res“*, sind die Ueberlieferungen der Quellen nicht glücklich ausgefallen, so dass auch der Begriff von *„actio de eadem re“* hierunter leiden musste.

Wenden wir uns nun aber zunächst zu den Hauptsätzen in Bekker's neustem Werke.

Hier geht Bekker zunächst in der „Einleitung“ von dem inneren Zusammenhange von *actio* und *obligatio* aus, und bemerkt: *obligatio* bezeichne technisch den Zustand des Gebundenseins, welcher in *actio*, dem „Bindenden“ seine Quelle habe, daher *actione teneri* und *obligatione teneri* dasselbe sei. Durch *actio in personam* könne aber nur eine Person gebunden sein, während bei *actiones in rem* die *actio* an der *res* so fest hafte, wie die *a. in pers.* an der Person. Diess bedeute aber nur: Gezwungenwerden der Sache zum Leiden dessen, was dem Zwingenden eventuell Ersatz für das Ausbleiben der Leistung geben mag. Bei allen Aktionen finde aber das Gemeinsame statt: dass nur ein Gezwungenwerden-Können begründet sei. So sei mit dem Contraktschluss bei Sozietät und Mandat, und mit dem Quasikontraktschluss bei Tutel allemal *actio* und *obligatio* sofort existent, obschon es wohl sein könne, dass bis auf Weiteres der Obligirte nichts zu leisten habe.

Jenes Gezwungenwerdenkönnen sei aber eben *actio*; das Leistensollen, welches daneben bestehen könne, oder im Einzelfalle auch nicht, sei eben der „Anspruch“. *Actio* und Anspruch seien also ein (koordinirtes) „Begriffspaar“, zwei in einander greifende Begriffe, ein Dualismus, eine nicht moderne, aber echt römische Anschauung, obwohl jener Dualismus „den Römern selbst nicht recht in's Bewusstsein gekommen zu sein scheine, da sie sonst wohl eine passende technische Bezeichnung für beide Elemente gefunden haben würden.“ —

Zum Zwecke besserer Verdeutlichung von Bekker's neuer Theorie nehmen wir das nächste der von ihm oben angeführten Beispiele heraus: die Sozietät, und halten uns an den Fall in l. 52 § 12 h. t. (Ulp.):

item si in communem rivum reficiendum impensa facta sit, pro socio esse actionem ad reciperandum sumptum, Cassius scripsit.

Nach Bekker wäre also, mit dem Entstehen der *communio* am *rivus*, unter den *sociis* gegenseitig *actio* entstanden d. h. die Möglichkeit der Ersatzpflicht aller Anderen, wenn Einer eine *refectio* am *rivus* vornimmt. Wird diese wirklich vorgenommen, dann ist die Verpflichtung zu Erfüllung dieser Ersatzpflicht = Anspruch.[38])

Sonach ist klar, dass die neue Bekker'sche *actio* mit dem zusammenfällt, was man „Rechtsverhältniss" heisst, wenn anders man ein gegenseitiges rechtliches Gebundensein mehrerer Personen, welches unter gegebenen Voraussetzungen sofort wirksam werden und sich zu einem erzwingbaren Leistenmüssen verkörpern kann, Rechtsverhältniss nennen darf.

„Anspruch" nach Bekker's neuer Theorie wäre dann jeder Einzelfall eines auf solches Rechtsverhältniss zurückzuführenden erzwingbaren Leistenmüssens.

Verf. gesteht, dass er sich mit obiger Formulirung dessen, was „Anspruch" sein soll, nicht befreunden kann. Warum mit dem Ausdruck „Anspruch", dessen nächster Sinn doch = etwas verlangen (nicht: leisten) ist, und auf ein Recht hiezu hinweist, gerade die Verpflichtung, diesem Recht nachzukommen, bezeichnet wurde, ist nicht abzusehen. Gewiss hat Bekker selbst, bei diesem „Leistensollen = Anspruch", an das Recht, dieses „Leistensollen" zu verlangen gedacht, — aber wozu dann jenen, schiefer Auslegung zugänglichen, Ausdruck?

S. 13 der „Einleitung" bringt dann Bekker obige von ihm gewonnenen Begriffe in nähere Verbindung mit *„judicium"*, wo ihm *„actio"* das Recht ist zur Voraussetzung der Einsetzung von *judicium* überhaupt, und „Anspruch" dasjenige, was das (wegen Daseins von *actio*) eingesetzte *judicium* zu prüfen hat. Dazu urgirt dann Bekker S. 14 nachdrücklich die „Zusammengehörigkeit von Aktionen und Ansprüchen": einerseits sei jede Aktion an

---

38) Früher wäre diess nach Bekker *„res"* gewesen, und *„actio"* deren Realisirungs-Mittel. Nach der neuen Theorie nennt Bekker das „Leistensollen" Anspruch, daher die obige Fassung: „Verpflichtung zu".

bestimmte Voraussetzungen für ihre Existenz geknüpft, andererseits aber könne sie nur die Quelle bestimmter, ihrem Gebiete erwachsener und adäquater Ansprüche sein.

In diesem Punkte nun stimmt Verf. Bekker vollkommen bei, nur ist seine (Verf.'s) Auffassung und Bezeichnung der zu Grunde liegenden Begriffe eine andere. Was Bekker *actio* nennt, heisst Verf. *res* oder Rechtsverhältniss, und was bei Bekker Anspruch heisst, nennt Verf. *actio* = Klagrecht auf ein aus der *res* hervorgehendes Leistenmüssen eines, oder mehrerer, oder aller Leistungsobjekte; ferner: wie der Bekker'sche Anspruch durch *actio* gedeckt sein muss, so muss die *actio* des Verfassers durch *res* gedeckt sein. Findet diess nicht statt, so kann von Consumtion keine Rede sein, weil die eben vorliegende *actio* nicht in diese *res* einschlägt, — in welche andere, nicht in gegenwärtiges *judicium* deduzirte, ist gleichgültig.

Am Schlusse der seither besprochenen Ausführungen definirt nun Bekker seine *actio* und seinen Anspruch in folgender Weise:

Actio ist nach Bekker:

„ein Rechtsverhältniss zwischen drei Betheiligten, dem Aktivsubjekte, dem Passivsubjekte und dem Magistrat. Wider letzteren ein Recht publizistischer Natur, also ohne geregelten Zwangsmodus, ein Recht auf Einsetzung eines Judicium, Gewährung von *judex* und Formel; wider den Passivbetheiligten auf Uebernahme des *judicium*, d. h. auf die zum Zustandekommen desselben erforderliche Mitwirkung, und in dieser Richtung ist die *actio* ein echtes privates und also erzwingbares Recht."

Anspruch nach demselben ist:

„Ein Rechtsverhältniss wieder zwischen drei Betheiligten, Aktivsubjekt, Passivsubjekt und Richter. Wider den Richter publizistisch unerzwingbar (wohl dass er urtheile, aber nicht, dass er meinen Ansprüchen gemäss urtheile, könnte ich erzwingen), gerichtet auf Anerkennung, eventuell auf Umsetzung in den entsprechenden Geldbetrag, meines Verhältnisses zum Passivsubject; wider das Passivsubjekt ein Recht auf irgend eine Leistung, ein privates erzwingbares Recht, und zwar dergestalt erzwingbar, dass, wenn erstlich das Passivsubjekt nicht vorher leisten sollte, und wenn zweitens der Richter pflichtgemäss erkennt, die Leistung, oder aber ein angemessenes Surrogat desselben, unter staatlicher Autorität oder gar unter staatlicher Mitwirkung beizutreiben sein wird."

Was nun zunächst obigen Begriff von *actio* anlangt, so ist vor Allem anzuerkennen, dass das publizistische Verhältniss der Partheien (wenigstens des Klägers) zum Prätor seinen gebührenden Ausdruck erhalten hat; andererseits aber kann man sich der Erwägung nicht verschliessen, dass es mit jenem „Recht des Klägers auf etc." in einer ganzen Reihe von Fällen nicht so glänzend bestellt war.

Wie dann z. B., wenn eine „nicht ediktsässige *actio in factum*" (Bekker l. S. 16) verlangt wurde, wo der Prätor ganz nach seinem Ermessen Aktio geben oder verweigern konnte? Wie in allen jenen Fällen, in welchen sich der Prätor bezüglich gewisser Aktionen die *causae cognitio* vorbehalten hatte?

Vgl. Gai. IV 18. Dann l. 1 § 1 D. 4, 3:

si de his rebus alia actio non erit, et iusta causa esse videbitur, iudicium dabo —

auch l. 9 § 5 eodem:

merito causae cognitionem Praetor inseruit: neque enim passim haec actio indulgenda est. — —

Wie, wenn der Prätor finden konnte, dass die *postulatio* der edirten *actio* abfällig zu verbescheiden sei, worüber z. B. zu vergleichen: l. 30 D. 46, 3; l. 27 pr. V. O.; l. 15 § 34 D. 47, 10; l. 43 i. f. D. 5, 3 —.

Oder wie, wenn *actio* denegirt werden konnte als Contumazirungs-Mittel? Hierüber:

l. 1 § 10 D. 37, 6 — *si per contumaciam actiones denegatae sint;* § 13 ib. — *si quidem per contumaciam non caverat, totius trientis ei denegandas actiones;* l. 11 i. f. Cod. 6, 20 (Dioclet. et Mamim.) — — *et emancipatis, si legi datae collationis non pareant, denegandas actiones, non est ambigui juris.*

In allen diesen Fällen wäre also obiger Aktionsbegriff in einem Gliede desselben nicht zutreffend, so sehr diess sonst der Fall ist; obwohl man auch hier, z. B. bei Formeln mit *iuris civilis intentio,* darüber streiten könnte, ob die Aufnahme jenes publizistischen Moments in den Begriff *actio* gerade nothwendig sei, wenn auch Verf. nicht verkennt, dass der Prätor auch die *civilis actio* wenigstens zu konzipiren hatte, und diess von ihm verlangt werden konnte.

Nur liesse sich fragen, ob es nicht genügt haben würde, wenn Bekker gesagt hätte: „*actio* ist das Recht des Klägers auf Einsetzung eines Judiciums, welches Beklagter zu übernehmen hat.“ Anspruch wäre dann „das Recht des Klägers gegen den Beklagten auf Vornahme einer Leistung, wenn der *iudex* das klägerische Verlangen für begründet erkennt.“

Ausserdem scheint Bekker's Definition von Anspruch einem anderen Bedenken zu unterliegen:

Hier steht nämlich zuerst; Kläger könne den judex wohl zwingen, dass er urtheile, aber nicht, dass er dem klägerischen Anspruche gemäss urtheile. Dennoch wird gleich darauf der Anspruch „ein Rechtsverhältniss des Klägers zum Richter“ genannt, „gerichtet auf Anerkennung des klägerischen Verhältnisses zum Passivsubjekt“ (Beklagten). Nun sollte man doch meinen: ein Recht auf Anerkennung, denn dieses müsste aus jenem „Rechtsverhältniss“ verlangt werden können, schliesse die Freiheit der Aberkennung aus, — wenn nicht Bekker das „gerichtet auf Anerkennung“ von der Fassung der Formel, soweit sie auf Klägers Rechnung kommt, verstanden wissen will.

Auf der Grundlage der oben angeführten Begriffe begegnen wir Bekker wieder in Beilage H seines Werks. Die hieher gehörigen Hauptpunkte der betreffenden Ausführungen sind folgende:

a) Inhalt der *actio incerti.*

Ausgehend von dem unanstreitbaren Satze, dass die *condictio* regelmässig nur einen Anspruch verfolge, die *actio incerti* aber deren mehrere umschliessen könne, heisst es hier (S. 324), die *actiones incerti* und die in dieselben gehörigen Ansprüche seien betreffs der Entstehung meist von einander unabhängig, ebenso unabhängig von einander seien die einzelnen Ansprüche da einer derselben getilgt werden könne, während die übrigen fortbestehen blieben; ja, die Aktion selbst könne fortfallen, ohne dass die Ansprüche entfielen, welche vielmehr auf verschieden Weise zur Geltung gebracht werden könnten, nur nicht durch di fortgefallene Aktion.

Diese von Bekker urgirte Unabhängigkeit der einzelnen Ansprüche von einander ist unläugbar; letzterer Entstehung geht bezüglich jedes einzelnen von ihnen ihre gesonderten Wege, und Alles hängt hier von den jeweiligen thatsächlichen Umständen ab, welche zur Entstehung des Einzelanspruchs führen.

Setzen wir z. B. den Fall des Mandats: Welcher Mandans oder Mandatar kann von vornherein wissen, ob und was alles für Ansprüche unter ihnen aus dem Geschäfte erwachsen können, wann z. B. *„coepit interesse ejus, qui mandavit“* (l. 8 § 6 h. t.)? Oder welche Reihe von, einander gar nicht berührenden, Ansprüchen aus einer *mandata negotiorum administratio* entstehen kann? Dennoch muss Eines nachdrücklichst hervorgehoben werden. Die *actio* — um mit Bekker auf S. 13 zu reden — „das Recht, das bei Bejahung der Frage, ob *judicium* zu geben, als vorhanden anzunehmen ist“, wirkt auch nach ihrem (der *actio*) unersetzten Fortfalle (Hauptfall der Consumtion) immer noch insoferne nach, dass kein Anspruch Aussicht auf Durchführung haben kann, welcher sich nicht auf jenes „Recht“ als sein Entstehungs-Gebiet zurückführen lässt. Es scheint aber, dass man auch noch insoferne jenem Rechte die Nachwirkung zubilligen muss, als seine Natur, z. B. *bonae fidei*, oder der Umstand, dass es ein *negotium gratuitum* ist, wie das Mandat, ein wesentliches Interpretations-Element abgiebt nicht bloss für das „ob“, sondern auch das „wie weit“ der Ansprüche. Vgl. l. 12 § 11, l. 15, l. 27 § 3, § 4 *(impendia — si bona fide facta sunt)*, l. 29 § 4, l. 33, l. 36 § 1, l. 37, l. 60 § 4 D. 17, 1; oder: l. 51 *pr. pro socio: — — et sane plerumque credendum est, eum, qui partis dominus est, jure potius suo re uti, quam furti consilium inire;* l. 52 § 1 *eodem: venit autem in hoc judicium pro socio bona fides.* Welche Ansprüche?: l. 60 eodem. l. 63 ib.: Condemnations-Beschränkung wegen der Natur der *societas*, als eines *„jus quodammodo fraternitatis“*.

Mit allem diesem will nur abermals darauf hingewiesen werden, dass die einzige sichere Grundlage für die rechtliche Würdigung eines erhobenen Anspruchs das Rechtsverhältniss (*res*) ist, welches zwischen den konkreten Partheien besteht, dass, handelt es sich um Consumtion, gerade nur wieder diese *res* es ist, aus welcher mit mathematischer Unfehlbarkeit der Kreis der durch die Consumtion getroffenen Aktionen berechnet werden kann, und dass, liest man die Bekker'schen Definitionen von Aktion und Anspruch (S. 15), man ein gewisses Gefühl der Zusammenhangslosigkeit zwischen Aktion und Anspruch, wie diese hier formulirt sind, nicht wegbringt, während ein Zusammenhang doch ganz unläugbar bestehen muss.

Die von Bekker gebrachten Beispiele von Ansprüchen, die mit mehreren Aktionen zu verfolgen sind, z. B. *commodati* und *furti, depositi* und *ex L. Aquilia* wegen derselben Sache, unterstellt Verf. einer anderen Auffassung.

In diesen Fällen sind die mit mehreren Aktionen zu verfolgenden „Ansprüche" nicht einen und dieselben nur etwa mit verschiedenen Klagen verfolgbaren Ansprüche, sondern verschiedene, jeder auf anderer rechtlicher Basis, seinem eigenen Rechtsverhältnisse beruhend; dass sie wegen desselben Objekts entstanden sind, ist hier juristisch gleichgültig, wie auch sonst: l. 32 *i. f. locati.* Das Factum der Unterschlagung der kommodirten, Beschädigung der deponirten Sache schafft zu dem bereits bestehenden Rechtsverhältniss ein neues, welches seine eigenen gewiesenen Wirkungen äussert. Dass in manchen dieser Fälle die *satisfactio* Aktionslosigkeit bezüglich konkurrirender Ansprüche im Gefolge hat, ist allgemeines Recht und macht innerlich verschiedene Ansprüche nicht zu gleichen. Dass auch die Quellen die unter gewissen Umständen möglicherweise entstehen könnenden mehreren Rechtsverhältnisse auseinander zu halten wissen, zeigen sattsam folgende Stellen: l. 45 — l. 51 *pro socio*; l. 30 § 2 *locati;* l. 15 § 46 *injuriis.* Im Uebrigen soll durchaus nicht verkannt werden, dass auch aus einem einzigen Rechtsverhältnisse mehrere, von einander unabhängige Ansprüche entstehen können, z. B. beim Kaufe der Anspruch auf Preisminderung oder Rücknahme der Sache (*actio aestimatoria* oder *redhibitoria*); hierüber noch später im zweiten Kapitel. Wir wenden uns nun aber zu einem weiteren Punkte obiger Beilage H.

b) Von S. 326 an vertritt Bekker den Satz: Massgebend für die Condemnation seien immer die Ansprüche, doch könne jene auch durch andere Momente beeinflusst werden.

Gewiss: Ansprüche müssen da sein, sonst giebt es nichts zu kondemniren, — hierin hat Bekker Recht.

Daneben aber betont er „die Selbständigkeit der Aktion", welche nach Umständen zu einer Steigerung der Kondemnation führen könne, z. B. wegen Litiskreszenz, aber auch zu einer Einschränkung derselben, so wegen Competenz-Benefiz, oder *„duntaxat de peculio"*; ebenso bei den *actiones arbitrariae*, wo überall dem *judicis arbitrium* die freiste Würdigung des zu Prästirenden anheimgegeben sei.

Alles dieses falle aber in das Gebiet nur möglicher Modifikationen der Kondemnation; ihre regelmässige Massgabe erhalte sie doch nur durch die vorhandenen Ansprüche.

Hierauf untersucht Bekker die Frage, welche Ansprüche im einzelnen Prozesse zur Beachtung kämen, und gelangt dann zu folgenden Sätzen:

erstens müssten die Ansprüche zu der Aktion, die angestellt worden, im Verhältniss der Zugehörigkeit stehen;

zweitens soll ein Anspruch zur Kondemnation führen, so müsse er nicht blos zugehörig, sondern auch fertig sein,

als „fertig" (fällig) gelte aber jeder Anspruch, wenn er nur noch vor dem Erkenntniss perfekt würde;

wegen erst später perfekt werdender Ansprüche könne zwar keine Kondemnation, aber Cautionsleistung verlangt werden.

Diese hier in gedrängter Kürze vorgeführten Bekker'schen Sätze erscheinen durch die für dieselben aufgeführten Quellenbelege erwiesen. Da aber Verf. bezüglich der Frage, was in *judicium* deduzirt sei, anderer Ansicht als Bekker ist, so fragt es sich, wie denn Verf. trotzdem mit den Resultaten dieser neusten Bekker'schen Untersuchungen einverstanden sein kann?

Bekker lässt (S. 328) die „Ansprüche" *in judicium* deduzirt sein, Verf. das Rechtsverhältniss als Quelle gerade klagbarer Ansprüche. *Actio* ist ihm Klagrecht auf X wegen des Rechtsverhältnisses; mit dessen Bethätigung ist auch das Klagrecht auf Y und Z abgeschnitten (konsumirt), sofern nur diese Posten ihre materielle Begründung in dem nämlichen Rechtsverhältnisse finden. Diese Differenz der Anschauungen hindert aber nicht, bezüglich des Kreises der im Augenblicke klagbaren Ansprüche Bekker zuzustimmen, nur dass sich nach dem Standpunkte des Verfassers dann die Formulirung ergiebt: Alles, was als sog. Anspruch aus dem Rechtsverhältnisse bis zum Erkenntniss fällig wird, ist Gegenstand der Condemnation, Alles was nachher, ist Gegenstand der Consumtion, kann aber durch Cautionen gerettet werden, welche *judex* dem Beklagten auferlegt.

Selbstverständlich ist, dass der Anspruch zur Aktion passen muss, und man nicht mit der *actio empti* wegen eines Darlehens klagen kann, auch dürfte das Römische Recht nicht auf einen Schlag zu jenen Sätzen gelangt sein, daher man z. B. Stellen wie l. 23 judic. nicht Zwang anthut, wenn man sie zu den Zeugnissen des früheren Rechtes schlägt.

Wohl würde bezüglich aller jener Fragen jeder Zweifel schwinden, wären wir genauer über das Verhältniss des Magistrats zum *judex* unterrichtet, sowie über die Pflicht grösserer oder geringerer Ausführlichkeit der von dem Kläger zu bewerkstelligenden Allegationen *in jure*. Zu formuliren hatte er hier bekanntlich nichts, nur anzuführen, in der Regel auch nicht auszuführen; diess gehörte erst in das *judicium*. Ob *judicium* einzusetzen („ob *actio* da sei“: Bekker), diess hatte der Magistrat zu untersuchen, und Kläger hatte da allerdings rechtlich plausibel zu machen, dass sein Vorbringen die Anordnung von *judicium* wenigstens zulässig erscheinen lasse; dass er aber gehalten gewesen wäre, alles Dasjenige zu spezifiziren, was er vom Beklagten prästirt wissen wollte, so dass also alles *in jure* nicht Spezifizirte präkludirt worden wäre, diess anzunehmen ist unmöglich; es würde unvereinbar gewesen sein mit dem formlosen Charakter des Verfahrens *in jure*, sowie mit dem Umstande, dass der Magistrat materiell nichts zu entscheiden hatte.

In allen Fällen freilich wird es mit dieser „Oberflächlichkeit der Verhandlungen *in jure*“ (Bekker) nicht abgethan gewesen sein. Es ist anzunehmen, dass diess nur da stattfand, wo *actio civilis* oder eine ediktmässige *actio* verlangt wurde, nicht aber da, wo es auf Gewährung einer *actio in factum* ankam, oder auf eine *actio*, Betreffs deren Ertheilung sich der Prätor *causae* Cognition vorbehalten hatte. Näheres hierüber übrigens noch später.

Es lag wohl in der Natur der Sache, dass hier Kläger „Geschichtserzählung wie Petit“ genau auszuführen und anzugeben hatte. Für diese Fälle dürfte sich auch die Vermuthung aufdrängen, dass die Anbringung der vom Kläger geltend zu machenden Ansprüche ihre zeitliche Grenze in dem Momente der *lis contestata* fand. Für alle anderen Fälle aber ist die neue Bekker'sche Lehre bewiesen durch: l. 17 *mandati*; l. 16 pr. H. P.; l. 9 § 5 D. 13, 7 und l. 1 § 12 *depositi*.

c) Der dritte hier noch zu berührende Punkt betrifft die Fälle, in welchen Kondemnation und Consumtion zusammentreffen, oder: „welche Ansprüche sind im Besonderen wirklich *in judicium* deduzirt?"

Bekker betont hier mit Recht das untergeordnete Verhältniss der *actio* zur *res*, kann aber nicht umhin, den römischen Juristen vorzuwerfen, dass sie es zu einem fertigen Begriffe von „*res*" nicht gebracht haben. Bedauerlich, dass man ihm Recht geben muss; die skandalöse Definition Ulpian's in l. 5 D. 44, 2, was „*agere de eadem re*" sei, rechtfertigt diesen Vorwurf zur Genüge. Richtig ist auch, dass mit dem Julianischen

exceptionem rei judicatae obstare, quotiens eadem quaestio inter easdem personas revocatur (l. 3 eod.)

nichts anzufangen ist, wenn wir „*eadem quaestio*" mit: „dieselbe Frage" übersetzen.

Bekker übersetzt hier: *quaestio* = *res* = Anspruch, welcher Annahme im Allgemeinen beigestimmt werden kann, da schliesslich doch immer über Ansprüche gestritten wird. Nur muss man sich gegenwärtig halten, dass der jeweilig geltend gemachte Anspruch bald ein Einzelanspruch sein kann aus einem bestimmten Rechtsverhältnisse, bald aber auch die richterliche Anerkennung dieses selbst betreffen; und gerade die l. 3 und l. 7 § 4 D 44, 2 sind im Sinne dieser zweiten Möglichkeit aufzufassen. Die erstere Stelle lautet:

Julianus — respondit, exceptionem rei judicatae obstare, quotiens eadem quaestio inter easdem personas revocatur: et ideo etsi singulis rebus petitis hereditatem petat, vel contra: exceptione summovebitur.

Dann l. 7 § 4 eod.:

Et generaliter, ut Julianus definit, exceptio rei judicatae obstat, quotiens inter easdem personas eadem quaestio revocatur, vel alio genere iudicii. Et ideo, si hereditate petita singulas res petat, vel singulis rebus petitis, hereditatem petat, exceptione summovebitur.

Diese Stellen sagen: wer als Erbe- (Eigenthümer) vindizirt und dann *hereditatis petitio* anstellt, oder umgekehrt, stösst auf die *exceptio rei judicatae,* — begreiflich, weil das Erbverhältniss die Grundlage beider geltend gemachter „Ansprüche" ist, m. a. W. ein einmal zur Durchführung eines Anspruchs geltend gemachtes, bestritten wordenes und richterlich aberkanntes Rechtsverhältniss kann für Begründung weiterer Ansprüche nicht mehr verwendet werden.

In gleicher Weise geht aus l. 27 § 8 D. 2, 14 (Paul.) hervor, wie das durch *pactum de non petendo* begründete Rechtsverhältniss allen Ansprüchen im Wege steht, welche im Widerspruche zu demselben in der Folge erhoben werden sollten. Die Stelle lautet:

> *item si pactus ne hereditatem peterem, singulas res ut heres petam: ex eo quod pactum erit, pacti conventi exceptio aptanda erit: quemadmodum si convenerit, ne fundum peterem, et usumfructum petam: aut ne navem aedificiumve peterem, et dissolutis his singulas res petam.*

Bezüglich obiger Frage nun gelangt Bekker zu dem Resultate, dass stets alle, nicht bloss die fälligen Ansprüche *in judicium* deduzirt und bezw. konsumirt wurden. Hiefür sind in der That unumstössliche Beweise beigebracht. Zu demselben Resultate kommt übrigens Verf. schon mit dem Satze, dass durch Anstellung von *actio* die Klagbarkeit des ganzen Rechtsverhältnisses zerstört sei, was immer auch jetzt oder künftig Gegenstand einer auf dasselbe gegründeten *actio* sein möge. Dass der *iudex* dennoch nur auf das Fällige kondemniren durfte, geschah nicht wegen einer Prozessregel, sondern einfach in Erwägung materieller Rechtsvorschriften. Ein „Anspruch" (Posten), welcher noch nicht entstanden, ist eben noch keiner; ein nur bedingter existirt noch nicht, m. a. W. für die Kondemnations-Bedingungen kann nur das Privatrecht massgebend sein, während die Consumtions-Bedingungen sowohl durch dieses, als das Prozessrecht bestimmt werden. —

Mit diesen Bemerkungen verlässt Verf. vorläufig Bekker und wendet sich noch einmal zu dem Aktionsbegriff.

Dass „*actio*" in den Quellen in verschiedenem Sinne vorkommt, ist bekannt und besprochen genug. Die allgemeinste

Unterscheidung betreffs der Bedeutung von *actio* ist die in Klaghandlung und Klagrecht, worüber l. 8 § 1 V. S. und l. 51 D. 44, 7 (pr. J. 4, 6).

Unsere heutige Vorstellung von Klage, als blossem processualischem Anhängsel des Rechts, war dem älteren Römischen Rechte, wie dem der klassischen Zeit fremd; *actio* war diesem das Privatrecht selbst in seiner stärksten Bethätigung. Im engsten Sinne ist *actio* die Klage aus *obligatio* im Gegensatze zur *actio in rem*: l. 178 § 2 V. S., ja Windscheid (Actio S. 5) nennt, besonders auf den Grund von l. 8 § 11 D. 16, 1 und l. 10 D. 19, 1, „*actio*“ den erschöpfendsten Ausdruck für *obligatio*. Jedoch „anstatt des obligatorischen Rechts“ möchte Verf. nicht für alle Fälle sagen, sondern nur für jene, in welchen man *actio* nur zu Folge magistratischer Verleihung hatte; selbst hier aber musste, wie Dworzack Krit. Ueberschau V S. 5 bemerkt, die Anerkennung einer Befugniss als Recht vorhergehen, damit eben *actio* bewilligt wurde. Immerhin ist aber durch Windscheid die Selbständigkeit der *actio* in soferne bewiesen, als er dargethan, dass man die *actio* nicht lediglich als ein Schutzmittel des verletzten Rechts auffassen dürfe, also nur eventuell hervortretend, sondern als ein stets gegenwärtiges Mittel zur gerichtlichen Verfolgung des Rechts zu betrachten habe, welche letztere bald mit, bald ohne Rechtsverletzung möglich sei. Nur wird man anerkennen müssen, dass, statistisch genommen, die Rechtsverletzung in den überwiegend meisten Fällen die äussere Veranlassung zu jener intensivsten Bethätigung des Rechts sein wird, — was übrigens juristisch irrelevant ist.

Uebergehend auf die dinglichen Rechte, für welche es Windscheid S. 5. ablehnt, dass *actio* anstatt des dinglichen Rechts sei, stellt derselbe den allgemeinen Satz auf: *actio* ist = Anspruch, d. h. Dasjenige, was man von Jemandem verlangt.

Ob hiemit nicht, wenigstens für die *obligatio*, die ursprüngliche Basis verlassen ist?

„Anspruch“ ist doch wohl bereits die Consequenz von *obligatio*, sie selbst nicht; sie selbst ist *actio*, diese nichts als „ein anderer Ausdruck für das obligatorische Recht“ (Windscheid). Derselbe wählt als Beispiel eine Darlehensforderung auf 100. Hier ist offenbar *obligatio*: mir gebühren 100 von X *ex mutuo*; Anspruch ist dann: X muss mir jetzt die dargeliehene Summe von 100 zurückzahlen. *Obligatio* ist also das Gebundensein des Schuldners; Anspruch — wenn wir die Person des letzteren in's Auge fassen, — dessen Pflicht, dieses Gebundensein durch die Erfüllung zu lösen. *Obligatio* ist daher ein passiver Zustand des Schuldners, während ihn der geltend gemachte Anspruch zur Aktion (Handlung) nöthigt. Folglich ist *obligatio* und Anspruch zweierlei, und da *obligatio* = *actio* sein soll, so ist auch *actio* und Anspruch zweierlei und nicht dasselbe.

Die l. 176 V. S. (Ulp.) sagt: — — *solvere dicimus eum, qui fecit, quod facere promisit.* Hier begründet das *facere promittere* das Gebundensein (die *obligatio* — *ligare!*), während das *facere, quod facere promisit,* die Erfüllung des Anspruchs auf *facere* ist. Das Mittel, diese zu erzwingen, ist die Ausübung des Klagrechts (*actio*) durch den Gläubiger. Anspruch bedeutet: ein Ziel erreichen wollen, *obligatio:* ein solches erreichen können; diese steht in erster, jener in zweiter Reihe, beide sind aber nicht dasselbe, sondern stehen im Verhältniss von Erzeugendem zu Erzeugtem.

Entschlagen wir uns für einen Augenblick aller Jurisprudenz, und fragen wir unseren einfachen Menschenverstand, was wir erwidern würden, wenn A sagte: „ich habe einen Anspruch gegen B"? Das Nächste wäre: „auf was"? Hiesse es dann: „auf Hundert", so würde wohl Jeder von uns fragen: „warum, woher?" Dieses letztere ist nun nichts, als die Frage nach der rechtlichen Grundlage, auf welche gestützt die Hundert verlangt werden, also (um wieder zur Jurisprudenz zurückzukehren), nach der *obligatio* als Quelle des Anspruchs.[39])

Wenn A sagt: „ich habe gegen B einen Darlehens-Anspruch auf Hundert, so ist diess nichts, als ein einheitlicher Ausdruck für das Gedoppelte von begründendem Recht und durch dasselbe begründetem Verlangen. Dazu muss man nehmen, dass „Anspruch" eine entschieden persönliche Richtung hat, was ganz besonders bei *actiones in rem* hervortritt. Die Verschiedenheit zwischen dem Verlangen der Anerkennung des Eigenthums, eines gewissermassen neutralen Verhältnisses, und dem konkreten Restitutions-

---

39) S. auch X 2, 3 lib. obl. cap. 3.

Anspruch gegen X, ist gewiss unverkennbar; bei den Obligationen tritt der Gegensatz zwischen Rechtsverhältniss und diesem entsprechenden Verlangen nur nicht so scharf hervor: die *obligatio* zeigt sich als Anspruch, erschöpft sich in der Regel in demselben, ist aber nicht dieser, sondern dessen Voraussetzung.

Diess dürfte sich vielleicht noch deutlicher aus der Betrachtung eines schon oben den Bekker'schen Aktionen entnommenen praktischen Beispiels ergeben. Hier sagt Bekker mit Recht: Mit dem Kontraktschluss bei Sozietät, und Mandat, dem Quasi-Kontraktschluss bei Tutel sei allemal *actio* und *obligatio* sofort existent, obwohl es sein könne, dass bis auf Weiteres der Obligirte nichts zu leisten habe.

Hier hätten wir also Fälle von Obligationen ohne Ansprüche, mit künftig nur möglichen, welche existent, aber auch nicht existent werden können. Uebrigens verwahrt sich Verf. gegen die Unterstellung, als halte er eine Obligation auch ohne möglichen Anspruch für denkbar: hiemit würde das Wesen der *obligatio* vernichtet sein, vielmehr liegt gerade in dem Gebundensein durch die Obligation, dass der Schuldner wenigstens möglichen Ansprüchen wegen derselben ausgesetzt ist, die ihn sonst nicht treffen würden. Andererseits verkennt auch Verf. keineswegs, dass es Obligationen giebt, z. B. das Depositum, in welchen mit dem Abschluss der Obligation auch sofort der Anspruch existent ist. Dennoch muss auch hier der Dualismus zwischen Obligation (resp. *actio*) und Anspruch aus einander gehalten werden.

Folgende Stellen dürften hinreichende Belege dafür enthalten, dass Anspruch und Obligation zu trennen sind, auch dass man jetzt *obligatio* haben kann, aber noch keinen Anspruch, oder vielleicht nie einen solchen: l. 4 pr. D. 19, 1 (Paul.): *si servum mihi ignoranti, sciens furem, vel noxium esse, vendideris, quamvis duplam promiseris, teneris mihi ex empto, quanti mea intererit scisse: quia ex stipulatu eo nomine agere tecum non possum, antequam mihi quid abesset;*

l. 8 § 6 D. 17, 1 (Ulp.): *mandati actio tunc competit, cum coepit interesse ejus, qui mandavit: ceterum, si nihil interest, cessat mandati actio: et eatenus competit, quatenus interest: utputa mandavi tibi, ut fundum emeres: si intereat mea emi, tene-*

beris; ceterum, si eundem hunc fundum ego ipse emi, vel alius mihi, neque interest aliquid, cessat mandati actio. Mandavi, ut negotia gereres: si nihil deperierit, quamvis nemo gesserit, nulla actio est: aut si alius idonee gesserit, cessat mandati actio. Et in similibus hoc idem erit probandum;

l. 52 § 11 D. 17, 2 (Ulp.): *si qui societatem ad emendum coierint, deinde res alterius dolo vel culpa empta non sit, pro socio esse actionem constat — —;*

§ 2 J. 2, 2 trennt auf das Schärfste: „*ipsum jus obligationis*" und „*id quod ex aliqua obligatione nobis debetur*"; dazu auch Glo.;

Die l. 1 pr. D. 12, 7 unterscheidet bestimmt zwischen „*ipsa obligatio*" und wegen derselben möglicherweise zu fordernder „*quantitas*";

Deutlich unterscheidet l. 1 § 6 D. 13, 5 zwischen „*contractus*" und dem, was aus demselben „*debetur*"; sie lautet:

> „*debitum autem ex quacunque causa potest constitui, id est, ex quocunque contractu, sive certi, sive incerti: et si ex causa emtionis quis pretium debeat, vel ex causa dotis, vel ex causa tutelae, vel ex quocunque alio contractu*".

Die Selbständigkeit der Obligation gegenüber dem, was wegen derselben verlangt werden kann, zeigen die Anfangsworte von l. 3 D. 18, 5:

> „*emptio et venditio, sicut consensu contrahitur, ita contrario consensu resolvitur, antequam res fuerit secuta*";

hieher auch l. 10 V. S.: „*creditores accipiendos esse constat eos, quibus debetur ex quacunque actione, vel persecutione — —*" (hier nebenbei *actio* als Klagrecht aus einer *obligatio* im Gegensatze zu dinglichem Klagrecht);

hiezu l. 11 eodem: „*creditorum appellatione non hi tantum accipiuntur, qui pecuniam crediderunt: sed omnes, quibus ex qualibet causa debetur*", — und lib. 12 ib.: „*ut si cui ex empto vel ex locato, vel ex alio ullo debetur*";

keines Commentars bedarf l. 9 Cod. 4, 29 (Gord. 240):

> „*quamvis mulier pro alio solvere possit: tamen si praecedente obligatione, quam Senatusconsultum de intercessionibus efficacem esse non sinit, solutionem fecerit,*

ejus Senatusconsulti beneficio munitam se ignorans; locum habet repetitio.“

Aus dem Tit. Dig. 41, 3 gehören hieher die l. l. 10 pr. (dazu l. 2 pr. D. 41, 4), 44 § 2 (auch l. 5 D. 24, 3), 48 und 15 § 3.

Die l. 10 pr. cit. unterscheidet für Usukapions-Zwecke zwischen „*emptionis initium*“ und „*traditionis*“;

ebenso l. 44 § 2 cit. zwischen „*possessionis initium*“ und „*contractus initium*“;

l. 48 sagt: „*in emptione autem et contractus tempus inspicitur, et quod* (*quo*) *solvitur*“;

sehr deutlich enthält den hier betonten Unterschied: l. 15 § 3 cit.: „*si ex testamento vel ex stipulatu res debita nobis tradatur: ejus temporis existimationem nostram intuendam, quo traditur: quia concessum est stipulari rem, etiam quae promissoris non sit.*“

Zum Schlusse muss noch auf einige weitere Stellen hingewiesen werden, in welchen nicht allein *actio* und *obligatio* deutlich auseinander gehalten werden, sondern auch das Maasgebende des zu Grunde liegenden Rechtsverhältnisses hinreichend betont wird. Diese Stellen sind:

l. 33 pr. D. 39, 5 (Hermog.) *qui id, quod ex causa donationis stipulanti spoponderat, solvi constituit, actione constitutae pecuniae non in solidum, sed in quantum facere potest, convenitur: causam enim et originem constitutae pecuniae, non judicii potestatem praevalere placuit.* — —

l. 69 D 46, 1 (Tryphon.): *tutor datus ejus filio, cui ex fidejussoria causa obligatus erat, a semetipso exigere debet; et quamvis tempore liberatus erit, tamen tutelae judicio eo nomine tenebitur; item heres ejus: quia cum eo ob tutelam, non ex fidejussione agitur. Et quamvis non quasi fidejussor, sed quasi tutor solverit: etiam si tempore liberatus est, mandati actionem eum habere adversus reum promittendi, dixi: haeret enim in utraque causa adhuc illius debiti persecutio; nam ejus solutione liberavit reum promittendi obligatione, in quam pro eo fidejusserat: et non titulus actionis, sed debiti causa respicienda est* — —

l. 3 Cod. 4, 28 (Sever. et Antonin. ao. 199): *si filiusfamilias aliquid mercatus, pretium stipulanti venditori cum usurarum ac-*

cessione spondeat: non esse locum Senatusconsulto, quo foenerare filiisfamilias est prohibitum, nemini dubium est: origo enim potius obligationis, quam titulus actionis considerandus est.

Endlich ist noch hinzuweisen auf:

l. 1 § 21 D. 27, 3 (Ulp.): *in tutela ex una obligatione duas esse actiones constat, et ideo sive tutelae fuerit actum, de rationibus distrahendis agi non potest: sive contra, tutelae actio, quod ad speciem istam perempta est* — ferner:

l. 53 pr. D. 44, 7 (Modestin.): — — *si ex una obligatione plures actiones nascantur, una tantummodo non omnibus utendum est.*

Auf den Grund obiger Stellen kann es nun Verf. nicht annehmen, dass *obligatio* = *actio* = Anspruch sein soll. *Actio* aber für die Consumtionslehre ist ihm:

„Klagrecht auf ein aus der *res*, dem betreffenden Rechtsverhältniss hervorgehendes Leistenmüssen eines, oder mehrerer, oder aller Leistungsobjekte."

Wollen Andere statt „Leistungsobjekte" sagen: „Ansprüche", so wäre diess in der Sache dasselbe.

Was endlich die Consumtion selbst betrifft, so ergiebt sich der einfache Satz:

Sowie einmal *lis* kontestirt ist wegen *actio*, so ist jenes zu Grunde liegende Rechtsverhältniss für das Aktionen-Gebiet juristisch entwerthet, oder was dasselbe ist: alle auf jenes zurückzuführenden möglichen Klagrechte sind „konsumirt"; dagegen sind andere Wege, fragliches Rechtsverhältniss noch zur Geltung zu bringen, nicht abgeschnitten.

Handelt es sich also um Geltendmachung der Consumtion, so hängt Alles davon ab, ob Identität der *res* vorliegt; auf Identität von *actio* kommt es nicht an: ob wieder dieselbe, oder eine ganz andere *actio* angestellt wird, ist gleichgültig, wenn nur *res* dieselbe ist. „Identität des Anspruchs", wie Manche wollen, ist geradezu falsch: aus einer *res* kann eine ganze Reihe von „Ansprüchen" hervorgehen, schon aber die Verfolgung auch nur eines derselben mit *actio*, stellt alle übrigen aktionslos. Consumtion heisst eben Aktionslosigkeit der, wenn auch nur einmal durch *actio* geltend gemachten *res*.

Halten wir diesen einfachen Gesichtspunkt fest, so erhält Manches, was uns seither befremdete, seine wenigstens folgerichtige Erklärung: so die Folgen der *pluspetitio,* wie die Incongruenz in der Tragweite der Consumtion mit der der Condemnation bei *actiones incerti*, und ebenso der Satz, dass die Consumtion mit dem Urtheile überhaupt nichts zu thun hat.

Ganz aus demselben Gesichtspunkte erklärt sich der erst durch Gaius näher bekannte Satz (unbeschadet § 10 J. 4, 13), dass Klagsabweisung auch nur wegen einer blossen dilatorischen Einrede, war es zur L.C. gekommen, Prozessverlust zur Folge hatte.

Da ferner die Consumtion das Rechtsverhältniss nur als Aktion erzeugendes trifft, so ist hiemit zugleich erklärt, warum die Accessorien und Privilegien durch die *litiscontestatio* nicht berührt werden, sondern bestehen bleiben, und warum diess so ganz anders bei der *novatio* ist, welche das betreffende Rechtsverhältniss in seinem ganzen materiellen Bestande ergreift. l. 13 § 4 D. 20, 1; l. 11 pr. § 1 D. 13, 7; l. 35 D. 22, 1.

Auch die Unberührtheit des sog. naturalen Bestandtheils einer *obligatio* durch L.C.[40]) erscheint unter obiger Annahme gerechtfertigt; m. a. W. die *deductio in judicium* entzieht fraglichem Rechtsverhältnisse zwar das wichtigste Mittel seiner Geltendmachung, schwächt es in seiner kräftigsten Aeusserung, ist aber sonst ohne Einfluss auf dasselbe.

Der Kernpunkt der ganzen Consumtions-Lehre aber ist und bleibt immer die Identität der *res.*

Zunächst aber kommt es hier auf die Untersuchung an, welche Mittel die Einrichtung des Formularprozesses an die Hand gab, um die Identität der *res* einer jetzt angestellten *actio* mit der einer früheren zu erkennen, oder: welche Anhaltspunkte bot der Formularprozess, um in einem einzelnen Falle zu entscheiden, ob einer *actio* Consumtion entgegenstehe oder nicht?[41])

---

40) l. 60 pr. D. 12, 6; l. 50 § 2 D. 15, 1.

41) Obige Ansicht über das Verhältniss von *actio* zu *obligatio* ist auch durch jene Quellenstellen nicht erschüttert worden, welche Bekker Ztschr. f. Rs. Gesch. Bd. IX S. 366—407 für die von ihm vertretene anders geartete Auffassung vorgeführt hat. Bekker nämlich prädizirt auch hier die *obligatio* als das Gebundenwerden durch *actio,* so dass *„obligatum esse"*

VI. Die Anhaltspunkte zur Entscheidung der Consumtions-Frage im römischen Formular-Prozess.

§ 7.

1) Im Allgemeinen.

Wenn wir der gesetzlichen Vorschrift begegnen, es dürfe über ein und dasselbe Rechtsverhältniss unter denselben Personen nicht zweimal prozessirt werden, so muss es, sei die Vorschrift nicht illusorisch, doch Anhaltspunkte geben, um im Einzelfalle zu erkennen, ob ein gegenwärtig in Streit gezogenes Rechtsverhältniss schon früher einmal prozessualisch ventilirt wurde. Dieses zu erkennen wird um so müheloser sein, je weniger mündlich ein prozessualisches Verfahren ist, und je sorgfältiger zugleich Gerichtsakten geführt und aufbewahrt werden. Bei ausschliesslich mündlichem Verfahren wäre man an Abhörung allfälliger Zeugen gewiesen, denn an Vernehmung der Partheien wird wohl Niemand denken, da man hier nie zum Ziele gelangte: schon über die Frage, ob konsumirt sei, würde gleich wieder gestritten, noch mehr darüber, wie weit? Bei einem gemischten Verfahren, wie der römische Formularprozess, d. h. mündlich und

---

gleich sei mit „*actione teneri*". Falsch sei es, wie Savigny u. A. wollten, die römische *obligatio* als das Erzeugende, die *actio* als das Erzeugte anzunehmen; freilich müsste, wo *obligatio* sei, auch *actio* sein und umgekehrt. Dennoch aber müsse man beide Begriffe auseinanderhalten, wie Ursache und Wirkung; die *actio* (*jus judicio persequendi*) sei das Zwangsmittel, welches die *obligatio* bewirken solle. — Bekker will diess nun besonders durch folgende Stellen beweisen: l. 1 § 8, l. 18 § 1 D. 13, 5; l. 9 § 2 D. 26, 7; l. 9 § 3 D. 12, 2; l. 38 D. 22, 3. In allen diesen (Ulpianischen) Stellen ergiebt aber eine ungekünstelte Auslegung, dass das in denselben überall vorkommende „*actione obligari*" nichts weiter ist, als ein kurzer, die praktische Seite des Gebundenseins durch *obligatio* bezeichnender Ausdruck, worüber sich treffend Zimmermann so ausdrückt (Heidelb. Krit. Ztschr. Bd. V S. 477): „Was die eigenthümliche Redeweise der Römer betrifft, dass sie sich des Ausdruks *actio* bedienen, wo wir Recht oder Anspruch sagen, so genügt zu deren Erklärung der praktische Sinn der Römer vollkommen. Die Römer hatten nicht von vorneherein die theoretische Ueberlegung, dass in den Fällen, wo sich die Nothwendigkeit herausstellte, thatsächliche Privatverhältnisse in ihren Bestehen aufrecht zu erhalten, immer ein Recht der geschützten Person zu Grunde liegen müsse. Diese Abstraktion schälte sich erst sehr allmählich heraus. Sie gebrauchten zur Bezeichnung der Sachlage, das was praktisch am Nächsten lag, das Mittel, wodurch dem Beeinträchtigten Hülfe gewährt wurde, die Klage".

schriftlich zugleich, aber ohne Zuziehung von Zeugen, konnten es nur die betreffenden Aufzeichnungen sein, in welchen sich die in unserer Frage nöthigen Anhaltspunkte finden mussten, sollte anders über Identität oder Nicht-Identität der *res* zweier Rechtsstreitigkeiten ein Urtheil möglich gewesen sein. Reproduktion des diesen Identitäts-Punkt betreffenden Materials eines früheren Prozesses: diess ist die Aufgabe um die Consumtionsfrage überhaupt lösen zu können. Es ist daher in einem konkreten Falle zu untersuchen, in welchem Prozessabschnitte dieses zur Vorlage kam, und wie es fixirt wurde.

Im Formularprozesse musste Beides schon vor dem Urtheile erfolgt sein, denn auch wenn es nicht zu solchem kam, war dennoch schon Consumtion eingetreten, welche vorkommenden Falls doch beweisbar sein musste.

Da nun zur Zeit des Formularprozesses in dem Abschnitte vor dem Urtheile nirgend anderwärts wesentliche offizielle Aufzeichnungen vorkamen, als in den Formeln[42]), so können es auch nur diese sein, in welchen wir im Einzelfalle die Anhaltspunkte zur Lösung der Consumtions-Frage zu suchen haben.

Eine andere Frage ist es, wo es zur Zeit des Formularprozesses überhaupt zur Vorlegung des Streitmaterials kam, ob *in jure* oder *in judicio*, oder etwa in beiden zugleich?

Auch wenn man das eigentliche Beweis- von dem Streit-Material trennt und ganz in das *judicium* verweist, werden die meisten Autoren übereinstimmen, wenn behauptet wird, dass die Produktion des reinen Streitmaterials im Allgemeinen unter beide Abschnitte des Verfahrens im Formularprozesse vertheilt war; nur bezüglich des Grads der grösseren oder geringeren Ausführlichkeit in der Auseinandersetzung desselben ist Widerspruch zu erwarten, welcher Ansicht auch man sein möge: ob nämlich diese Auseinandersetzung wirklich immer so „oberflächlich“ war, wie Bekker aufstellt, oder ob hiebei, sei es immer, sei es in gewissen Fällen, gründlicher verfahren wurde. Hievon weiter unten; zunächst wenden wir uns aber zu einer anderen Frage, nämlich: Mehr Aufmerksamkeit, als früher, ist in neuerer Zeit

42) S. übrigens Keller Civ. Pr. § 50 a. E.

den Vorverhandlungen der Partheien *in jure* zugewendet worden.[43])

Dass solche vorgekommen sind, liegt so sehr in der Natur der Sache, dass ein etwaiges Nichtvorgekommensein ganz undenkbar ist. Auch zu der Römer Zeiten war es zunächst wohl so wie heute, dass streitende Partheien, ehe sie die Mühen und Gefahren eines Rechtsstreits auf sich nehmen, mit einander in Verhandlung treten, jede mit dem Zwecke, ohne Rechtsstreit zu ihrem Ziele zu gelangen. Man könnte diess die Vorverhandlungen vor jenen Vorverhandlungen nennen, von welchen hier die Rede ist. Zu letzteren kommt es erst dann, wenn jene anfänglichen Vorverhandlungen ohne Erfolg geblieben und beide Theile entschlossen sind, es auf einen Rechtsstreit ankommen zu lassen. Dass nun jede Parthei jetzt daran denken muss, ihre Rechtsbehauptung so vollständig und deutlich als möglich zur Kenntniss des Gerichts zu bringen, ist selbstverständlich.

Wenn nun irgend ein Civilprozessrecht an die Partheien die Forderung der Formulirung ihrer Rechtsbehauptungen stellt, wie diess im Legisaktionen-Prozess der Fall war, so ist es doch unmöglich anzunehmen, die Partheien wären mit der fertigen Formalhandlung plötzlich vor Gericht getreten. Mindestens eine formlose gegenseitige Kenntnissgabe des Inhalts der zu formulirenden Rechtsbehauptungen musste vorhergehen. Der schon oben berührte verhandlungsartige Charakter des Legisaktionen-Prozesses erheischt diess aber um so unabweisbarer. Hiebei war aber noch zum Zustandekommen der *legis actio* die Mitwirkung des Magistrats nothwendig, welchem doch die Partheien den ihren Rechtsbehauptungen zu Grunde liegenden Stoff vor aller *legis actio* genügend vorlegen mussten. Diese erscheint sonach als der Schlusspunkt aller Verhandlungen *in jure* vor der feierlichen Zeugenaufrufung (L.C.), und nicht als der Anfang, geradeso wie im Formularprozess die Formel-Conception, bzw. die L.C., nichts als das

---

43) Ihering, Geist des R. Rs. II Bd. S. 612; III Bd. S. 87. Bethmann-Hollweg Civ. Pr. I S. 114 u. Tüb. Krit. Ztschr. V S. 74. Wetzell, Röm. Vind. Pr. S. 50. Bekker Pr. Cons. S. 36, Aktionen S. 91. Danz, der sakrale Schutz S. 159. Karlowa, Röm. Civ. Pr. S. 342. Krüger Cons. S. 9. Puchta Instit. II Bd. S. 80. Demelius, Krit. V. J. Schr. Bd. VIII S. 502.

Ende aller vor dem Jurisdiktions-Beamten geführten, oft sehr ausgedehnten Vorverhandlungen war.

Auch wer nicht Krüger's l. S. 9 Ansicht theilt, der Magistrat im Legisaktionen-Prozesse habe die Befugniss zum *dare* und *denegare legis actionem* gehabt, muss doch so viel zugestehen, dass es beim Magistrate gestanden habe, zu prüfen, ob die gesetzlichen Bedingungen zur Vornahme der *legis actio* vorlägen. Vgl. besonders Karlowa l. S. 342—345. Woher anders nun sollte der Magistrat das Material zu dieser Prüfung erhalten, als durch die von den Partheien vor ihm gehaltenen ungezwungenen und formlosen Vorträge? Ob *judicium* zu konstituiren sei, ob nichts an den Prozessvoraussetzungen fehle, wie Bülow, Prozesseinreden etc. Kap. 8 Abschn. 2 ausführt, diess war der Gegenstand der Verhandlungen *in jure*, und hierüber konnte der Magistrat nur nach genügender Information durch die Partheien entscheiden, welche zu diesem Zwecke vor und mit ihm zu verhandeln hatten. Erst wenn der Vornahme der *legis actio* kein Hinderniss im Wege stand und *judicium* konstituirt war, begann der eigentliche Prozess mit seinem Ziele materiell-rechtlicher Entscheidung.

Für den Formularprozess aber ist die Annahme von Vorverhandlungen *in jure* noch dringender, und zwar nicht allein was die Bedingungen für die Constituirung des *judicium* betraf, sondern auch bezüglich der Frage nach der materiell-rechtlichen Grundlage der bezüglichen Ansprüche und Gegenansprüche: denn beim Magistrat stand hier geradezu die juristische Prüfung, ob Kläger *actio* verdiene oder nicht, ob dem Beklagten *exceptio* zu bewilligen sei oder abzusprechen, ob das geltend gemachte thatsächliche Verhältniss Anspruch auf Rechtsschutz habe oder nicht, ob ein auf das *jus civile* gestützter Anspruch zu berücksichtigen sei, oder nur als ein Verlangen erscheine, innerlich Unrechtfertigbares *„per occasionem juris civilis“* zu erreichen, — oder auch umgekehrt, ob ein im *jus civile* nicht vorgesehenes Verhältniss nach Analogie eines im *jus civile* vorgesehenen zu schützen sei *(fictiones!)*.

Alles diess und noch Mehreres lag in der magistratischen Machtvollkommenheit; das Gebiet zur Anwendung derselben konnte sich aber nur aus den möglichst erschöpfenden Vorverhandlungen der Partheien *in jure* abheben.

Hiebei ist es aber andererseits nicht zu verkennen, dass es eine grosse Anzahl von Fällen gegeben hat, in welchen eine detaillirte Auseinandersetzung von Allem, was Kläger beanspruchte, nicht nothwendig war. So in allen Fällen, in welchen ein Anspruch auf Grund des *jus civile* erhoben wurde, die *intentio* also auf dieses gestellt war, und der Prätor nur aus ganz besonderen Gründen zur Aktions-Denegation schritt. Ebenso überall dann, wenn eine ediktsässige *actio* verlangt wurde, sei diess unter Hinweisung auf das *Edictum perpetuum*, oder das kundgegebene Edikt des gegenwärtig angerufenen Magistrats. Ausserdem gehören alle Fälle hieher, in welchen es auf Anstellung irgend einer landläufigen *actio* ankam, z. B. *pro socio*, *mandati*, *tutelae etc.*, wo es überall genügte, wenn sich Kläger im Allgemeinen die solcher *actio* entsprechende Formel erbat; hiebei brauchte er die betreffenden Einzelansprüche allerdings nicht auszuführen.

Uebrigens ist Verf. der Ansicht, dass es bei dieser ganzen Frage in erster Linie nicht auf die Nothwendigkeit grösserer oder Gestattung geringerer Ausführlichkeit ankommt, sondern auf ein anderes Moment, wodurch die Nothwendigkeit bzw. Nichtnothwendigkeit zu spezifizirender Vorträge von Haus aus erst bestimmt wird.

Dieses „andere Moment“ lag in dem der Zeit des Formularprozesses so eigenthümlichen Unterschiede zwischen Ansprüchen, die an sich schon formell gerechtfertigt erschienen, gegenüber anderen, für welche erst im konkreten Fall die „*tuitio Praetoris*“ nachgesucht wurde.

Zu jenen gehören alle Ansprüche, für welche sich Kläger auf das Civilrecht oder irgend eine Ediktsstelle beruft, und bezüglich solcher hatte Kläger für den Magistrat schon genug gethan, wenn er neben dieser Berufung seinen Anspruch nur im Allgemeinen bezeichnete; weiterer Ausführungen bedurfte es dann nicht, denn ob der Anspruch auch materiell gerechtfertigt sei, stand bei der Entscheidung des *judex*.

Ganz anders aber war es, wenn ein formell nicht justifizirtes Verlangen vor den Magistrat gebracht wurde, also wenn den *in jure* produzirten Thatsachen nicht schon der allgemeine

Rechtsschutz zur Seite stand. Hier kam es dem Kläger darauf an, für die fehlende formelle Legalisirung ein Surrogat durch die Formel zu erhalten, und er musste Alles daran setzen, den Magistrat zu überzeugen, dass sein (Klägers) Anspruch, wenn auch formell ohne Rechtsschutz, solchen dennoch verdiene.

Für solche Fälle scheint es nun doch, dass man über die Annahme gründlicherer Vorverhandlungen *in jure* nicht hinauskommen könne.

Man darf daher aufstellen, dass die Vorverhandlungen *in jure* überall da nicht oberflächlich waren, wo es auf Anrufung des Magistrats als des Organs des im Volke lebenden Rechts und des *jus aequum* ankam, als desjenigen Gerichtsbeamten, dessen Competenz das „*adjuvare, supplere, corrigere jus civile*" anheimgegeben war, m. einem W., wenn man seine Machtvollkommenheit gerade in ihren rechtshistorisch wichtigsten Zuständigkeiten anrief.

Neben allem Diesem war es aber auch möglich, dass die Vorverhandlungen *in jure* durch etwaige Vorbringen des Beklagten eine nicht unbeträchtliche Ausdehnung erhielten. So zunächst überall da, wo derselbe darauf ausgieng, den Magistrat zur Aktions-Denegation oder einer Condemnations-Ermässigung zu vermögen, oder wo er durch *fori praescriptio* das ganze Zustandekommen von *judicium* zu verhindern bemüht war, oder die Uebernahme von *judicium* aus irgend einem andern Grunde verweigerte, z. B. weil er nicht der rechte Beklagte sei, etwa gar nicht besitze, wenn *actio in rem* gegen ihn angestellt ist (wo es bekanntlich, wie auch in ähnlichen Fällen, durch *interrogatio in jure* noch zu anderen Weiterungen kommen konnte). Ueberall hier mussten die betreffenden Erhebungen schon *in jure* gepflogen werden, und konnten bei Widerspruch des Klägers zu mehr oder minder ausgedehnten Verhandlungen führen.

Letzteres dürfte überhaupt die regelmässige Folge jeder vom Beklagten verlangten *exceptio* gewesen sein, deren Aufnahme in die Formel sich Kläger natürlich nach Kräften widersetzt haben wird. Wenn man bedenkt, wie gerade die *exceptiones* ein Hauptmittel in der Hand des Prätors waren, die Iniquitäten des *jus civile* auszugleichen, wesshalb den *exceptiones* eine so hervorragende Stelle in der Geschichte des Römischen Privatrechts gebührt, so liegt die Annahme nahe, dass der Kampf um die *ex-*

ceptio meist zu ausgedehnten Verhandlungen schon *in jure* geführt habe.[44])

Möglich war auch, dass es dem Beklagten gelang, seine *in jure* vorgebrachte *exceptio* gleich liquid zu stellen, in welchem Falle es gar nicht zur Formel-Ertheilung gekommen, sondern *actio* denegirt worden wäre. Hier musste Kläger Alles aufbieten, möglicherweise eine, wenn auch nicht sofort zu liquidirende, Replik entgegenzusetzen und die Aufnahme derselben in die zu ertheilende Formel durchzubringen.

Hier entstand ein neuer Kampf unter den Partheien: der um die Replik; also abermalige Verhandlungen! Und konnte ferner nicht der Kläger in jedem Augenblicke der Verhandlungen *in jure* dem Beklagten Fragen vorlegen, an deren Beantwortung er, Kläger, ein rechtliches Interesse hatte, und welche Beklagter auch beantworten musste, wollte er nicht sachfällig werden (lex Rubr. c. 22)?

Aus allem Diesem ergiebt sich nun für die hier besprochene Frage, dass es zu mehr oder minder ausführlichen Vorverhandlungen *in jure* aus zweierlei Veranlassungen kommen konnte:

einmal wegen Mangels formellrechtlicher Grundlage eines erhobenen Anspruchs, und zwar gleichviel ob solchen Kläger oder Beklagter geltend machte, —

dann zu Folge von, zwischen den Partheien *in jure* entstandenen, *contentiones*.

Es ist neuerdings besonders betont worden (Bülow, Prozesseinreden S. 288, S. 295), *in jure* sei es zu keiner Feststellung des *status causae et controversiae* gekommen, was jede *legis actio*, jede *petitoria formula*, jedes Condiktions-Formular, jedes *b. f. judicium* zeige, — ferner: die wahre Tendenz des Vorbereitungs-Verfahrens *in jure* habe nicht bestanden in der Feststellung der Streitpunkte, nicht in Fixirung der *actio*, sondern in der *constitutio judicii*.

Mit dieser Ansicht kann man einverstanden sein, wenn *status causae et controversiae* „Complex aller unter den Partheien

---

44) Jetzt nach der inhaltsschweren Schrift von Eisele, die materielle Grundlage der *exceptio*, wird man diess um so weniger bezweifeln.

streitiger Punkte" heisst, nicht aber, wenn hierunter weniger begriffen wird.

Eine Grenze giebt es, unter welche man den Gegenstand der Verhandlungen *in jure* und den in die Formel zu bringenden Inhalt nicht herabdrücken kann; diese ist das zur Individualisirung der *res* nothwendige Material: dieses musste unbedingt in der Formel Aufnahme finden. Dann wie, wenn Beklagter Exceptionen vorbrachte, welche der Prätor für relevant hielt: mussten nicht auch diese (also wahre Streitpunkte) in die Formel aufgenommen werden?

Setzen wir ferner Fälle, in welchen es auch nach Verf.'s Ansicht zu keiner erschöpfenden Vorlage des Streitmaterials kam, sondern die verlangte *actio* nur bezeichnet, und um entsprechende Formel gebeten wurde. Z. B. im Falle der *pro socio actio*. „*Pro s. a.*" sagt noch gar nichts für die Individualisirung der Streitsache, so wenig wie irgend eine Formel-Schablone bei Gaius, wie etwa in lib. IV 40 und 50. Die Partheien konnten ja in noch anderen Sozietätsverhältnissen stehen, jedes andere aber, als das eben strittige, wäre diesem gegenüber „*alia res*" gewesen; daher musste dieses in der Formel seine ausreichende faktische Individualisirung gefunden haben, sollte nicht das ganze Recht der Consumtion für den Beklagten, praktisch genommen, illusorisch gewesen sein.

Weist denn nicht auf solche Präcisirung der *res* schon der alte Eigenthums-Streit im Legisaktionen-Prozess, in welchem auf eine, uns sehr schwerfällig vorkommende, aber unläugbar sichere Weise, die Existenz und Identität der in Anspruch genommenen Sache festgestellt wurde? Was die Angabe der *causa* bei der *formula* auf *certa pecunia* betrifft, so s. hierüber unten § 8 Nro. II, jedenfalls fand sie aber im Urtheile Ausdruck, wie uns Macer in l. 1 § 1 D. 49, 8 mittheilt, wo derselbe — aber zu einem anderen Zwecke — ein Urtheil vorlegt, welches so anhebt:

> *cum constet, Titium Sejo ex illa specie quinquaginta, item ex alia specie viginti quinque debere* — —.

Ebenso wird in l. 2 C. 3, 1 (Sever. et Antonin. ao. 211) zur Beseitigung der *exceptio rei judicatae* dem Kläger der Beweis verstattet, dass:

de specie, de qua agis, in judicio priore tractatum non esse.

Was also in der Formel nie fehlen durfte, und gewiss auch nicht gefehlt hat, ist die Erkennbarkeit der konkreten *res*, wegen welcher *actio* angestellt ist, also nicht gerade die Feststellung aller Streitpunkte, aber jedenfalls jener, welche eben zur unzweifelhaften Bezeichnung der *res* nothwendig sind, — oder unvermeidlich wurden, z. B. wegen vorgebrachter Exceptionen.

Mit diesem hier vorläufig nur im Allgemeinen berührten Punkte ist aber eine andere Frage verknüpft: wie bewies denn Beklagter vorkommenden Falls den Umstand, dass konsumirt sei? Hiefür musste der Beklagte doch äussere Mittel an der Hand haben.

Diese rein praktische Frage hängt mit der anderen genau zusammen:

Sind zur Zeit des Formularprozesses Akten geführt worden, überhaupt, die Verhandlungen betreffende, Aufzeichnungen vorgekommen?

Zunächst ist wohl unbestreitbar, dass sich ein ordnungsmässig durchgeführter Civilprozess ohne alle und jede Aufzeichnung kaum denken lässt, wesshalb auch Denjenigen beizustimmen ist, welche eine nebenhergehende theilweise Schriftlichkeit schon für den Legisaktionen-Prozess annehmen.

Was aber den Formularprozess betrifft, so war doch jedenfalls die *formula* eine offizielle Aufzeichnung, oder ein Aktenstück. Keller, Civ. Pr. § 50 aber bemerkt unter verschiedenen Citaten, dass bei den mündlichen Verhandlungen *in jure* schon frühe wenigstens die Dekrete protokollirt wurden.

Ohnehin ist bekannt, dass von Diokletian's Zeit an die prozessualischen Verhandlungen selber immer ausführlicher protokollirt wurden.

Wenn nun gelehrt wird, dass die von dem Prätor redigirte *formula* dem Kläger zur Uebermittelung an den *judex* (*arbiter, recuperator*) übergeben wurde, so sprechen hiefür direkte Zeugnisse. Dürfen wir aber nun nicht vermuthen, dass auch der Beklagte ein Original der Formel erhielt?

Das Interesse, welches auch er an dem jetzt für alle Zeiten festgestellten und begrenzten Rechtsstreite hatte, geradezu ein *jus quaesitum* für ihn selbst, hätte die an ihn erfolgte Mittheilung eines mit der *formula* identischen Schriftstücks wohl gerechtfertigt. Hiezu erwäge man sein weiteres Interesse an der nun eingetretenen Consumtion, welche durch die *formula* direkt bewiesen wurde, ferner die möglichen weiteren zu seinen Gunsten lauten könnenden Bestandtheile derselben, wie Exceptionen, Condemnations-Ermässigungen etc. Sollte da der äussere Formalismus des Prozesses dieser Periode gar nicht für Sicherung, bzw. Beweisbarkeit der Rechte des Beklagten, sondern nur für den Kläger gesorgt haben?

Was nun das dem Kläger übergebene Formular betrifft, so war diess von demselben an den *judex* abzuliefern, wodurch Kläger gar keine Gefahr lief, denn jetzt kam *judicium* in Gang, und in der Regel erfolgte das Urtheil, für dessen möglichst rasche Exekution der siegreiche Kläger wohl stets gesorgt haben wird. In späteren Zeiten erhielten die Partheien ohnehin Urtheils-Abschriften.

Anlangend aber das andere, wie Verf. vermuthet, dem Beklagten übergebene Original der Formel, so blieb diess in seinen Händen, wodurch die Vortheile der nun eingetretenen Consumtion auf das Einfachste gesichert wurden, da bei wiederholter Behelligung durch den Kläger der Beklagte dieses Formel-Duplikat *in jure* nur vorzuweisen brauchte.

Sollte man jedoch obige Hypothese nicht annehmen wollen, so blieb, was den Consumtions-Beweis betrifft, dem Beklagten kein anderes Mittel übrig, als der Hinweis auf die von den Magistraten als Jurisdiktions-Beamten geführten Protokolle (*commentarii, actorum commentaria,* Notizen), — genauer: die Beischaffung einer, die früher prozessualisch ventilirte *res* genügend spezifizirenden Abschrift aus diesen Protokollen, eine jedenfalls nicht so einfache Vornahme, als die Produzirung des früher empfangenen, seither in den Hausakten des Beklagten aufgehoben gewesenen Formel-Duplikats. Die Herstellung solcher Abschrift aus den Protokollen würde auf Ansuchen des Beklagten von einem jener für das Aktenwesen angestellten untergeordneten Hülfsbeamten besorgt worden sein, welche *Commentarienses* hiessen (l. 45 § 7 D. 49, 14 u. Brisson. h. v.). In dem neuen Prozesse wäre dann von dem Beklagten *in jure* die betreffende

Abschrift zu produziren gewesen, um die abermalige *ordinatio judicii* zu verhindern. Von der Zeit an, als die Partheien Urtheils-Ausfertigungen erhielten, konnte dieser Weg, war es nur überhaupt zu einem Urtheile gekommen, erspart werden, da sich doch aus der Urtheils-Abschrift die Individualität der früher prozessualisch verhandelten und abgeurtheilten *res* genügend erkennen lassen musste, wie schon oben bemerkt.

Von den die gegenwärtig berührte Aktenfrage betreffenden Stellen aus der klassischen Zeit gehören namentlich hieher:

l. 21 D. 26, 8 (Q. Cervid. Scaevola);
l. 2 Cod. 2, 1 (Sever. et Antonin.);
l. 45 pr. D. 42, 1 und l. 45 § 4—§ 9 D. 49, 14 (Paul.);
l. 4 Cod. 7, 57 (Gordianus);
l. 33 § 1 D. 4,6 (Herenn. Modestinus);
auch Paul R. S. I 3,1.

Für die nachklassische Zeit mögen noch angeführt werden:

l. 46 D. 42, 1 (Hermogen.);
l. 1 Cod. 2, 57 (Dioclet. et Maximian.);[45]
Vat. Fragm. 112, 317. —

Ein aus Vorstehendem unmittelbar hervorgehender Satz lautet: Aus der *formula* musste die *res* als Gegenstand der Consumtion unbedingt erkennbar gewesen sein, denn mit der Formel-Ertheilung bzw. Litiskontestation war die Consumtions-Frage abgeschlossen. Alles neue Material, welches im Laufe des Prozesses etwa noch erwuchs, war für diese Frage gleichgültig. Darum eben musste das von der Formel gebotene Material für die Beweisbarkeit der Consumtion genügend gewesen sein.

In dem Formelwesen erfreute sich der römische Civilprozess einer Präcision, welche unserem heutigen Verfahren vielfach abgeht (Ihering, III l.). Die Formel lautete in ihrer kurzen, prägnanten Zusammenfassung der durch *actio* in Streit gezogenen *res* nicht weniger bestimmt, als die alte *legis actio*; nur unterschied sie sich von dieser hauptsächlich darin, dass sie auch für Ansprüche, welche sich nicht auf das *jus civile* stützten, verwendbar war; der Unterschied war also mehr ein innerlicher, die

---

45) Vgl. auch noch Asverus Denuntiation S. 38. Puchta Institt. I. S. 400.

materielle Rechtfertigung der geltend gemachten Ansprüche treffender. Die äussere Fassung, die Redaktion betreffend, so musste aus derselben, wie aus der *legis actio*, die *res, de qua agitur*, gewiss immer erkennbar gewesen sein. Daher fragt es sich nicht mehr darum, ob die diessbezügliche Beschreibung in der Formel genügend gewesen sei, sondern in welchen Theilen derselben die faktische Individualisirung des in Streit gezogenen Rechtsverhältnisses zum Ausdruck gekommen ist. In dieser Beziehung ist aber freilich manches streitig.

Der folgende § soll sich mit dieser Frage beschäftigen.

§ 8.

2) Im Besondern von den die Bezeichnung der *res* enthaltenden Theilen der *formula*.

Die regelmässigen Theile der Formel sind, abgesehen von den Theilungsklagen, die *Intentio, Demonstratio, Condemnatio*; nur *Intentio* und *Condemnatio* haben die *actiones certae* und die *actiones in factum*, die *praejudicia* bloss *Intentio*. Letztere findet sich also überall[46]), und ist der einzige immer nothwendige, jedoch nicht ebenso auch immer für Individualisirung der *res* ausreichende Formelbestandtheil. Ihr Material schöpft sie aus den klägerischen Vorbringen; Grundlage des ganzen Rechtsstreits, ist sie die unbedingte Voraussetzung aller Condemnation. Auch die *in factum actiones* machen hievon keine Ausnahme: fehlt ihnen auch die *Intentio* in deren ursprünglichem und eigentlichem Sinne, so findet sich diese, sachlich genommen, dennoch in der Aufführung der betreffenden Thatsachen, welche das geltend gemachte Rechtsgeschäft oder Delikt konstituiren sollen. Schon wenn man *Intentio* mit „klägerischer Rechtsbehauptung" übersetzt, würde dieser Ausdruck auch für den Kläger mit *in factum actio* nicht unpassend sein: ruft er doch zur Anerkennung seines Anspruchs als rechtswirksamen die prätorische Jurisdiktion an. Kein Anstand ergäbe sich auch bei der Huschke'schen Definition von *Intentio*: „was Kläger vom Richter anerkannt wissen will".

46) Auf die neuste, bezüglich der *ad exhibendum actio*, von Demelius aufgestellte abweichende Ansicht einzugehen, ist hier nicht der Ort.

Da ferner auch nichts entgegen stünde, *Intentio* das Rechtsverhältniss zu nennen, auf welches Kläger seinen konkreten Anspruch gründet, z. B. *fundum Capenatem ex jure Quiritium P. Servilii esse*, so liesse sich für die *actio in factum* sagen: „die Summe der Thatsachen, welche Kläger als ein Rechts-Verhältniss begründend vom Magistrat anerkannt wissen will, z. B. *S. P. A^m. a municipibus municipii Venusini fundum Cornelianum in perpetuum conduxisse etc.*, wo Kläger die Anerkennung eines emphyteutischen Verhältnisses verlangt[47]).

Was nun die Frage betrifft, an welcher Stelle der Formel die Bezeichnung der *res* zu suchen ist, so kann solche nur in der *Intentio* vorgekommen sein, oder in ihren Supplementen, der *Demonstratio* und *Praescriptio* (diese in ihrer Anwendung als *Quasi-Demonstratio*). Die *Condemnatio* kann hier so wenig in Frage kommen, wie die *Adjudicatio*, da diese Formelbestandtheile zu ihrer Voraussetzung die schon erfolgte Bezeichnung der *res*, und mit dieser so wenig zu thun haben, wie jene zufälligen Theile der Formel, welche ihr Dasein nur dem Vorbringen des Beklagten, oder der beabsichtigten Erreichung besonderer Zwecke des Klägers verdanken (*praescriptio pro actore* als Beschränkung der *Demonstratio; replicatio*).

Nichts zu thun ferner mit Individualisirung der *res* haben alle jene Partheivorbringen, welchen die Bedeutung von Beweismaterial für das künftige *judicium* zukommt, z. B. bei Geltendmachung von Eigenthum, dessen Erwerbsgrund, welcher ja *in jure* überhaupt nicht angeführt zu werden brauchte, wenn diess auch in anderer Beziehung nützlich sein konnte; dasselbe be-

---

47) S. im Allgemeinen Keller L. C. S. 248 n. 14, Civ. Pr. § 39. Für die Auffassung, dass bei A.'s i. f. die Bezeichnung des Faktums = *Intentio* ist, kann auch Gai. IV 60 angeführt werden, wonach eine unrichtige Bezeichnung des Faktums bei i. f. *actio* dem Kläger schadet, — geradeso wie diess bekanntlich bei falscher Bezeichnung der *Intentio* stattfindet (s. auch Savigny Syst. V S. 79 n. c.). — Die von Bekker pr. Cons. von S. 37 an aufgestellte und ausgeführte neue Ansicht über *Intentio* ist schon von Anderen besprochen. Die Ansicht Verf.'s unterscheidet sich von der Bekker's nicht wesentlich, denn wenn dieser aufstellt: *Intentio* sei die klägerische Behauptung, wodurch der klägerische Anspruch begründet werde, sieht Verf. in der *Intentio* die Bezeichnung des Rechtsverhältnisses als Quelle des eingeklagten Anspruchs, aber auch der Consumtion aller denkbar einklagbaren.

züglich der Angabe der *causa debendi* bei der *certi condictio*. Ueberhaupt: wie das betreffende Rechtsverhältniss, für welches Formel erbeten wurde, zu beweisen sein wird, hat nichts zu schaffen mit dessen Präcisirung. Für die Consumtionsfrage ist aber eben diese Präcisirung der entscheidende Punkt, da ohne solche gar nicht zu erkennen ist, ob ein heute durch Klage geltend gemachtes Rechtsverhältniss identisch ist mit einem schon früher mittelst *actio* verfolgten.

Im Römischen Rechte findet sich eine Reihe sehr bestimmter allgemeiner, die nothwendige Präcisirung der Klage betreffender Vorschriften; so bei Sachverfolgung: l. 5 § 4, § 5 D. 6, 1; l. 1 § 40 D. 16, 3; l. 19 pr. § 1—§ 4, l. 52 § 25 D. 47, 2, — bei Verfolgung widerrechtlicher Handlungen: l. 15 § 3, l. 16 D. 4, 3; l. 7 pr. D. 47, 10; hieher gehört auch der in den Formeln so häufig vorkommende Beisatz: „*qua de re agitur*", worüber Gai. IV 34, 47, 93, 160, 166; L. Rubr. c. 20 v. 22—v. 25; 30, 33, 40; l. 6 pr., l. 66 D. 5, 1; l. 83 § 1 D. 45, 1.

Bedeutend für die Frage der Individualisirung der *res* in der Formel ist auch noch die *praescriptio*. Ihre Anwendung ist im Allgemeinen eine zweifache (Keller, Civ.-Pr. von § 41 an), indem sie bald im Interesse des Beklagten vorkommt, und nichts als eine *exceptio* ist, bald in dem des Klägers. In letzterer Beziehung kann sie möglicherweise eine doppelte Bedeutung haben: entweder als Beschränkung der *Demonstratio*, zur Fernhaltung der übergreifenden Wirkungen der Consumtion, oder als Surrogat der *Demonstratio*. Nur in letzterer Hinsicht haben wir es hier mit der *praescriptio* zu thun.

Von allen seither berührten Formeltheilen kommt nur der einzigen *Intentio* die Eigenschaft eines selbständigen Formeltheils zu, da nur sie allein, ohne Begleitung durch irgend einen anderen Formeltheil, vorkommen kann, während die anderen Formeltheile nur entweder in Beziehung auf sie (*Demonstratio* und *Praescriptio*), oder als ihre Consequenz (*Condemnatio* und *Adjudicatio*) vorkommen können.

Setzen wir nun die verschiedenen Combinationen, welche vorstehender Satz enthält, so ergiebt sich folgende einfache Uebersicht:

actiones mit blosser *Intentio*,
mit *Intentio* und *Condemnatio*,

mit *Demonstratio, Intentio, Condemnatio,* eventuell *Praescriptio,*

mit allen vier ordentlichen Formel-Bestandtheilen.

Prüfen wir nun, wie es bei diesen einzelnen Classen von Klagen mit Spezifizirung der *res* ausgesehen.

I. *Actiones* mit blosser *Intentio.*

Hieher gehören nur die *praejudicia,* bei welchen dem Richter nichts als die Aufgabe der *„judicatio", „pronuntiatio"* obliegt, ob eine fragliche rechtlich bedeutsame Thatsache bestehe oder nicht, oder ob ein behauptetes Rechtsverhältniss als Quelle von (später einmal geltend zu machenden) Ansprüchen begründet sei.

Diese Allgemeinheit des Verlangens, absehend von einer einem bestimmten Gegner angemutheten Leistung, erklärt auch, warum hier die *Intentio* stets *in rem* konzipirt, und eine *Condemnatio* undenkbar ist. Indessen muss erinnert werden, dass ungeachtet jener „Allgemeinheit" etc., der mit *praejudicium* geltend gemachte Anspruch doch immer in deutliche Beziehung wenigstens zu dem Kläger gebracht werden musste, da (wie Sintenis, Erläuterungen S. 555 richtig bemerkt) „in einem bestimmten Prozesse niemals von Rechten *in abstracto* gehandelt wird, sondern nur in *concreto*", und (ebenda S. 223) „Niemand ein Recht bloss an sich verfolgen kann, ohne es für sich in Anspruch zu nehmen."

Jenes Erforderniss war auch bei den Präjudizien zweifelsohne ausreichend gewahrt, wie die nächstbesten Beispiele darthun, z. B. in l. 3 § 2 D. 25, 3, wo das *praejudicium de partu agnoscendo* im Interesse einer ganz bestimmten Person und gegen eine ebenso bestimmte angestellt erscheint; hieher auch Quellenstellen, enthaltend genaue Vorschriften über Bestimmung der Partheirolle im Präjudizialstreit, wie l. 14, l. 18 pr., l. 8 D. 22, 3; l. 6 D. 40, 14, wonach Derjenige die Rolle des Klägers, bzw. zunächst Beweispflichtigen zu übernehmen hat, welcher die Veränderung eines seitherigen Rechtszustandes herbeiführen will, z. B. Derjenige *„qui ad libertatem proclamat"* oder die Ingenuität eines Dritten, als angeblich seines Libertinen anficht, oder umgekehrt die eigene Libertinität in Anstrebung der Ingenuität. Auch Gai. IV 123 liefert ein hier, und nebenbei auch für die Identitäts-

Frage passendes Beispiel. Hier handelt es sich um Erzielung des richterlichen Wahrspruchs, ob die nach der alten *Lex Pompeja* vorgeschriebene Oeffentlichkeit und sachliche Deutlichkeit — *et de qua re satis accipiat* — bei Ernennung der Bürgen gewahrt worden sei oder nicht: nun sind es diese selbst, welchen „*permittitur praejudicium postulare*". Was nun aber die Identitäts-Frage anlangt, so erhellt aus allen in den Quellen über Präjudizien vorkommenden Beispielen sattsam, dass die *Intentio in praejudiciis* den Gegenstand der Consumtion in vollständig genügender Weise bezeichnete, wovon auch das *praejudicium incertum*, z. B. *quantam paret dotem Sejae esse*, keine Ausnahme bildete, denn Alles, was die (hier spätere) *Condemnatio* und deren Umfang betrifft, hat ja ohnehin mit der Bestimmung der *res* nichts zu thun.

II. *Actiones* mit *Intentio* und *Condemnatio*.

Hieher gehört die *condictio certi* und die *formula petitoria;* ferner die *actiones in factum.*

1) Die *condictio certi;* hat immer *formula in jus concepta, Intentio* auf ein *Certum; Condemnatio;* nie *Demonstratio*; undenkbar und auch unnöthig *Praescriptio,* mit Ausnahme des einzigen Falles des Contract-Abschlusses durch einen *servus,* wo dieses thatsächliche Verhältniss in einer *Praescriptio* erwähnt wird, wenn der *dominus* aus der ihm durch seinen *servus* erworbenen Forderung klagt.

Der reinste Ausdruck der *condictio certi* ist die *actio certae pecuniae creditae,* welche hier auch ausschliesslich berücksichtigt wird. Die *Intentio* lautete:

S. P. N.^{m} *A.*^{o} *X. dare oportere.*

Da also der Geldwerth ganz gewiss ist, kann auch nicht einmal von einem Aestimations-Spielraum in der dem *judex* verstellten *Condemnatio* die Rede sein, wie bei der *condictio triticaria,* wo eben diese Gewissheit nicht stattfindet.

Andererseits hatte der Kläger bei der *actio certae pecuniae creditae* den Vortheil einer ihm vom Beklagten zu leistenden *sponsio poenalis* auf den dritten Theil der Klagsumme. Gai. IV 171.

Die *causa* musste sich hier wie bei jeder *certi condictio* aus dem *jus civile* ableiten, sonst wäre *Condemnatio* unmöglich. Es fragt sich nur, ob die jeweilige *causa*, z. B. *stipulatio*, *expensilatio*, *legatum per damnationem etc.* in der Formel der *actio c. p. cred.* Ausdruck gefunden, — eine Frage, welche für die Bestimmung des Identitäts-Punkts, wenn Beklagter in einem späteren Prozesse Consumtion vorschützt, die augenscheinlichste Wichtigkeit hat.

Entscheidet man sich in verneinendem Sinne, so würde die Identität schon durch das Objekt der *Intentio* bestimmt, wenn in bejahendem, so wäre die Identität des Objekts indifferent, und es käme Alles auf den Grund der bezüglichen Forderungen an.

In neuster Zeit hat Eisele l. S. 6, welchem Zimmermann l. S. 10 beistimmt, obige Frage im Widerspruch zu früheren Autoren entschieden verneint, indem er behauptet, die Formel der *actio certae pecuniae creditae* habe nichts darüber enthalten, auf Grund welcher Arten von Thatsachen überhaupt, oder welcher Rechtsnormen ein *dare oportere* als vorhanden angenommen werden dürfe und müsse, vielmehr habe Kläger seine Begründung für das *N.^m A.^o X d. o.* erst *in judicio* vorzutragen gebraucht.

Dagegen stellt Bethmann-Hollweg Civ. Pr. II S. 500 auf: die *condictio certi* sei an sich so abstrakt gewesen, dass die *causa debendi* gar nicht erwähnt zu werden, sondern die *Intentio* nur auf das *dare oportere* einer bestimmten Sache oder Quantität gerichtet zu werden brauchte; allerdings aber sei es möglich gewesen, die *causa debendi* zu nennen, wodurch die *condictio* auf dasselbe Objekt aus einer anderen *causa* erhalten worden wäre.

Beide Schriftsteller stimmen also darin überein, dass eine Formel ohne Angabe der *causa debendi* bei der *actio certae pecuniae creditae* vorkommen konnte, nur stellt Eisele auf, diess sei hier auch wirklich immer so gewesen, während Bethmann-Hollweg es in das Belieben des Klägers stellt, ob er mit oder ohne Angabe der *causa debendi* klagen wollte.

Verf., nach dessen Ansicht von *res*, diese in dem einen dieser Fälle heissen würde: zehn geschuldet aus einem Rechtsverhältnisse nach *jus civile* —, in dem anderen: zehn geschuldet aus diesem konkreten civilen Rechtsverhältnisse, — bekennt sich zu Bethmann-Hollwegs Ansicht, jedoch mit der Modifikation, dass er, Verf., die Angabe der *causa debendi* in einer Gattung von Fällen für eine, durch das Interesse des Klägers gesetzte, schlechthin zwingende Nothwendigkeit hält.

Bei Eisele's Ansicht, dass die *Intentio* der *actio certae pecuniae creditae* nie etwas Weiteres enthalten habe, als $S.\ P.\ N.^{m} A.^{o}$ *X d. o.*, ergiebt sich nämlich, praktisch genommen, eine ganz unannehmbare Unzuträglichkeit.

Wie nämlich, wenn $A.^{s}$ von demselben $N.^{s}$ auf den Grund verschiedener civiler Rechtsverhältnisse immer je zehn zu fordern hatte, und er hätte bereits wegen eines der betreffenden Posten Formel erhalten, jetzt aber wollte er zehn aus einem anderen Forderungs-Posten einklagen, müsste er da nicht unerbittlich auf die Consumtion stossen? Verf. wenigstens sieht nicht ein, wie dem $A.^{s}$ die Formel-Denegation wegen Identität der *Intentio* — hier eben wieder: $S.\ P.\ N.^{m} A.^{o}$ *X d. o.* erspart werden könnte, oder ihm nicht lästige Prozessweiterungen erwüchsen.

In letzterer Beziehung nämlich ist Folgendes denkbar: entweder er lässt es darauf ankommen und verlangt dennoch Formel, muss aber gerüstet sein, die *in jure* zu erwartende *exceptio rei in judicium deductae* durch *replica doli* zurückzuschlagen (was aber erst für die Zeit passt, als die Schutzmittel gegen *dolus* im Römischen Rechtsleben zur Ausbildung und Anerkennung gelangt waren) — oder, er, $A.^{s}$ muss sich zur Vermeidung der Identität der *Intentio* zu dem Umwege einer arithmetischen Theilung der ihm (*ex alia causa*) geschuldeten Gesammtsumme von zehn bequemen, also wegen neuer Posten auf zehn zwei- oder dreimal klagen, z. B. auf 7 und 3, oder 5, 4, 1, denn 5 und 5 wäre aus dem gleichen Grunde nicht angegangen! Leicht ist auszurechnen, wie bald eine solche Theilung ihre Grenze in der Nummern-Identität finden würde, da der Nummern-Vorrath für weitere Forderungen auf zehn erschöpft wäre. (47a)

Wozu aber alle diese Umwege und Weiterungen! Sollten sich wirklich die praktischen Römer rein der Consumtion zu lieb solchen Mühen ausgesetzt haben?

47a) Nach dem hier anwendbaren Satze: „*tot obligationes quot res*“ kann der Einschlagung solchen „Umwegs“ nichts im Wege stehen, sowie auch von Consumtion keine Rede sein könnte.

Diess wäre selbst dann unannehmbar, wenn jene schon von Bethmann-Hollweg citirten Stellen nicht erhalten wären, wonach die *Intentio* auf *dare oportere* die Angabe der *causa* wenigstens enthalten konnte. Man sehe Gai. IV 55: — *si quis ex testamento dare sibi oportere intenderit*, — dann l. 18 D. 44, 7, l. 93 § 1 D. 32, l. 28 § 13, § 14 D. 34, 3, dazu Keller L. C. S. 285 n. 2. Bethmann-Hollweg Civ. Pr. II S. 500.

Sonach entscheidet sich diese hier angeregte praktische Frage dahin: hatte A^s. gegen N^s zehn gerade nur einmal wegen irgend eines civilrechtlichen Grundes zu fordern, so brauchte er die *causa debendi* nicht anzuführen — obwohl nicht zu verkennen ist, dass er sich hiedurch für den Fall Weiterungen aussetzte, wenn er irgend einmal später abermals eine Forderung auf zehn gegen N^s erwerben würde; — dagegen war die Anführung der *causa debendi* eine durch das Interesse des A.'s gebotene Nothwendigkeit, wenn er aus mehreren selbständigen Rechtsverhältnissen immer je zehn gegen einen und denselben N^s anzusprechen hatte.

Was nun aber die Consumtion betrifft, so würde sie in letzterem Falle nur dann entgegenstehen, wenn A^s aus einer schon einmal der *Intentio* unterstellten konkreten *causa* abermals zehn, — im ersteren Falle schon wenn er überhaupt noch einmal zehn fordern wollte, da hier die Identität (ausnahmsweise) bereits durch Gleichheit des Objekts erbracht würde.

2. Die *formula petitoria.*

Dieselbe ist die vom Prätor gebildete Klagformel für den Streit über Eigenthum, Servitut, Erbrecht. Gai. IV 91, 92, auch 3; sie ist in *jus concepta*; ihre *intentio: rem corporalem* oder *incorporalem actoris esse* (*S. P. rem ex jure Quiritium A^i esse*) zeigt, dass sie auf Zuständigkeit einer körperlichen Sache (Species), oder eines Rechts des Klägers gerichtet ist, also immer auf ein *certum;* nur ausnahmsweise (Gai. IV 54) auf ein *incertum;* sie ist ferner zugleich *arbitraria*[48]), Kläger gesichert durch eine vom

48) Keller Civ. Pr. § 28, Wetzell Vindik. Pr. S. 31, Cic. in Verr. II 12.

Beklagten zu leistende *satisdatio judicatum solvi* (im Justinianischen Rechte entfallen; pr. und § 2 J. 4, 11).

In der Person des Beklagten wird nur Besitz, *melius:* blosse Innehabung der Sache, gefordert[49]), das Vorhandensein dieses Umstandes aber in der Formel nicht erwähnt: Gai. IV 87 *„tantum intenditur rem actoris esse"*; übrigens genügt nach einer schon zur Zeit des klassischen Römischen Rechts entstandenen Erweiterung, Besitz des Beklagten wenigstens zur Zeit des Urtheils: l. 27 § 1 D. 6, 1 (Paul.); dasselbe bei *hereditatis petitio:* l. 36 § 4 D. 5, 3; l. 9 pr. D. 44, 2 und überhaupt Wetzell l. S. 110.

Dass der Besitz des Beklagten in der *formula petitoria* nicht Ausdruck fand, veranlasst Bethmann-Hollweg l. II S. 497 zu dem Ausspruche: Hier zeige es sich recht deutlich, dass die *formula* „den Gegenstand der Consumtion nicht erschöpfend bezeichne", — eine Ansicht, welche Verf. nicht theilen kann.

Eher liesse sich behaupten, die *Intentio* der *formula petitoria* verdiene diesen Vorwurf, da es an der Erwähnung des subjektiven Moments der Consumtion fehlt, weil ausschliesslich der geltend gemachte sachenrechtliche Anspruch erwähnt wird, und von der Person des Beklagten erst im *arbitrium* und in der *condemnatio* die Rede ist.

Warum aber die Formel selbst nicht der „Unvollständigkeit" geziehen werden kann, dürfte sich aus Folgendem ergeben: man muss nämlich von dem Gesichtspunkte ausgehen, dass der Besitz des Beklagten nichts ist als eine Vorbedingung des Vindikationsprozesses überhaupt, eine „Prozessvoraussetzung" (Bülow), was schon daraus erhellt, dass der nichtbesitzende Beklagte die Einlassung, das *„judicium accipere"* schlechthin verweigern, und erst dann hiezu genöthigt werden konnte, wenn Kläger, und zwar *in jure*, den Beweis des Innehabens der Sache durch den Beklagten geliefert hatte. So wenig nun von anderen Prozessvoraussetzungen etwas in der Formel stand, z. B. dass der Magistrat Gerichtsbarkeit hatte, der *judex* die erforderliche Fähigkeit, die Partheien überhaupt Prozessfähigkeit, etc., etc., ebenso wenig brauchte der Besitz des Beklagten in der Formel erwähnt zu

49) l. 9. i. f., l. 36 pr. D. 6, 1.

werden; in der thatsächlichen Ertheilung der Formel lag schon als selbstverständlich, dass es an den Voraussetzungen für *judicium* nicht fehle. Als dann später in der weiteren Entwickelung des römischen Rechtslebens das Erforderniss des Besitzes des Beklagten noch bis knapp vor dem Augenblick der Urtheilsfällung beigebracht werden durfte, wäre eine Erwähnung desselben in der Formel ebenso unnöthig, als überhaupt unmöglich (weil unter Umständen nicht wahr) gewesen; fand ja doch, wie uns Paulus in l. 27 § 1 D. 6, 1 mittheilt, diese Erweiterung schon ziemlich frühe ihre Vertheidiger, wie z. B. an Proculus, 190 Jahre vor Paulus.

Gegen obige Vertheidigung der *formula petitoria* wende man nicht ein, dass auch bei jeder *actio in personam* der Beklagte wirklich Schuldner sein müsse, analog dem dortigen Erfordernisse „wirklich Detentor", daher nicht einzusehen sei, warum dieser Umstand nicht auch bei der *actio in personam* zu deren Prozessvoraussetzungen gezogen worden sei.

Hiegegen wäre zu erwidern, dass das wirkliche Schuldigsein des mit *actio in personam* Belangten eine Frage des materiellen Rechts und nur Condemnations-Bedingung ist, nur die Wirksamkeit der *a. in pers.* trifft, keineswegs aber Existenzbedingung des Prozesses wegen *obligatio* überhaupt. Beim Eigenthumsstreit aber ist ein *„petere"*-Können einem Nichtdetentor gegenüber undenkbar (arg. a contr. aus l. 9 h. t. i. f.); ausserdem hat die Detentionsfrage mit dem materiellen Recht gar nichts zu thun, was schon daraus erhellt, dass, wenn auch Beklagter detinirt, noch gar nicht folgt, dass er darum schon kondemnirt werden muss. Auch lässt sich fragen: kann etwa der *in jure* sein Nichtschuldigsein betheuernde mit *a. in pers.* Belangte die Einlassung verweigern, wie der im Eigenthumsstreit seine Detention Bestreitende? M. *e.* W.: das wirkliche Schuldigsein bei *actio in personam* bedingt nur die Möglichkeit der Condemnation, die Detention beim Eigenthumsstreit aber die Möglichkeit dieses überhaupt; die Bedingungen für jene Möglichkeit wurden nie *in jure* geprüft, während die der anderen unabweisbar schon hier klarzustellen waren, sollte anders es zur *constitutio judicii* kommen.

Was nun aber die Identitätsfrage bei der *formula petitoria* betrifft, so kommt es hier namentlich auf zwei Punkte an: auf hinreichend bestimmte Bezeichnung des Objekts der Klage, und auf die Möglichkeit der Unterstellung einer „*causa expressa, adjecta*". In ersterer Beziehung hat das R. R. durch völlig ausreichende Vorschriften gesorgt[49a]) (Citate Eingang dieses §), in zweiter aber wird hier auf die betreffenden Ausführungen im folgenden Kapitel verwiesen.

3. Die *actiones in factum.*

Reine Produkte des prätorischen Rechts zeigen sich die *actiones in factum* äusserlich als Klagen mit *Intentio*, welcher sofort die *condemnatio* folgt. Doch nicht alle prätorischen Klagen sind *in factum conceptae*, und nicht alle *actiones in factum* sind prätorisch.

Auszuscheiden von ihnen als prätorischen Klagen sind die *actiones in factum civiles* oder die *praescriptis verbis actiones;* als zugleich rein prätorisch gehören zu ihnen auch nicht jene zwar prätorischen, aber auf eine *juris civilis Intentio* verstellten Aktionen, welche *utiles* oder *fictitiae* heissen.

Die *actiones praescriptis verbis* unterscheiden sich demnach von den *in factum actiones* durch die Quelle ihrer Entstehung, die *actiones fictitiae* durch die innere juristische Geeigenschaftung.

Die *actiones fictitiae* mit Demelius Rechtsfiktion zu den *actiones in factum* zu schlagen, vermag Verf. nicht, da der innere, das juristische Wesen beider Aktionsarten betreffende Unterschied doch nicht gleichgültig sein kann. Zwar waren die *actiones fictitiae* geradeso freie Schöpfungen des prätorischen Rechts wie die *actiones in factum,* fielen also nach der Seite ihrer Entstehung in denselben Rechtskreis, allein andererseits waren sie bezüglich ihrer juristischen Qualificirung dem des *jus civile* zugewiesen, daher der *judex* nur in diesem, im Einzelfalle in der ausdrücklich angegebenen civilrechtlichen Categorie die juristische Würdigung dieser Klagen zu finden hatte, während für die *actiones in factum* nur das prätorische Recht massgebend war.

Noch eher erscheinen die, obwohl einer anderen Rechtsquelle angehörigen, *actiones praescriptis verbis* den *actiones in factum*

49a) Wie bei der *in rem actio* im Sponsionsprozess die Identität der Sache konstatirt wurde, hierüber s. Bethmann-Hollweg l. S. 235.

innerlich verwandt, da beiden Arten von Aktionen das Prädikat grösserer Selbständigkeit von deren Schöpfung nicht versagt werden kann. Während nämlich die *actiones fictitiae* auf dem Gedanken der Analogie, also der Anlehnung an bereits bestehende Rechtsgebilde, beruhen, stellen sich uns jene beiden anderen Aktionsarten als juristische Neugestaltungen dar, welchen ohne alles Vorbild Rechtswirksamkeit verliehen wird.

Ungenügendheit des bestehenden Rechts war die Veranlassung zur Entstehung zwar auch der *actiones fictitiae*, und Behebung dieses Mangels das gemeinsame Ziel aller drei Arten unserer *actiones*, allein sonst giengen ganz ihre eigenen Wege die *actiones in factum* und die *praescr. verbis actiones*.

Letztere beruhten auf der seit Labeo entstandenen ganz selbständigen Idee, dass thatsächliche Annahme der gegnerischen Vorleistung, welche auf Grund vorausgegangener Uebereinkunft geschehen war, die civilrechtliche Verpflichtung auf Gegenleistung begründe. Wohl kann der ganze hier einschlägige Digestentitel (19, 5) für die Unabhängigkeit und Selbständigkeit dieser Rechtsgebilde aufgeführt werden.

Ebenso freie Schöpfungen waren die *actiones in factum*, eines der gewichtigsten Mittel in der Hand des Magistrats als Inhabers der *jurisdictio* und Wahrers des Prozessrechts.

Dass h. z. T. irgend ein, wenn auch noch so hoher Beamte die Befugniss haben könne, wegen eines beliebigen, vom bestehenden Rechte ignorirten und auch in dasselbe etwa mit Zuhülfenahme der Analogie oder der Interpretation nicht einzureihenden Vorgangs eine der hiebei betheiligten Personen mit einer, zur *Condemnatio* einer andern führenden Klage zu versehen, wäre mit unseren heutigen staatsrechtlichen Anschauungen ganz unvereinbar.

Ihering, Geist III S. 59 äussert sich dahin, dass die *actiones in factum* gegenüber dem „formalistischen Kunstprodukte“ der *formula in jus concepta* den Eindruck des „Rohen, Formlosen“ machten.

Diess zugegeben, lässt sich aber andererseits mit gleichem Rechte aussprechen, dass wenn ein irgendwo bestehendes Privatrecht zu einem Conglomerat „historisch abgeschlossener“ Rechtsbegriffe erstarrt ist, hier ebenfalls das Prädikat „roh“ am Platze wäre, wenn anders man Unbildsamkeit und Unfügsamkeit gegenüber berechtigten Ansprüchen so nennen kann.

In irgend einer Weise musste sich hier doch das römische Rechtsleben Luft machen, und Rechtsbedürfnissen, welchen das *jus civile* keine Rechnung trug, Anerkennung und Befriedigung verschaffen. Neben den mannichfachen andern hieher gehörigen Mitteln in der Hand des Leiters der Civilrechtspflege boten die *actiones in factum* eine höchst willkommene Aushülfe in allen jenen Fällen, in welchen wegen Unanwendbarkeit der Analogie nicht einmal die Ertheilung einer *actio fictitia* möglich war. Anfänglich von Fall zu Fall gegeben, kasuistisch, konnte es nicht ausbleiben, dass die *actiones in factum* mit der Zeit die feste Grundlage der Rechtsbegrifflichkeit und inneren Zusammenhangs gewannen, und zur lebendigen Verwirklichung der sich immer bewusster ausbildenden *aequitas* gegenüber der *„stricti juris ratio“* führten.[49b])

Wenden wir uns nun zur Struktur der *actio in factum*; sie war einfach: (*Quasi-*) *Intentio* und *Condemnatio*. Die Wahrheit einer Thatsache als Condemnations-Bedingung, sonst nichts, hatte der *judex* zu untersuchen.

Ihering l. drückt sich hier so aus: „Die *Condemnatio* knüpfte nicht an die Voraussetzung der Existenz eines Rechts an, sondern nur an die äussere Thatsache; das Mittelglied, das Recht, fehlte.“

Dem wäre zu entgegnen, dass diess fehlende Mittelglied durch den Magistrat erbracht wurde, welcher der sonst nackten Thatsache das Gewand rechtlicher Relevanz und daher gerichtlicher Verfolgbarkeit verlieh. „Wenn auch der Magistrat hiebei nicht

---

49b) Die wahrscheinlichste, weil natürlichste Entwickelung der *actiones in factum* als Schutzmittel zuerst eines blossen Faktums, dann des rechtsbegrifflich gewordenen, hinüberleitend in das System der *bonae fidei actiones*, hat Eisele l. von S. 26 an überzeugend dargestellt. Dieser Gedanke entspricht auch genau der Geschichte aller menschlichen Einrichtungen überhaupt. Neu entstehende Verkehrsbedürfnisse werden zunächst nach Umständen thunlichst befriedigt, unvollkommen, unbeholfen; erst vielfältige Uebung, die Erfahrung, unseres Wissens Urborn, lehrt langsam und allmählich die Aeusserungen des Verkehrslebens in ihrer wahren Bedeutung erkennen, die geeigneten Mittel zu dessen Regelung auffinden und dasjenige, was jetzt Einrichtung geworden, in jenen geistigen Zusammenhang bringen, welcher Alles durchdringt, was „Ordnung des menschlichen Rechtslebens“ heisst.

geradezu die Vorschriften des Rechts befolgt, so handelt er doch in Anerkennung der Ordnung der Dinge, welche zwar nicht Rechtsordnung ist, welche aber gerade er zur Rechtsordnung macht“ (Windscheid, Aktio S. 4).

Was ferner die Herausstellung des „wahr“ oder „nicht wahr“ der betreffenden Thatsache anlangt, so darf ein hier zur Erscheinung kommender Unterschied nicht übersehen werden. Zwei Thatsachen können beide von gleicher juristischer Relevanz sein; sie unterscheiden sich aber innerlich dadurch von einander, dass die eine jeder Nichtjurist herausstellen kann, zur Klarstellung der andern aber unbedingt juristische Kenntnisse nöthig sind.

Ein Beispiel zu jener: ob A den B geschlagen hat? (wegen *a. L. Aquil., injuriarum etc.*), ob der Apfel vom Baume gefallen ist? (wegen *separatio* und deren Folgen).

Dagegen aber nehme man die Formeln bei *actio in factum*: „*S. P. A.^{m} apud N.^{m} mensam deposuisse*“, oder „*S. P. convenisse inter N.^{m} et A.^{m} ut res pignoris nomine obligata esset*“. Kann ein Nichtjurist verlässig angeben, ob wirklich ein Depositum vorgekommen, ob es nicht ein Commodatum oder gar Prekarium war? Muss ferner nicht in dem zweiten Beispiele eine doppelte juristische Prüfung vorgenommen werden: zunächst ob wirklich die Erfordernisse eines Vertrags vorliegen, dann gerade eines pigneraticischen? So dürfte sich ferner bei den *actiones de dolo* oder *quod metus causa* schwerlich „ohne die geringste Rechtskenntniss“ (Savigny) eine sichere Entscheidung erhoffen lassen. Wenn nämlich Savigny, Syst. V S. 87 bei Gelegenheit der Erörterung der *depositi formula in jus* und *in factum concepta* sagt: „Dagegen hatte er (*judex*) bei derselben Klage, wenn sie *in factum* konzipirt war, zunächst nur die reine Thatsache zu beurtheilen, ob eine Sache deponirt und nicht zurückgegeben sei, und dieses Urtheil ist ohne die geringste Rechtskenntniss möglich“, — so muss entschieden widersprochen werden: das blosse Hingeben der *mensa* — diess wäre die sog. reine Thatsache — lässt noch gar nichts über ein wirkliches *deposuisse* erkennen, ein Geschäft mit bekanntlich ganz charakteristischen juristischen Merkmalen. Ja man darf geradezu behaupten, dass die überwiegende Mehrzahl der den *formulis in factum* unterstellten Thatsachen sog. juristische und keine „reinen Thatsachen“ waren.[49c])

Allerdings hatte der *judex* bei den *actiones in factum* nicht die juristische Relevanz des betreffenden Vorgangs zu untersuchen, wie bei der *formula in jus concepta*, wo er zu prüfen hatte, ob Eigenthumserwerb gerade *ex jure Quir.* vorliege, aber man darf sich doch bei unsern Klagen den *judex* nicht vorstellen als einen blossen Verifikator irgend eines simplen, banalen Faktums, eine Art *ex-post*-Zeugen eines auch von dem Ungebildetsten erfassbaren Ungefährs, vielmehr war seine Thätigkeit bei Prüfung des sog. Faktums in den meisten Fällen eine entschieden juristische; nur darum hatte er sich nicht zu kümmern, ob die Thatsache auch eine rechtsbegründende sei. S. auch Savigny Syst. V S. 88.

Die Bezeichnung der vom Prätor als relevant erachteten, nach *jus civile* unerheblichen Thatsachen (diess seit Eisele's l. überzeugenden Ausführungen) geschah bei der *actio in factum* in der sog. *Designatio.*[50])

49c) Vgl. jetzt auch Bekker, Aktionen, II. Bd. S. 138.

50) Der Kürze wegen wird dieser übliche, aber nicht technische Ausdruck (Keller Civ. Pr. n. 445) hier beibehalten.

Verf. erlaubt sich hier noch einen Zusatz. Das der *actio in factum* zu Grunde liegende Recht war das *jus honorarium*, auf welches (so nach Eisele l. S. 23 gegen Bethmann-Hollweg) der Prätor den *judex* nicht habe verweisen können, und darum gerade veranlasst gewesen sei, die *facta* in die Formel zu setzen. Oben wurde schon bemerkt, dass in vielen Fällen der *actiones in factum* die Klarstellung des Faktums ohne Zuhülfenahme juristischer Begriffe nicht möglich ist. Zum weiteren Belege noch ein Beispiel: Setzen wir das Commodat; wie leicht ist eine Verwechselung mit Prekarium möglich! Nehmen wir nun an: Der Vorgang X zwischen A^s und N^s begründete in der That ein Prekarium; Kläger bittet aber um *formula in factum concepta* wegen Commodats und erhält sie auch. Jetzt heisst es: S. P. A^m N^o mensam commodasse, etc. etc. Darf sich hier der *judex* gar nichts Juristisches denken, kann er es „ohne die geringste Rechtskenntniss“? Wird er ohne solche je auf den Wahrspruch kommen, dass Beklagter zu absolviren sei? Dann fragt es sich: aus welchem Recht (diess im objektiven Sinne genommen) soll er die Maassgabe für seine Entscheidung schöpfen, wie finden, dass die Formel falsch war? Da nämlich die Formel keine *in jus concepta* war, fehlte die Verweisung auf das Civilrecht, andererseits aber durfte, wie Eisele will, der Prätor auch nicht auf das *jus honorarium* verweisen; sonach wäre dem *judex* jede juristische Beurtheilung des Faktums, die er vornehmen müsste, rein unmöglich!

Zunächst ist daran zu erinnern, dass die ganze Entwickelung des prätorischen Rechts von anfänglicher Anlehnung an das *jus civile* zu immer

Es liegt die Frage nahe, wie sich die *Designatio* zur *Demonstratio* verhält, diesem nur in wenigen Fällen und nie bei prätorischen Klagen vorkommenden Formelzusatze. Beide Formeltheile unterscheiden sich von einander nicht unwesentlich.

Während sich die *Designatio* mit einer knappen Erwähnung der betreffenden juristischen Thatsache begnügt, bezeichnet die *Demonstratio* nach allen Richtungen ausreichend das Rechtsverhältniss, durch welches der streitige Anspruch begründet sein soll.

Ein weiterer Unterschied ergiebt sich aus der Bedeutung der *Designatio* als (*Quasi-*) *Intentio*. Wie der Fehler der *pluspetitio* bei der eigentlichen *Intentio* zur Sachfälligkeit und allen Folgen der Consumtion führt, so auch bei der *Designatio*. Andererseits wirkt das *plus* oder *minus demonstrare* jedenfalls nicht konsumirend auf die richtige Klage. Zu vergl. Gai. IV 53, 55, 57, 58, 60. Keller, L. C. von S. 502 an, und Civ. Pr. § 44.

Auch im Zweck unterscheiden sich beide Formeltheile: Der Zweck der *Designatio* fällt mit dem der *Intentio* genau zusammen, während die *Demonstratio* die auf sie folgende *Intentio* juristisch näher zu bestimmen hat, und eigentlich nichts als eine Einleitung derselben ist.

Selbstverständlich konnte bei der *actio in factum* keine Rede von einer *praescriptio pro actore* sein, was schon aus dem Umstande folgt, dass die *actiones in factum actiones certae* waren, und sich der *judex* auf die einfache Alternative des „wahr" oder „nicht wahr" der angegebenen bestimmten Thatsache be-

---

freierer Rechts-Handhabung aufsteigt, dass die Prätoren zwar weder die Macht hatten, das Civilrecht aufzuheben, noch neues Recht einzuführen, dagegen die Befugniss, das eigentlich in einer Reihe von abgeschlossenen Categorien grossen Styls niedergelegte Civilrecht namentlich durch Anwendung der Analogie, von Fiktionen, etc., etc. für die Zwecke der Rechtsbedürfnisse des Verkehrs zugänglich zu machen. Diess ist nun keine dem Civilrecht feindliche Thätigkeit, sondern eben Dasjenige, was die Römer selbst „*adjuvare, supplere jus civile*" nennen. Wenn nun, wie im obigen Falle, in einer *in factum actio* ein bereits dem Civilrecht geläufiger Begriff Ausdruck fand, so stund wohl nichts im Wege, dass der *judex* zum Zwecke seiner theoretischen Prüfung den Rechts-Begriff des *jus civile* mit zu Rathe zog. Wenn aber Eisele l. bemerkt, der Prätor könne den *judex* nicht auf das *jus honorarium* verweisen, so steht dem das von Gaius IV 46 mitgetheilte Formular der *actio in factum*: *S. P. illum patronum ab illo liberto contra edictum illius Praetoris in jus vocatum esse etc.* entgegen.

schränkt sah[51]), welcher Umstand auch dem etwaigen Zusatze „*ex fide bona*" entscheidend im Wege stand.

Die *Condemnatio* dagegen konnte bei *actiones in factum* entweder *certa* oder *incerta* sein: Gai. IV 46; l. 12, l. 24, l. 25 D. 2, 4 („*quinquaginta aureorum judicium datur*"); l. 2 § 1 D. 2, 5; l. 5 § 1 D. 2, 7.

Es fragt sich nun noch: was wird denn bei den *actiones in factum* konsumirt, und wie steht es mit der Identitätsfrage?

Nach Gaius IV 106, 107 wirkt bei *actiones in factum* die Consumtion bekanntlich nur *ope exceptionis*, gleichviel ob *imperio continenti* oder *legitimo judicio* geklagt worden war.

Es giebt hiefür verschiedene Erklärungen. Keller L.C. S. 120 findet den Grund des Ausschlusses der *ipso-jure*-Consumtion, bzw. der „Novation durch Prozess" darin, weil die *actiones in factum* keine Klagen zur Geltendmachung von Obligationen seien, die Ausdehnung der Prozessnovation auf die *i. f. actiones* aber zur Conklusion drängen würde, dass das betreffende Faktum unwahr geworden, was ebenso „unsinnig" wäre, als bei gleicher Ausdehnung der Prozessnovation auf die *actiones in rem* die unablehnbare Consequenz, dass das dingliche Recht untergegangen sei; sonach bliebe für die *in factum actiones* nichts anderes übrig, als die indirecte Consumtion, oder die *exceptio rei in judicium deductae*.

Von der hier wieder auftauchenden Novationstheorie ist schon oben § 4 die Rede gewesen; ausserdem aber muss bemerkt werden, dass es schief ist, so zu raisonniren: weil bei den *actiones in factum* nicht gut Novation angenommen werden kann, so sind wir auf die *exceptio* etc. verwiesen, — als ob die Novation das *fundamentum divisionis* aller Consumtionswirkungen wäre. Mit demselben Ungrunde könnte man sagen: weil dieser vorliegende Vertrag keine Stipulation sein kann, so muss er ein Pactum sein, — als ob bei der Prüfung eines Vertrags *ab initio* immer von der Frage: „Stipulation oder nicht?" auszugehen wäre.

Warum nun aber eine wiederholte Anstellung derselben *actio in factum* auf die genannte Einrede stösst, liegt einfach

---

51) S. auch Bethmann-Hollweg l. II S. 507.

darin, weil diese das regelmässige und genügende Mittel zur Geltendmachung der Consumtion ist. Ist wirklich der Gedanke der Consumtion dieser: ein und dasselbe Rechtsverhältniss soll nicht mehrmals durch Klage geltend gemacht werden, der dennoch wiederholten Klagstellung (mit derselben oder einer anderen *actio*) wird durch *exceptio r. i. j d.* begegnet, so ist nicht abzusehen, warum diess nicht auch für die *actio in factum* gelten sollte. Nur fragt es sich:

Passt denn die Annahme eines durch Klage geltend gemachten Rechtsverhältnisses auch für die *actio in factum?* Wissen wir doch, dass es keine prätorischen Rechtsverhältnisse giebt, und die Categorie Rechtsverhältniss nur für *actiones* mit *juris civilis intentio* wahr ist.

Hiegegen ist zu erwidern: die prätorische Ausstattung eines vom Civilrecht ignorirten Thatbestandes mit gerichtlicher Verfolgbarkeit schafft wenigstens *utiliter* ein Rechtsverhältniss, so dass sich der Gedanke der Consumtion bei *actiones in factum* so darstellt:

> insoweit der Magistrat ein bezügliches Faktum als rechtswirksam anerkennt, kann es mit Klage geltend gemacht werden, aber nur einmal.

Was den Identitäts-Beweis betrifft, so macht derselbe bei den auf ganz bestimmt angegebene Thatsachen verstellten *actiones in factum* wenig Schwierigkeit. Sein Thema geht einfach dahin:

*A.*s hat, gegründet auf dasselbe Faktum, mit *actio in factum* schon einmal gegen *Numerius* geklagt.

Eine andere Frage ist aber: wirkt die Klagserhebung mit *actio in factum* konsumirend auf eine spätere mit *formula in jus concepta,* dasselbe Ziel verfolgende, und umgekehrt?

Indem hier Verf. den von Eisele l. Beil. I aufgestellten, den Unterschied der Doppelformeln *in jus* und *in factum conceptae* bezeichnenden Satz:

> „läugnete Beklagter *in jure* das Depositum, Commodatum ab, so ertheilte der Prätor *formula in factum,* andernfalls *in jus concepta*“

als festgestellt annimmt, setzt er den Fall: Der erste Prozess mit *formula in factum concepta* ist nach der Litiskontestation aus irgend einem Grunde nicht zu Ende gekommen; nun hat Kläger

Gründe anzunehmen, dass Verklagter den Empfang des Depositums nicht mehr abläugnen würde, und will jetzt erneut, aber mit *formula in jus concepta* klagen. Kann er diess?

Ungeachtet der Formelverschiedenheit muss man sich gewiss für Nein! entscheiden. Bei näherem Zusehen ergiebt sich nämlich Identität der *res*. *Res* im ersten Prozesse war: ein zwischen A.ˢ und N.ˢ stattgehabter Vorgang, welchen der Prätor als Rechtsverhältniss des Depositums behandelte; *res* im beabsichtigten zweiten Prozesse wäre direkt: Rechtsverhältniss des Depositums zwischen A.ˢ und N.ˢ.

Hiezu tritt dann noch Identität der Personen und des Objekts, so dass alle Erfordernisse der Identität von *res* gewahrt erscheinen, und der von N.ˢ vorzuschützenden *exceptio rei in judicium deductae* nichts im Wege stehen würde. — [52])

Bezüglich einiger anderer von obigen Ausführungen zum Theil abweichenden Ansichten, namentlich Buchka's und Savigny's kann jetzt auf Eisele l. von S. 24 an verwiesen werden.

III. *Actiones* mit *Demonstratio, Intentio, Condemnatio,* eventuell *Praescriptio.*

Ein zu obiger Ueberschrift passendes Formelbeispiel möge vorangehen:

> *Quod Aulus de Numerio incertum stipulatus est (Demonstratio), modo cujus rei dies fuit (Praescriptio)* [53]), *quidquid ob eam rem Numerium Aulo dare facere oportet (Intentio), ejus judex Numerium condemnato, si non paret absolvito (Condemnatio).*

Wenden wir uns zunächst zur *Demonstratio.*

Gaius, IV, 40, nennt sie: *ea pars formulae quae praeci-*

---

52) Im Resultate, nämlich der Abweisung der zweiten Klage, stimmt überein Windscheid Actio S. 54 n. 23, nicht in der Begründung; diese geht bei Windscheid dahin: wer aus einer *obligatio* (civilrechtlichen oder nicht) zum zweiten Male klagt, macht Thatsachen geltend, die er bereits einmal geltend gemacht hat; da diese durch den ersten Prozess nicht aufgehoben, nicht unwahr werden konnten, bedarf der Beklagte zum Schutze gegen den zweiten Prozess einer *exceptio*. Zum Theil anders: Krüger Cons. S. 27 u. n. 19; Bekker Cons. S. 281; Keller L. C. S. 117.

53) Ueber mögliche Verschiedenheiten in Redaktion der *Praescriptio* und überhaupt s. Huschke Ztschr. f. g. R. W. XIII von S. 329 an.

pue[54]) *„ideo inseritur, ut demonstretur res de qua agitur“.* Beispielsweise folgt dann: *quod A.s N.o hominem vendidit,* oder *„hominem deposuit“.*

Nun musste aber doch jedem vor den Magistrat gezogenen Civilprozesse eine *„res, de qua agitur“,* zu Grunde liegen, daher sollte man meinen, die *Demonstratio* müsste eigentlich bei jeder *formula* vorkommen. Bekanntlich ist dem nicht so, vielmehr die Zulässigkeit der *Demonstratio* eine sehr beschränkte, nur unter folgenden Voraussetzungen gegebene:

> Die *actio* musste *in personam* und *in jus concepta* sein, also mit *Intentio juris civilis,* letztere selbst *incerta,* und das zu Grunde liegende Geschäft ein *civile nomen* haben.

Eine nähere Prüfung ergiebt, dass unter diesem Complexe von Voraussetzungen die *Demonstratio* eine urgente Nothwendigkeit war, sonst aber überflüssig, wenn der eine oder andere dieser Punkte anders lag. Jenes: denn obiger Complex an und für sich hiess weiter nichts, als: „N. soll in Alles kondemnirt werden, was immer er mir nach *jus civile* schuldet, — eine Unbestimmtheit des klägerischen Verlangens, welche in ihrer Nichtssagendheit nur dem: „ich habe gegen N. einen Anspruch“ gleichsteht.

So verlieh also die *Demonstratio* jener nur einer Schablone vergleichbaren Combination erst Inhalt und rechtliche Bestimmung, worauf auch die Formelstelle *„quidquid ob eam rem“* ganz *ex professo* hinweist.

Eine weitere Bedeutung kam ihr aber wieder nicht zu: nur bezeichnen sollte sie, nicht begründen, nur juristisch qualificiren, nicht die Stelle sein zur Angabe des Beweis-Materials für den benannten Rechtsanspruch.[55])

Kein Bedürfniss für die *Demonstratio* war aber gegeben, wenn es an irgend einer der obigen Voraussetzungen fehlte.

Was nämlich zunächst die *actio* bzw. *Intentio in rem* be-

---

54) *„Praecipue“* mit „vornehmlich“ übersetzt, würde andeuten, dass die *Demonstratio* noch andere Zwecke verfolgt habe, — aber welche? Richtiger ist: „ausschliesslich, eigenthümlich“, wie *jus praecipuum* bei Cicero bedeutet.

55) S. auch Eisele l. S. 14. Bewiesen musste im Schlussresultat z. B. der Kauf sein, aber der Unterschied der rechtserzeugenden Thatsachen und ihrem Erzeugniss hätte nie übersehen werden sollen; nur die Erwähnung des letzteren war Zweck der *Demonstratio.*

trifft, so gieng sie immer auf ein *certum* und entbehrte nicht der nöthigen Bestimmtheit; während ohne *Demonstratio* der *judex* in den für solche geeigneten Fällen rein in die Luft gestellt gewesen wäre, ohne jeden Anhalt für Condemnation oder Aestimation, bedurfte es bei der *Intentio in rem* nicht einmal der Angabe der *causa* („*at cum in rem ago non expressa causa, ex qua rem meam esse dico*" l. 14 § 2 D. 44, 2): aus welchem Rechtsverhältnisse solches *certum* verlangt wird, ist für das bereits genügend bezeichnete Objekt der *Intentio* und eventuelle Condemnation ganz indifferent. Anlangend ferner die *actiones in factum*, so bot sich hier ebenfalls kein Bedürfniss für eine *Demonstratio*, da die bestimmte Bezeichnung der vom Prätor als relevant erachteten Thatsachen keinerlei *incertitudo* zurückliess.

Warum aber bei jenen Geschäften, welche kein *nomen civile* hatten (l. 3 D. 19, 5), kein Platz für die *Demonstratio* war, lag darin, weil die Funktion dieser bereits von der Einrichtung der „*verba praescripta*" übernommen war, diese den Gegenstand des Judiziums auf völlig ausreichende Weise bezeichneten und eigentlich selbst nichts als eine *Demonstratio* waren, mit welcher sie auch die äussere Stellung vor der *Intentio* gemein hatten.

Es liesse sich fragen, ob man sich nicht in obigen für die Anwendung der *Demonstratio* geeigneten Fällen auf andere Weise hätte helfen können, etwa so, dass dem Kläger aufgegeben worden wäre, aus dem betreffenden Geschäfte mit *Intentio certa* zu klagen, also gerichtet auf ein unzweifelhaft bestimmtes Verlangen, z. B. auf *restitutio hominis Stichi*, oder statt dieses auf Zahlung einer bestimmten Aestimationssumme, — m. a. W.: welches war das rechtspolitische Motiv bei Einführung dieses Formeltheils?

Es scheint, dass letzterer seine Entstehung einer wahrhaft praktischen Erwägung im Interesse des Klägers verdankt. Unverkennbar ist es, dass wenigstens bei zweiseitigen Geschäften sich auch ein vorsichtiger Mann bezüglich des Masses und Verhältnisses der gegenseitigen Pflichten und Leistungen irren kann, und es immer sicherer ist, in solchen Fällen die Condemnations- oder Aestimationsfrage dem unvoreingenommenen Urtheile des geschworenen *judex* zu überlassen, die *Intentio* also auf ein *incertum* zu stellen und hiedurch das Risiko der *pluspetitio* zu vermeiden. Hiezu tritt noch die Erwägung, dass in einer Reihe von für die *Demon-*

stratio geeigneten Fällen nach dem „*quidquid dare facere oportere*“ — dem an sich schon umfassendsten Ausdrucke für den möglichen Inhalt des Leistenmüssens des Beklagten (Puchta, Cursus II S. 111) — noch der Zusatz *ex fide bona* vorkam, wodurch das richterliche *officium* sowohl bezüglich der rechtlichen Beurtheilung, als des Umfangs des Zuzuerkennenden eine unlimitirte Freiheit der Abwägung erhielt, mit welcher Einrichtung ein klägerisches sich Steifen auf ein *certum* ganz unverträglich gewesen wäre.

Die *Praescriptio*. Wenn die *Demonstratio* auf Rechtsnothwendigkeit beruhte, so die *Praescriptio* auf dem Belieben des Klägers, aber freilich wegen Rechtsnothwendigkeit.

Si velimus — — — *necesse est* (Gai. IV 131).

Kläger kann nämlich der *Demonstratio* einen Zusatz beifügen, welcher die, sämmtliche aus einem Rechtsverhältnisse hervorgehende Leistungen ergreifende, *intentio incerta* auf die im Augenblicke verlangten beschränkt, die anderen aber von der *deductio* in gegenwärtiges *judicium* ausschliesst.

Da nämlich in der *Demonstratio* immer das ganze Rechtsverhältniss angegeben werden musste, auch wenn Kläger etwa nur einen einzelnen Anspruch aus solchem geltend machen wollte, oder wegen Nichtfälligkeit der anderen konnte, so wäre wegen der nun eintretenden Consumtion doch immer das ganze Rechtsverhältniss für alle Zukunft der Geltendmachung durch Klage entrückt, und die Verfolgung der seiner Zeit fälligen Ansprüche dem Kläger entzogen worden. Zur Vermeidung nun dieser mit Rechtsnothwendigkeit eintretenden Wirkungen diente eben die *Praescriptio*, deren Hinzufügung bewirkte, dass das bezeichnete Rechtsverhältniss nur für den im Augenblicke geltend gemachten Anspruch als *in judicium* deduzirt galt, für die seinerzeitige Einklagung der anderen aber erhalten blieb.

Man sieht also, dass die *Praescriptio* nichts als ein Utilitätsmittel war zur Verhütung sonst unvermeidlicher Rechtsfolgen, ein Hemmschuh gegen die überschiessende Consumtion.

Was nun die Identitäts-Frage und die *exceptio rei in judicium deductae* bei der hier besprochenen Formelkonstellation betrifft, so kommt beiden Formeltheilen, der *Demonstratio* und *Praescriptio*, eine entscheidende Bedeutung zu. Beide liefern vollkommen genügende äussere Kennzeichen der Consumtion, nur besteht eine Verschiedenheit darin, wie weit sie jene als eingetreten erscheinen lassen. Die *Demonstratio* deduzirt das gesammte durch sie bezeichnete Rechtsverhältniss *in judicium*, wodurch allen aus demselben abzuleitenden Ansprüchen die Klagbarkeit entzogen wird, während diess bei der *Praescriptio* nur für den einzelnen Anspruch, auf welchen sich dieselbe bezieht, der Fall ist. War daher früher unter Anwendung einer *Praescriptio* geklagt worden, so musste es, soll jetzt die *exceptio rei in judicium deductae* begründet sein, gerade wieder der nämliche Einzel-Anspruch (Posten) sein, auf welchen sich bereits die frühere *Praescriptio* bezogen hat[56]), während im ersteren Falle der Beklagte nur zu beweisen hatte, dass das gegenwärtig geltend gemachte Rechts-Verhältniss schon einer früheren *Demonstratio* zu Grunde lag, wobei es dann gleichgültig war, ob der schon damals verfolgte Anspruch jetzt wieder geltend gemacht wird, oder irgend ein anderer.

IV. *Actiones* mit allen vier ordentlichen Formel-Bestandtheilen.

Diese reichhaltigste Formel-Combination kommt nur bei den sog. „Theilungsklagen" vor, dem *judicium familiae erciscundae, communi dividundo, finium regundorum,* obwohl eigentlich nur die beiden ersten diese Bezeichnung verdienen (Savigny, Syst. V S. 67 n. b).

Betrachtet man das Formular für das *judicium divisorium duplex* oder die *actio communi dividundo;*

> *Octavius judex esto. Quod Titio cum Sejo fundus Campanus, qua de re agitur, communis est, qua de re alter alterum communi dividundo provocavit: quantum paret ob eam rem alteri ab altero adjudicari, alterumve alteri condemnari oportere ex fide bona, tantum judex alteri ab altero adjudicato tantique alterum alteri condemnato, s. n. p. a.,*

so ergiebt sich eine doppelte Verschlungenheit.

56) War es ein anderer, so ermöglichte gerade sie (die *Praescriptio*), dass ungeachtet identischer *Demonstratio* auf denselben noch geklagt werden konnte.

Zunächst sind es eigentlich zwei Formeln, bzw. *actiones*, welche äusserlich in einer einzigen Formel untergebracht sind: die *actio communi dividundo* des Titius gegen Sejus, und dieses gegen jenen. In Folge davon cessirt die Regel, dass Einem nur zu-, dem Andern abgesprochen wird, vielmehr findet Beides bei Jedem statt, was auch nicht anders sein kann, da es sich materiell nicht um ein Einzelrecht handelt, sondern ein Mehreren zusammen zustehendes Sachenrecht, welches richterlich getheilt werden soll; hierin liegt von selbst, dass Etwas Jeder bekommen, aber auch dem Andern lassen müsse. Hieraus ergiebt sich aber die zweite Verschlungenheit, die der *adjudicatio* mit der *condemnatio*. Jene bringt von selbst diese mit sich, da in dem Begriffe „Theilrecht“ der: „Nichtganzrecht“ liegt, also Anerkennungspflicht fremden Rechts. Unsere Klagen hiessen auch desshalb *„duplices, s. mixtae actiones“*, d. h. mit gegenseitigen Condemnationen (l. 3 Cod. 3, 37 Alexander ao. 225), wo der *judex* der ihm zugegangenen Anweisung nur gerecht werden kann zugleich *„per adjudicationem et condemnationem“* (l. 2 § 1 D. 10, 1), und die Partheien ihm gegenüberstehen mit *„duplex jus, agentis et ejus, quo cum agitur“* (l. 10 eod.), sonach jeder Certant *„invicem pro eo, quod ei adjudicatur, certa pecunia condemnandus est“* (l. 3 eodem).

So interessant nun und reichhaltig die römischen Theilungsklagen in historischer und praktischer Hinsicht sind,[57]) so wenig weitere Ausbeute liefern sie gerade für die Eruirung des römischen Formelwesens. Trotz der Complizirtheit ihrer Formel bietet diese doch nichts Unverständliches, vielmehr kann sie als Muster dienen, wie es die Römer verstanden haben, in den Rahmen weniger Sätze das Wesentliche des *status causae et controversiae* in gerade nicht den einfachsten Fällen zu bringen.

Auch die Identitätsfrage für den Fall späterer *exceptio rei in judicium deductae* begegnet keinen besonderen Schwierigkeiten, da die Bezeichnung des Objekts hier immer eine deutliche und unzweifelhafte war, — und was die subjektive Seite in der Con-

---

57) Rudorff Ztschr. f. g. R.W. X, 7 und Karlowa Beiträge etc. etc. von S. 141 an; Sintenis Civ.-Recht II § 122 und Windscheid Pandekten § 449, § 450.

sumtionsfrage betrifft, so versteht es sich von selbst, dass auch die Theilungsklagen von dem Erfordernisse der Personen-Identität keine Ausnahme machen konnten, daher z. B. wenn von den drei Communions-Interessenten A, B, C, der erstere (A) gegen B das *judicium divisorium* angestrengt hatte, diess für C eine *res inter alios acta* war, andererseits aber auch den A nicht hindern konnte, nun den C mit derselben Klage zu belangen. S. auch l. 17 Cod. 3, 36 (Dioclet. et Maximian. ao. 293).

§ 9.

Rückblick und Uebergang zur exceptio rei judicatae.

I. In Obigem wurde von dem durch Bekker endgültig festgestellten, und von nahezu sämmtlichen Rechtslehrern angenommenen Satze ausgegangen, dass die Regel „*bis etc.*" dem Civilrechte entstammte, ihren ersten Ausdruck im Legisaktionen-Prozesse fand, und dann in den Formularprozess übergieng.

Hiebei vertrat Verf. für die Zeit des Legisaktionen-Prozesses die Ansicht, dass die Regel nicht als Ausfluss bestimmter rechtspolitischer Motive zu betrachten sei, sondern nur als Folge sowohl des in jenem ältesten Verfahren für die Partheihandlungen bestehenden Ritus, als der Bedeutung der *legis actio sacramento,* als eines *in jure* abgeschlossenen, das Streitverhältniss regelnden und der unmittelbaren Entscheidung zuführenden Vertrags.

Anders im Formularprozesse. Die Rechtfertigung für Herübernahme der Regel in diesen fand Verf. zunächst in der durch die Formelertheilung entstandenen Gebundenheit der Partheien, ihr einmal vor den Magistrat gezogenes Streitverhältniss als ein für allemal rechtlich und prozessualisch geordnet, nur mehr der judiziellen Cognition und Entscheidung unterstehend, also nicht mehr von Neuem anstreitbares zu betrachten.

Zugleich mögen auch rechtspolitische Motive die Aufnahme der Regel in den Formularprozess unterstützt haben, hergenommen von dem Umstande der kurzen Dauer sowohl der jeweiligen Magistraturen. als der verschiedenen *judicia,* — welcher es dem Kläger nahe legte, unter Aufgebung der schon eingeleiteten Rechtsverfolgung sein Glück bei einer der folgenden Magistraturen neu zu versuchen.

In § 4 wendete sich Verf. zu der *litiscontestatio*, als dem zeitlichen Anfang aller Consumtion, wofür es zwei Hauptansichten giebt.

Die eine derselben findet in der L.C. den Vorgang einer Novation (daher *actio* entfallen wegen Aufhebung der *obligatio*), die andere den Abschluss eines Vertrags der Partheien auf Austragung ihres Rechtsstreits in diesem *judicium* (daher Klagswiederholung ausgeschlossen wegen Vertrags).

Die „Novationstheorie" betreffend wurde gezeigt, dass ihre Begründung aus den Quellen zweifelhaft ist, ohne einige allgemein gefasste Ausdrücke bei Gaius gar nicht entstanden wäre, und die besonders von Keller angeführten angeblichen Utilitäten der sog. *novatio necessaria* auf andere Weise erreicht, auch eher unter den Begriff der *novatio voluntaria* fallen würden.

Was aber die „Vertragstheorie" betrifft, bzw. die sog. Prozessobligation, so bekennt sich Verf. für die Zeit des Legisaktionen-Prozesses selbst zu derselben, und findet den Grund der Consumtion in der damals allerdings eingetretenen Novation. Anders aber für die des Formularprozesses. Für diese nimmt Verf. eine mit der L.C., bzw. Formelertheilung, anfangende Gebundenheit der Partheien zur Anerkennung des Judiciums und Erwartung des Urtheils an — mit welchem Allem eine Klagswiederholung ganz unverträglich wäre —, welche Gebundenheit ihre Begründung in dem staatsrechtlichen Subjektions-Verhältnisse der Partheien findet, nicht aber in einem Vertrage derselben, sich dem Ausspruche des betreffenden *judex* zu unterwerfen.

Im weiteren Verlaufe wird darauf hingewiesen, wie schwankend und ungleichmässig die Vertragstheorie von ihren eigenen Vertretern dargestellt wird, und wie sehr sie jeder sicheren Begründung durch die Quellen ermangelt.

Nach einem kurzen Blicke auf die *exceptio rei judicatae* (§ 5), werden verschiedene Quellenstellen geprüft, welche theils noch unläugbare Reste der früheren Consumtions-Einrede enthalten, theils unzweifelhafte Interpolationen im Sinne der Beseitigung dieser Einrede und ihrer Folgen.

Der folgende § behandelt die wichtige Frage, wann die *exceptio rei in judicium deductae* begründet sei?

Dass es hier vor Allem darauf ankomme, was unter „*res*"

zu verstehen sei, ist selbstverständlich, da „*res*“ das Bestimmende, *actio* das Bestimmte ist.

Bekker (Consumtion) stellt auf: *res* sei Anspruch, *actio* Mittel für dessen prozessualische Durchführung, — eine Ansicht von „*res*“, welche Verf. nicht theilen kann, und Bekker selbst in seinem neusten Werke (Aktionen) verlassen hat.

Die Ansicht Verf.'s über „*res*“ präcisirt derselbe auf den Grund einer Reihe von Quellenzeugnissen dahin:

„*Res* in der Consumtionslehre bedeutet das Rechtsverhältniss soweit es zur Begründung von *actio* geeignet ist, und insoweit ist es auch Gegenstand der Consumtion.“

Actio ist ihm dann: „Klagrecht auf ein aus der *res* hervorgehendes Leistenmüssen eines oder mehrerer, oder aller Leistungsobjekte.“

Folgt hierauf eine nähere Prüfung der neuen Lehre Bekker's (Aktionen) von *actio*, sowie des Aktionsbegriffs von Windscheid.

Die beiden §§ 7 und 8 beschäftigen sich mit den Anhaltspunkten zur Entscheidung der Consumtionsfrage im römischen Formularprozess. Dass sich diese Anhaltspunkte schon in der Formel finden mussten, ist besprochen in § 7, während § 8 von den einzelnen, die Bezeichnung der *res* enthaltenden Theilen der *formula* handelt.

II. Eine unbefangene Betrachtung der *ope exceptionis* wirkenden Consumtion führt zu dem Ergebnisse: Die *exceptio rei in judicium deductae* gehört ihrer reinen und eigentlichen Bedeutung nach ausschliesslich der Zeit des römischen Formularprozesses an, mit dessen ganz besonderen Einrichtungen sie wesentlich zusammenhieng. Nur im Formularprozesse konnte die Rede sein von einem wahren *deducere in judicium*, in dem Sinne einer durch den Prätor vorgenommenen Ueberweisung des formulirten Rechtsstreits an den *judex*, nur aus der hier den Partheien als solchen übergeordneten amtlichen Stellung des Magistrats konnte es folgen, dass es dem Kläger nicht mehr gestattet war, mit Ignorirung des vom Magistrate Vorgenommenen die Klage von Neuem anzustellen.

Selbstverständlich sollte nun die Folgerung sein, dass mit den Voraussetzungen der *exceptio rei in judicium deductae* auch sie selbst in ihrer technischen Bedeutung fallen musste, nämlich als das Mittel zur Geltendmachung der sog. negativen Litiskontestations-Wirkungen, welche von Verf. in dem Ausdrucke zusammengefasst werden: Vernichtung der Klagbarkeit eines Rechtsverhältnisses.

Von einer Doppeltheiligkeit des Verfahrens, einer Verschiedenheit der zur Erledigung des Rechtsstreits amtirenden Personen war später keine Rede mehr, dazu brauchte die Streitsache gar nicht erst noch *in judicium* deduzirt zu werden, sie befand sich bereits vor dem *judex*, wenn dieser nur kompetent war, die Klage angenommen und dem Beklagten mitgetheilt hatte.[58])

Demungeachtet aber besteht Getheiltheit der Ansichten über die Schicksale der prozessualischen Consumtion im späteren römischen Prozess.

Während Savigny, Syst. VI S. 25, Wächter, l. S. 38, Planck, Mehrheit etc. S. 12 aufstellen, die prozessualische Consumtion sei mit dem Formularprozess entfallen, vertheidigt namentlich Bekker, Cons. S. 11 die Ansicht, dieselbe sei auch noch für das Justinianische Recht aufrecht zu erhalten. Mittelmeinungen vertreten Buchka, Einfluss etc. S. 22, Windscheid, Aktio S. 65.

Savigny l. äussert sich dahin: Die Consumtion und die mit derselben verbundene Novation sei ohne irgend einen Ueberrest völlig untergegangen, auch seien die praktischen Ziele, für welche beide Rechtsinstitute eingeführt worden, jetzt auf anderem und sichererem Wege erreicht worden.

Selbstverständlich stimmt Verf. mit Savigny nur bezüglich des von diesem angenommenen Untergangs der prozessualischen Consumtion überein, indem seine (Verf.'s) Ansicht über Prozess-Novation und -Obligation oben zur Genüge dargelegt ist, was Alles auch Wächter l. gegenüber gilt, welcher sagt: jetzt könne keine Rede mehr sein von wahrer *novatio* durch *litiscontestatio* und Consumtion des geltend gemachten Anspruchs in ihrer von dem Inhalte des Urtheils ganz unabhängigen und selbständigen Bedeutung; daher gäbe es auch keine negative Function der *ex-*

---

58) S. besonders Wächter Erörter. III von S. 89 an; Bayer Vorträge etc. etc. § 78, § 174.

ceptio rei judicatae als Ausfluss der *litiscontestatio*, wie ebensowenig eine *novatio* des Rechtsverhältnisses durch kondemnatorisches Urtheil.

Bekker l. stimmt insoferne mit Savigny und Wächter überein, als auch er der Ansicht ist, das sog. Novations-Prinzip als Quelle der prozessualischen Consumtion im älteren Rechte sei nicht in das Justinianische Recht übergegangen, dagegen findet Bekker die weitere Annahme „höchst bedenklich", dass überhaupt keinerlei Klagen-Consumtion in dem Justinianischen Recht Aufnahme gefunden. Sein, namentlich Savigny entgegengehaltenes Hauptargument entnimmt Bekker dem Umstande, dass in die Justinianische Sammlung eine Anzahl von Stellen aufgenommen wurde, welche unläugbare Spuren der Klagenkonsumtion enthalten, auch Justinian erst ao. 531 (l. 28 Cod. 8, 41) die Befreiung des Hauptschuldners durch Belangung des Bürgen und umgekehrt aufgehoben habe. Zu diesem Argumente fügt noch der das gänzliche Verschwinden der prozessualischen Consumtion im Justinianischen Rechte ebenfalls negirende Buchka, Einfluss etc. II 22 den Hinweis auf die erst unter Zeno erfolgte Aufhebung der Befreiung des Schuldners durch *pluspetitio tempore*, worüber s. § 33 J. 4, 6; § 9 (§ 10) J. 4, 13. Hiegegen bemerkt Windscheid, Aktio S. 66 mit Recht: gerade die Leichtigkeit, mit welcher diese Neuerungen vor sich giengen, bewiese, dass die negativen Wirkungen der *litiscontestatio* im Justinianischen Rechte „abgestorben", wenn auch nicht „verschwunden" waren. Uebrigens giebt Bekker S. 13 selbst zu, dass die Wirkungen der Consumtion später „abgeschwächt" wurden, und zwar weil an Stelle eines streng förmlichen Prozesses ein formloser getreten sei, in welchem auch besonders die *litiscontestatio* von ihrer alten Bedeutung verloren habe, auch durch einzelne positive Gesetze (Zeno, Justinianus) beschränkt worden sei.

Buchka l. will es nicht „so nackt hinstellen", dass die prozessualische Consumtion mit dem Formularprozess entfallen sei, und fragt zunächst, ob es denn nothwendig gewesen, dass das „Prinzip" der Consumtion mit dem alten auf der Trennung *in jus* und *judicium* beruhenden Verfahren über den Haufen fiel?

Diess „Prinzip" findet nun Buchka darin, dass über keine Klage öfter als einmal Prozess geführt werden solle, — — als ob der Gegenstand eines Civilprozesses die Klage wäre, und nicht das streitige Rechtsverhältniss mit Beziehung auf einen bestimmten Anspruch!

Im Formularprozess (fährt Buchka weiter) sei die Consumtion mit der *litiscontestatio* eingetreten, die nur in der äusseren Form der *ordinatio judicii* erschienen sei, nichts aber hindere, dieselbe „Idee", nämlich Consumtion eintretend mit der LC., auch für den späteren römischen Prozess anzunehmen.

Hiegegen ist nur zu erinnern, dass solche Herübernahme jedenfalls keine praktische „Idee" gewesen wäre, wie ja die ganze prozessualische Consumtion selber, trotz ihrer weitreichenden praktischen Folgen, innerlich immer unpraktischer wurde.

Buchka giebt nur zu, dass die *ipso-jure*-Consumtion aufgehört habe, dagegen seien die *exceptio rei in judicium deductae* und *rei judicatae* Consumtions-Organe geblieben.

Planck Mehrheit, S. 2 — S. 14, sieht das ganze System der prozessualischen Consumtion durch die Aufhebung des Formularprozesses in den Grundlagen erschüttert. Diese Grundlagen hiengen nach Planck mit der Doppeltheiligkeit des früheren Verfahrens zusammen. Das Verfahren *in jure* habe mit Ertheilung der *formula* geschlossen, dem eigentlichen „Urtheilsspruch" des Prätors, wodurch der Rechtsstreit schon gewissermassen „entschieden" worden sei, wenn auch nur bedingt, unter Vorbehalt des Beweises. Hieraus habe sich dann von selbst ergeben, dass abermalige Verhandlung der Sache unmöglich geworden. Entsprechend der ergangenen Formel sei dann die *sententia judicis* die Purifikation des in jener ergangenen bedingten Bescheids gewesen, daher auch auf sie, die *sententia*, der Grundsatz „*bis*" etc. zu beziehen sei. Ganz andere Grundsätze seien aber mit dem Wegfall des Formularprozesses eingetreten, die *litiscontestatio* habe ihre Bedeutung als Anfang der Consumtion verloren, auch stehe kein schon erfolgter Richterspruch (nämlich das Formeldekret) im Wege, dieselbe Sache noch einmal in besserer Form bei einem anderen Richter anzubringen.

Hiegegen bemerkt Verf., dass er mit dem Wegfall des Formularprozesses die Grundlagen der prozessualischen Consumtion nicht bloss für erschüttert, sondern ganz entfallen erachtet, ausserdem auch Planck's Auffassung des Formeldekrets als eines bedingten Richterspruchs (oder „Relevanzdekrets“ wie Andere sagen) nicht theilen kann, wie aus verschiedenen Ausführungen in Obigem zur Genüge hervorgeht, für so bedeutungsvoll auch gerade für die prozessualische Consumtion Verf. das die Verhandlungen *in jure* abschliessende Formeldekret hält.

In vorliegender Frage können nun zunächst nicht Aeusserlichkeiten entscheidend sein; wenn daher manche Vertheidiger der Fortdauer der prozessualischen Consumtion das Argument in's Feld führen: die prozessualische Consumtion sei nirgendwann und wo gesetzlich aufgehoben worden, so könnte ihnen entgegengehalten werden, dass die *exceptio rei in judicium deductae* in der ganzen Justinianischen Compilation nicht ein einzigesmal erwähnt wird und wir ihren Namen erst aus Gaius kennen. Es sind daher nur innere der Rechtsgeschichte entnommene Gründe, auf welche wir gewiesen sind.

Es ist schon berührt worden, dass der juristisch-technische Ausdruck *„in judicium deducere“* enge zusammenhieng mit dem durch Ertheilung der Formel abgeschlossenen Prozessabschnitte, dessen Bedeutung um nichts hinter der der Endsentenz zurückstand; im späteren Prozesse hätte derselbe alles besondern Sinn's ermangelt.

Die wichtigsten Argumente aber für den Untergang der prozessualischen Consumtion seit dem neuen Verfahren liefert uns theils die Entwicklungs-Geschichte dieser selbst, theils die, parallel letzterer, sich immer mehr ausbildende *exceptio rei judicatae*.

Einerseits nämlich zeigt uns jene Entwicklungs-Geschichte eine Reihe allmählich entstehender innerer Veränderungen, deren gemeinsames Ziel die Milderung der strengen Consequenzen der Regel *„bis“* etc. war, andererseits das Entstehen verschiedener Schutzmittel gegen diese, als besonders von Restitutionen, Cautionen, Präskriptionen.[59])

Wäre die Idee der Consumtion wirklich eine fruchtbare, bleibenden Bedürfnissen des Rechtsverkehrs entsprechende gewesen,

---

59) Um nicht schon Gesagtes abermals zu sagen, sei hier verwiesen auf: besonders Wächter l. von S. 22 an; Bekker Cons. § 24; Krüger Cons. p. 19; Keller L. C. § 61.

so würde die Geschichte dieses Rechtsinstituts gewiss nicht den Zug stetiger Zurückdämmung aufweisen, sondern umgekehrt ihren Gang von der Begrenzung zur Erweiterung genommen haben.

War aber auch Anderes bezüglich eines Institutes zu erwarten, welches beide Partheien nicht befriedigen konnte? Nicht den Kläger, welchen vorübergehende Zufälligkeiten um das wichtigste Mittel der Geltendmachung seines Rechts bringen konnten, ohne ihm doch dieses selbst zu nehmen, — und den Beklagten nicht, welcher sich mit einem halben Resultate begnügen und gewärtig sein musste, dem jetzt klaglos gewordenen Rechtsanspruche bei irgend einer anderen Gelegenheit wieder zu begegnen, wenn auch in anderer Form, — — und dieser Zustand der Rechtsunsicherheit und fortwährend drohender Weiterungen in einem späteren Prozesse soll in ein Verfahren mit herüber genommen worden sein, welches aller Voraussetzungen für das ganz spezifische Institut der *exceptio rei in judicium deductae* entbehrte?!

Wenn es auch der Herübernahme der Regel „*bis*" etc. in den Formularprozess an mancherlei rechtspolitischer Rechtfertigung nicht fehlte (s. oben § 2), so musste es doch den praktischen Römern mit der Zeit klar werden, wie weit jene Regel von dem eigentlichen Ziele jedes Civilprozesses, dem der Entscheidung und endlichen Ordnung streitiger Rechtsverhältnisse entfernt war. Die natürlichste Auffassung dessen, was die Partheien wollen müssen, führt gerade auf den der prozessualischen Consumtion gegensätzlichsten Gedanken, nämlich so lang und so oft zu prozessiren, bis das endliche Ziel materiell gerechter Entscheidung erreicht ist. Es war daher unvermeidlich, dass die allmähliche Ausbildung der Lehre von der Rechtskraft und ihrer Organe, der *exceptio* und *replicatio rei judicatae,* als vornehmlich der Verwirklichung jenes Zieles dienstbar, die prozessualische Consumtion mit der Zeit zurückdrängen musste. Es will hier nicht behauptet werden, dass die Beseitigung der prozessualischen Consumtion auf einen Schlag erfolgte, Verf. nimmt vielmehr an dass letztere noch lange Zeit nach Diokletian in einzelnen Fällen oft genug thatsächliche Anwendung fand, — würde aber Jemand zu behaupten wagen, die römischen Juristen der nach-diokletianischen Zeit seien gar nie auf die Vorstellung gekommen, das bei den ganz veränderten Verhältnissen des neuen Prozessrechts die auf ganz andere gebaute prozessualische Consumtion nicht bloss ein Anachronismus geworden, sondern überhaupt nicht mehr gelten könne?

Auf Verhältnisse und Einrichtungen des Privatrechts lässt sich freilich nicht ohne weiteres der für öffentliche, auf Völkerverträgen beruhende, Rechtsverhältnisse geltende Satz anwenden:

> Die Dauer der Völkerverträge ist an die stillschweigende Bedingung der sich gleich bleibenden Verhältnisse gekuüpft —,

allein die einzelne Prozessordnung gehört doch immerhin wenigstens vorwiegend, Andere sagen ausschliesslich (Savigny Syst. I S. 26), dem *jus publicum* an, dessen Einrichtungen (auch wenn es sich nicht gerade um völkerrechtliche Verhältnisse handelt) sich der Einwirkung der in obigem Satze bezeichneten Eventualität auf die Dauer nicht erwehren können. Nun ist aber durch Diokletian eine ganz neue Prozessordnung eingeführt worden, daher wir annehmen müssen, dass die Eigenheiten der früheren als von selbst entfallen zu betrachten sind, ausser sie wären ausdrücklich mit in die neue herübergenommen worden. Wer aber selbst diess nicht annehmen wollte, müsste zugeben, dass die schon durch die oben berührten „Milderungen" untergrabene prozessualische Consumtion in der mit Diokletian anhebenden ganz neuen Zeit dem Schicksale aller überlebten Einrichtungen, dem „*venire* oder *abire in desuetudinem*" entgegengehen musste.

Gerade die römische Rechtsgeschichte liefert uns in letzterer Beziehung die bemerkenswerthesten Beispiele. So im Eigenthumsrecht das Verschwinden des *jus Quiritium,* welches Justinian später (höchst überflüssig) „aufgehoben" hat; so das Verschwinden des *mancipium* in der späteren Kaiserzeit, ohne jemals *ex professo* beseitigt worden zu sein; so in gleicher Weise die aus *matrimonium justum* folgende *manus,* wie etwa zwei Jahrhunderte später die *tutela mulierum*; auf gleiche Weise verlor sich die *fiducia,* wenn auch erst nach längerer Zeit seit Entstehung der *hypotheca;* und wurde das *nexum* auch nie aufgehoben, so verfiel es doch dem Schicksale der Wirkungslosigkeit seitdem die *L. Poetelia-Papiria* (428) die *manus injectio* (eine Wesenheit des *nexum*) aufgehoben hatte.

Bereits oben § 2 wurde erwähnt, wie die *exceptio rei in judicium deductae* durch ihre Abstellung auf Identität der *res* die Hereinziehung von materiell rechtlichen Fragen unabweisbar machte. Man hat Vorwürfe genug auf die prozessualische Consumtion gehäuft, jedoch niemals ein Wort der Anerkennung für den mittelbaren rechtswissenschaftlichen Nutzen gefunden, welcher der römischen Praxis aus der im Gefolge der Regel „*bis*" etc. unablehnbaren materiellen Vergleichung und Prüfung zweier Streitsachen erwachsen musste. Woher anders denn als solcher Prüfung hätte man entnehmen sollen, dass der heute geltend gemachten *actio* Consumtion entgegenstehe aus der L.C. über eine vielleicht ganz anders lautende, ja selbst auf eine andere *Intentio* verstellte *actio* eines früheren Rechtsstreits? Z. B. dass die erhobene *actio familiae erciscundae* wegen früherer *hereditatis petitio* konsumirt sei (l. 8, l. 11 § 3 D. 44, 2; l. 25 § 8 D. 10, 3), oder die *actio redhibitoria* wegen schon verhandelter *actio quanti minoris* und umgekehrt (l. 25 § 1 D. 44, 2)? Musste nicht gerade in diesem letzteren Falle auch geprüft werden, ob das betreffende *vitium* für jede dieser Streitsachen auch wirklich eine *causa redhibitionis* begründe?

Wenn nun auf dem unermesslichen Gebiete der römischen Rechtspraxis solche Material-Prüfung in den mannigfaltigsten Fällen eines Verkehrs ohne Gleichen unzähligemale hat angestellt werden müssen, wenn diess Jahrhunderte lang so gepflogen und das gleiche Verfahren schon frühe auf den Fall ausgedehnt wurde, wenn sich eine Parthei darauf berief, dass es früher schon zu einer Aburtheilung gekommen, — erscheint es dann glaublich, dass die Römer nie die Vorstellung verlassen hätten: nur die mit der L.C. gegebene, später die mit dem Urtheile verknüpfte Consumtion (ein eigentlich künstlicher Begriff) stehe der Streitwiederholung entgegen, dass sie nie darauf gekommen seien einer Klage die Urtheilsexception desshalb entgegenzustellen, weil das, was heute verlangt wird, im Widerspruch zu dem stehe, was früher entschieden wurde?

Dennoch aber soll das Römische Recht von dem Gedanken an die Bedeutung des Urtheilsinhalts für spätere Streitfälle nur angeschimmert worden sein, mit demselben höchstens coquettirt d. h. nicht ernst gemeint haben!

Gegen solche Annahme sträubt sich in der That der „gesunde Menschenverstand“, welchem man bei der Beurtheilung rechtsgeschichtlicher Entwickelungen wohl auch Audienz geben darf. Bei Fragen, wie die hier besprochene, worüber die Mittheilungen der Quellen ganz zuverlässige Resultate nicht ergeben, bleibt eben nichts Anderes übrig, als Dasjenige anzunehmen, worauf eine unbefangene Würdigung der einschlägigen Umstände mit Nothwendigkeit führt.

Diese Annahme geht aber dahin, dass mit den zu Ende des dritten Jahrhunderts vollzogenen eingreifenden Aenderungen in Wesen und Form des Römischen Civilprozesses, die alte Consumtionsidee, immer mehr verlassen wurde, und der sich schon seit längerer Zeit stets klarer gestaltenden Erkenntniss der materiell-rechtlichen Tragweite der *res judicata* allmählich weichen musste. Bedauerlich aber ist es nur, dass aus dem uns vorliegenden Quellenmaterial nicht zu beweisen ist, dass dieser Gedanke zu abgeschlossener Durchbildung und präciser Formulirung gelangt ist. Darum wird auch die Controverse über die Begründung der *exceptio rei judicatae* wohl niemals geschlichtet werden.

Zweites Kapitel.

Die Lehre von der Rechtskraft des richterlichen Urtheils.

Einleitung.

§ 10.

Wenn die prozessualische Consumtion auf der Anschauung beruhte: ein Rechtsverhältniss, aus welchem schon einmal geklagt worden, kann nicht zum zweiten Male Quelle einer Klage werden, — so ist der Gedanke der Rechtskraft dieser: eine rechtskräftig abgeurtheilte Privatrechtsstreitigkeit gilt als für alle Zeiten erledigt, und kann nicht mehr wiederholt Gegenstand prozessualischer Verhandlung und richterlicher Aburtheilung werden. „Rechtskraft" lässt sich daher bezeichnen als die Eigenschaft der Unabänderlichkeit eines richterlichen Urtheils.[59a])

Wie schon das spätere Römische Recht, so knüpft auch unser heutiges Recht die Rechtskraft an die Einrichtung eines der Zahl nach beschränkten Instanzenzugs, nach dessen Erschöpfung spätestens jedes Urtheil rechtskräftig wird.[59b])

59a) Bekanntlich zieht man den Unterschied zwischen „formeller" und „materieller" Rechtskraft: „Formelle" = Unanfechtbarkeit eines Urtheils (l. 23 § 1 i. f. D. 12, 6), „materielle" = bleibende Regelung des streitigen Rechtsverhältnisses nach Inhalt und Umfang des Urtheils (Keller L. C. S. 197). Zusammenfassend lässt sich wohl wie oben im Text „Unabänderlichkeit" sagen. S. auch Wetzell Civ. Pr. § 47.

59b) c. 13, c. 15 X 2, 27. Savigny Syst. VI S. 299.

Dem hiebei obwaltenden Motive: „es muss einmal ein Ende des Streitens werden“, musste die höhere Forderung weichen, dass richtig entschieden werde, wenn auch nach noch so oft wiederholter Verhandlung.[60])

Eine der wichtigsten Folgen der Rechtskraft des Urtheils ist dessen Unanstreitbarkeit durch die früheren Prozesspartheien, welche das durch dasselbe Festgesetzte weder zum Ganzen, noch zum Theile jemals wieder in prozessualische Erörterung ziehen dürfen.[61])

So klar nun diese Forderung an sich auch ist, so steht doch in jedem Einzelfalle nicht immer sofort ausser Zweifel[61a]), ob nicht einem unter den früheren Streitenden neuerdings entstandenen Rechtsstreite überhaupt, oder einer einzelnen Partheibehauptung während eines solchen, ein früheres rechtskräftiges Urtheil entgegenstehe, — eine Frage, welche in der Regel dann entsteht, wenn einer der Streitenden sich zu seinem Schutze auf letzteres beruft.

Die Entscheidung dieser Frage ergiebt sich aus den Voraussetzungen, unter welchen die Rechtskraft eines Urtheils in einem späteren Prozesse wirksam werden soll, Voraussetzungen, welche nach dem Vorgang der Quellen (l. 3, l. 7 § 4 h. t.) mit „Identität der jetzt und früher streitenden Personen, und Identität der sog. *quaestio*“, auch „subjektive und objektive Identität“ bezeichnet werden, wovon unten im Näheren.

Dass neben dem viel einfacheren Punkte der subjektiven Identität der Schwerpunkt und auch die Schwierigkeit der Prüfung in dem Momente der sog. objektiven Identität liegt, dass ferner die in dieser Beziehung anzustellende Untersuchung rein privatrechtlichen Fragen zugewendet sein muss, und die Prozess-

---

60) Rechtspolitische Rechtfertigung hiefür bei: Bayer Vorträge, 8te ed. S. 430; Savigny l. S. 259—262; Keller l. S. 74. Bedauern wir nicht, dass dem so ist! Vortrefflich passt hier, was Pfizer, Thatbestand und Berufung (1872) S. 31 sagt: „Unsere menschlichen Einrichtungen werden immer nur eine sehr relative Vollkommenheit erreichen; der gefährlichste Gegner der wenigstens relativen Vollkommenheit ist aber die deutsche Prinzipienreiterei.“ S. noch Kierulff Civ. Recht S. 44 in der Note.

61) L. 7 pr. h. t.; Wächter Erörter. III S. 44; hiebei wird bemerkt, dass obigen „früheren Prozesspartheien“ alle Dritte gleichstehen, welche sich das *inter alios* gesprochene Urtheil gefallen lassen müssen.

61a) Förster Preuss. Priv. R. I S. 272 (2te ed. 1869).

handlungen der Partheien höchstens als Erkenntnissmittel der geltend gemachten Privatrechts-Ansprüche in Frage kommen, — Alles diess ist wohl schon von vorneherein einleuchtend. Während des Laufes eines Prozesses kommt den Prozess-Handlungen, wie den Unterlassungen der Partheien eine ihre Privatrechte möglicherweise tief berührende Wirkung zu, z. B. bei prozessualischen Versehen, überhaupt allen Handlungen, welche Contumacirung nach sich ziehen. Hiedurch kann die Sachlage, wie sie bei Anfang des Rechtsstreits war, wesentliche Veränderungen erleiden, worauf der erst urtheilende Richter gebührende Rücksicht zu nehmen hat. Ist aber einmal das Urtheil gefällt, und rechtskräftig geworden, so können für die Prüfung der Wirkungen der Rechtskraft im Einzelfalle die Prozesshandlungen der Partheien nur mehr noch als etwaige unterstützende Momente in Frage kommen.

Bei der Untersuchung, ob im einzelnen vorliegenden Falle die Rechtskraft eines früheren Urtheils von Entscheidung sei, kommt es wesentlich darauf an, was durch das frühere rechtskräftige Erkenntniss festgestellt wurde.

Handelte es sich um die Feststellung des ganzen Rechtsverhältnisses unter den Partheien, so hat der Richter des neuen Prozesses zu prüfen, ob diese Feststellung überhaupt wieder in Streit gezogen werden will, sei diess nun direkt, oder sei es indirekt durch Erhebung eines mit solcher Feststellung unvereinbaren Anspruchs.

Es kann sich aber auch früher nur um einen Einzelanspruch gehandelt haben aus einem unter den Partheien sonst unstreitigen Rechtsverhältnisse; hier kommt es dann auf die Prüfung an, ob ein jetzt von der einen oder andern Parthei geltend gemachter Anspruch direkt oder indirekt[62]) mit dem Entscheid über den früheren unvereinbar wäre; hiebei wäre es auch ganz gleichgültig, in welcher Form das jetzige Verlangen eingekleidet erscheint, z. B. jetzt in Form einer Einrede, was früher mittelst Klage verfolgt wurde (l. 5, l. 7 § 4 h. t.).

---

62) Etwa ein rechtskräftig aberkannter Anspruch in seinen Consequenzen, oder als Basis neuer Ansprüche geltend gemacht werden will: l. 8, l. 21 § 3 h. t.

Ein weiterer für die Lehre von der Rechtskraft wichtiger und Interesse bietender Punkt ist die Frage, was denn eigentlich durch das richterliche Urtheil festgestellt wird, — sind es That- oder Rechtsfragen, oder beides zusammen, juristische Thatsachen als Grundlage von Rechtsverhältnissen, oder handelt es sich nur um einzelne Ansprüche?

Ferner fragt es sich: wie weitgreifend ist die Wirkung des rechtskräftigen Urtheils anzunehmen, begrenzt sich dasselbe in seiner Wirksamkeit gerade nur auf den Anspruch über die Begründetheit oder Unbegründetheit des geltend gemachten einzelnen Klaganspruchs, oder werden auch die privatrechtlichen Prämissen rechtskräftig, welche zur Conklusion jener Begründetheit oder Unbegründetheit führten, ob also z. B. das klägerische Eigenthum als rechtskräftig feststehend angenommen werden dürfe, dessen vom Richter angenommenes Bestehen die Prämisse war für die dem Kläger durch das (nun rechtskräftig gewordene) Erkenntniss zuerkannte Servitut. In dieser Beziehung formulirt man h. z. T. die Frage dahin, ob und in wie weit auch die Entscheidungsgründe rechtskräftig werden?

Enge verbunden mit dieser Frage ist die andere: ob ein vom Verklagten nur zu seiner Vertheidigung vorgebrachter, richterlich für begründet befundener Gegenanspruch an den Kläger, nun ebenfalls als für alle Zeiten und unter allen Verhältnissen rechtskräftig festgestellt anzunehmen sei, — eine Frage, welche auch die neueren Prozessgesetzgebungen beschäftigt hat und später zu berücksichtigen ist.

Von nicht geringer Wichtigkeit ist ferner der Punkt, ob und inwieferne die Rechtskraft auch für oder gegen Dritte (Nichtcertanten) Wirksamkeit habe, diese sich also das rechtskräftige Urtheil zu ihrem Schaden gefallen lassen müssen, oder zu ihrem Vortheile sich auf dasselbe berufen können?

Obige, und noch eine Reihe wichtiger Einzel-Fragen in der Lehre von der Rechtskraft sollen nun im Folgenden geeignete Berücksichtigung finden, während sich das dritte Kapitel mit den Bestimmungen einiger neuerer Prozess-Ordnungen (bzw. Entwürfe) über das Institut der Rechtskraft zu beschäftigen hat.

§ 11.

I. Ueber den sog. Sachverhalt in Civil-Streitigkeiten.

In jedem vor ihn gebrachten Prozesse muss der Richter vor Allem das sog. „Faktum" herausstellen (auch „Thatbestand", „Sachverhalt"); aber nicht *quod factum est in actis*, sondern *in mundo*, also ausserhalb und vor dem Prozesse.

Zink in seiner trefflichen „Anleitung zur Anfertigung schriftlicher Vorträge in Civilstreitsachen" (München 1853) bemerkt S. 2: „wo der Prozess anfängt, muss das richtige Faktum in der Regel aufhören."

Zutreffend heisst es hier: „in der Regel", denn *id quod factum est ante processum* kann als Faktum nur für die erste Instanz genügen[62a]), da zu dem Faktum der folgenden Instanzen noch die Angabe der Vernehmlassung des Beklagten in ihren wesentlichen Punkten, wie die Entscheidung der früheren Instanz, bzw. Instanzen, gehört.

Uebrigens ist zu bemerken, dass sich ein Prozess auch ohne alles Faktum in obigem Sinne, als eines wirklichen Geschehnisses *ante processum* denken lässt, nämlich, wenn völlig aus der Luft gegriffene Ansprüche erhoben werden. Z. B. die A stellt gegen B frivoler Weise eine Paternitätsklage an, rechnend, der ihr als schüchtern bekannte B würde im Interesse seines Familienfriedens lieber zahlen, als es zu einer öffentlichen Verhandlung kommen lassen. Zwar muss sich Klägerin auch hier auf ein angeblich *ante processum* vorgekommenes Faktum stützen, allein diess geschieht nur wegen der äusseren Begründung der Klage, welche sonst als völlig unsubstanziirt bereits *a limine* abgewiesen werden würde.[63]) Ein ganz anderer Fall aber wäre es, wenn obige Klage nur zu Folge durchgeführter *exceptio plur. constuprator.*

62a) Als einer Frage für sich soll hier davon abgesehen werden, dass dieses *factum ante processum* sich im Laufe desselben bis vor den Moment der Urtheilsfällung wesentlich verändern kann, z. B. durch das Resultat der Beweisaufnahme, Geständnisse, Folgen des Ungehorsams, etc., etc.

63) In diesem formellen Sinne kommt also selbst hier ein Faktum vor, so dass sich sagen liesse: kein Prozess lässt sich ohne Faktum, wenigstens angebliches, denken.

abgewiesen worden wäre. Hier lag ein wirkliches Geschehniss *ante processum* vor, welchem jedoch das Gesetz aus einem besondern Grunde rechtliche Relevanz versagt.

Sehen wir aber nun von obigem jedenfalls selteneren Falle bewusst unbegründeten, jeden Scheins von Rechtfertigung entbehrenden Verlangens ab, so finden wir als Regel, dass Jeder, welcher gegen einen Andern einen Rechtsstreit erhebt, sich auf Thatsächliches (im weitesten Sinne), vor dem Prozesse Entstandenes, als Voraussetzung des geltend gemachten Rechtsanspruchs stützt. Diess muss immer irgend ein *ante processum* in die Sinnenwelt getretenes Vorkommniss sein, welches nach der Ansicht des Klägers zwischen ihm und Beklagtem (oder den beiderseitigen Rechtsvorfahren) eine rechtliche Beziehung zur Entstehung brachte.

Faktum in der für den Richter erster Instanz passenden technischen Bedeutung ist sonach jedes (wirkliche oder angebliche) äussere Vorkommniss, oder die Summe mehrerer solcher, als Voraussetzung des klägerischen Anspruchs gegen den Beklagten.

Juristisch muss es nämlich gleichgültig sein, ob das Faktum gerade nur aus einem solchen Vorkommnisse, oder einer Combination mehrerer besteht, wenn nur die Reihe der angeführten Geschehnisse zu dem Schlusse der möglichen Begründetheit des klägerischen Anspruchs gegen den Beklagten führt, z. B. eine Reihe von Sukzessionen, welche nach der aktiven Seite in der Person des Klägers, nach der passiven, in der des Beklagten endet.

Das „Thatsächliche“, worüber die Partheien streiten, ist, wie angedeutet, im weitesten Sinne zu verstehen, so dass also hierunter nicht allein handgreifliche Vorkommnisse fallen, wie z. B. ein Vertrag, eine Sachbeschädigung durch den Verklagten, überhaupt alle „positiven Handlungen“, sondern auch die sog. „negativen Handlungen“, Unterlassungen, wo es für den Beklagten Rechtspflicht war zu handeln; ebenso auch negative Bedingnisse, z. B. die Herrenlosigkeit einer Sache, ferner alle Vorkommnisse ohne menschliches Zuthun („reiner Zufall“), z. B. eine durch den Sturmwind zu Boden gelegte Obsternte, endlich auch blosse Zustände, z. B. der verderbliche Lauf, welchen das Regenwasser vom nachbarlichen Grundstücke auf meines genommen hat, oder das den Verkehr auf meinem Grundstücke behindernde Herüberragen der Aeste eines Baums des Nachbars.

Bezüglich jenes „Thatsächlichen" nun in seiner unerschöpflichen Mannichfaltigkeit macht man den allgemeinen Unterschied zwischen sog. „juristischen" und „natürlichen" Thatsachen, je nachdem einer gewissen Thatsache Rechtswirkung beigelegt ist oder nicht, möge jenes nun zu Folge einer Bestimmung des Rechts, oder der Partheien, oder auch eines Dritten stattfinden.

Ein anderer Gedanke liegt der Eintheilung in „relevante" und „nicht relevante" Thatsachen zu Grunde. Hier trifft der Unterscheidungs-Punkt die Frage, ob eine betreffende Thatsache für diesen konkreten Prozess von rechtlicher Erheblichkeit ist, oder nicht, mag nun fragliche Thatsache für sich genommen eine juristische oder bloss natürliche sein. Daher kann auch eine noch so ausgesprochen natürliche Thatsache von höchster Relevanz für gegenwärtigen Prozess sein, ohne jedoch dadurch zu einer juristischen zu werden. Z. B. die Thatsache meiner Abwesendheit vom Orte der angeblichen Vertragsschliessung zur kritischen Zeit, — während eine an sich noch so wesenhaft juristische Thatsache, mangelt ihr die Relevanz, für diesen Prozess so werthlos ist, wie eine beliebige irrelevante natürliche Thatsache. So wäre z. B. im Confessorienstreit die juristische Thatsache des klägerischen Eigenthums-Erwerbs am *praedium dominans* eine relevante, dagegen eine Belegung des Grundstücks mit einer Hypothek für den Gläubiger des Eigenthümers eine irrelevante juristische Thatsache.

Nur der Unterschied besteht immer zwischen juristischen und natürlichen Thatsachen, dass letztere allein für sich niemals zur Begründung von Rechtsansprüchen genügen können.

Trotzdem kann die Wichtigkeit auch der bloss natürlichen Thatsachen für Civil-Rechtsstreitigkeiten nicht übersehen werden.

Zunächst muss doch in jeder juristischen Thatsache immer zugleich eine natürliche, ein äusseres Vorkommniss enthalten sein, denn die Annahme einer juristischen Thatsache, „ohne dass etwas geschehen ist", wäre kontradiktorisch und unmöglich. Ja eben die Identität des natürlichen Vorkommnisses in Verbindung mit der Identität von dessen juristischer Qualifikation bildet einen Hauptpunkt in der Lehre der *exceptio rei judicatae.*

Darum hat sich auch die Beweisführung einer juristischen Thatsache in erster Reihe immer auf deren naturalen Bestandtheil zu richten, da sich eine juristische Thatsache losgeschält von allem naturalen Elemente gar nicht denken lässt. Klagt z. B. A gegen B aus einem beliebigen Vertrage, so muss er zunächst im Stande sein, eine zwischen ihm und seinem Gegner in irgend einer Form vorgekommene Vereinbarung zu beweisen; der Verklagte mag es dann auf sich nehmen, etwa durch den Beweis der Simulation, diese Handlung ihres scheinbar juristischen Charakters zu entkleiden.

Um nun aber wieder zu den juristischen Thatsachen zurückzukehren, den nothwendigen Voraussetzungen jedes Rechtsanspruchs (l. 23 D. 22, 3; l. 1, l. 12 Cod. 4, 19), so ist deren Erkenntniss die erste Aufgabe der richterlichen Cognition (Wetzell § 44)[63a]), da sie „jene Ereignisse sind, wodurch Anfang oder Ende der Rechtsverhältnisse bewirkt wird" (Savigny, Syst. III S. 3), vollständiger: die Voraussetzungen für „Erzeugung, Hinderung oder Vernichtung eines Rechts" (Maxen, Beweislast, Einreden etc. S. 59). Diess Alles sind sie aber in einem einzelnen Rechtsstreite nur dann, wenn sie sich eignen, gerade zwischen den gegenwärtig streitenden Partheien (oder deren Rechtsvorfahren) eine Rechtswirkung zu erzeugen, m. a. W. wenn sie Grundlage eines Rechtsverhältnisses zwischen dem Kläger und Beklagten geworden sind. So ist z. B. die Thatsache meines, auf den Grund heute vollendeter Usukapion bestehenden Eigenthumsverhältnisses am *fundus* X eine juristische Thatsache, nur dann aber entsteht auf Grund derselben zwischen mir und Z das Rechtsverhältniss der Forderung auf und der Pflicht zur Restitution, wenn sich Z widerrechtlich in den Besitz von X gesetzt hat. Der vom Richter herauszustellende Sachverhalt muss also persönliche, zwischen den Partheien obwaltende, Beziehungen aufdecken, welche geeignet sind, einen Anspruch der einen Parthei gegen die andere wenigstens möglich erscheinen zu lassen. Irrig wäre aber die Annahme, das Geschäft dieser Herausstellung sei ohne Rechtskenntniss möglich und Jedermann lösbar, ähnlich der Lösung der Thatfrage, ob A den B „mit Ueberlegung", oder in

---

63a) L. 9 Cod. 3, 1 (Const.).

augenblicklicher Zornesaufwallung getödtet habe. Während nämlich die Lösung einer Frage, wie die letztere, in der Regel noch von der Urtheilskraft eines durchschnittlichen Menschenverstands bewältigt werden kann, und keinerlei Fachkenntniss voraussetzt, wird die Herausstellung des Sachverhalts *in civilibus* nur dann ein brauchbares Ergebniss liefern, wenn die auf dieses Ziel gerichtete Thätigkeit schon von vorneherein eine juristische ist. Die Direktive ihrer Richtung erhält sie zunächst durch die juristische Beschaffenheit des vom Kläger geltend gemachten Anspruchs, und passend in diesen Rahmen müssen die einzelnen Thatsachen zusammen-gesucht und zusammen-gefragt werden, welche geeignet sind, denselben auszufüllen. Welchem Nicht-Juristen wäre es aber möglich, im mündlichen Verfahren aus dem häufig unklaren und leidenschaftlichen Gerede („gebildeter“ und) ungebildeter Partheien Dasjenige herauszufinden, was zwischen ihnen als nüchterne Thatsache wirklich vorgekommen ist?

Ist nun aber dieses Ziel erreicht, dann erwächst dem urtheilenden Richter eine weitere wichtige Aufgabe: die der Subsumtion der gefundenen Thatsachen unter den für dieselben passenden Rechtsbegriff, bzw. die Auffindung der für den einzelnen praktischen Fall anwendbaren Rechtsregeln, wohl die schwierigste Aufgabe des *officium judicis.*

Schon das Römische Recht fühlte die Bedeutung dieser Aufgabe. In l. 37 D. 27, 1 (Scaevola) heisst es, dass ein prätorisches Dekret wirkungslos sei, wenn die Sachlage nicht untersucht, und das festgestellte Faktum nicht unter ein Gesetz subsumirt sei. Denselben Zweck der Feststellung der Thatsachen und Präparirung für die juristische Beurtheilung verfolgen alle jene Stellen, welche die möglichst genaue Individualisirung der Klage verlangen[63b]), wie besonders: l. 5 § 5, § 6 D. 6, 1; l. 1 § 40, § 41 D. 16, 3; l. 19 pr. § 1—§ 4, l. 52 § 25 D. 47, 2; l. 34, D. 3, 5; l. 13 D. 20, 4; l. 47 D. 24, 1; eben hieher sind auch die zur Vorbereitung gewisser dinglicher Klagen dienlichen *interrogationes in jure* zu rechnen: l. 36 pr. D. 6, 1 (Gai.), aus

---

63b) Auch die Einreden mussten specifizirt werden: l. 19 D. 22, 3; l. 20 D. 44, 1; l. 3 Cod. 7, 40 (Justinian. 531).

welcher Stelle zugleich hervorgeht, wie es schon dem Römischen Rechte unzweifelhaft war, dass auch der Legitimationspunkt zu Demjenigen gehört, was wir „Thatbestand" nennen.

Was nun aber zunächst diesen Punkt betrifft, so können schon hier die Schwierigkeiten beginnen und verschiedene Ansichten möglich sein, z. B. ob die Cession einer Hypothek an den Testator, welcher die letztere dem X vermacht hat, gültig, dieser also der rechte Kläger sei, — ob das *possidere desinere* des Z (nach l. 36 pr. cit.) wirklich ein doloses sei, dieser also der rechte Beklagte, — ob in einem Streite zwischen der Wittwe und den Kindern eines Mannes eine im Nachlasse vorgefundene Obligation von 1000 Thlrn. als Theil des Vaterguts oder der gemeinschaftlichen Errungenschaft zu betrachten sei, wer also zu dessen Einklagung legitimirt.

Im weiteren Verlaufe der rechtlichen Beurtheilung des festgestellten Sachverhaltes ferner, kann es möglich sein, dass zwar die Natur des vorliegenden Geschäfts unter den Partheien zu einem Zweifel nicht Anlass giebt, wohl aber die Frage, ob der von der einen Parthei gegen die andere auf den Grund jenes Geschäfts geltend gemachte Anspruch erhebbar ist, dessen Geltendmachung also dem Rechtsgedanken des einschlägigen Rechtsinstituts entspreche. Z. B. ich fahre mit einem von mir für die Tour von A nach B gemietheten Wagen der Abkürzung wegen, einen nicht üblichen aber ungefährlichen Weg durch einen Wald statt auf der Landstrasse; eines der Pferde bricht hierbei ein Bein. Es fragt sich: lag in der Abweichung vom gewöhnlichen Wege eine Verletzung der mir als Miether obliegenden Sorgfalt? Es ist nicht zu verkennen, dass die Ansichten über den aus der Miethe hervorgehenden Pflichtenkreis des Miethers in unserem Falle verschieden sein und zu verschiedenen Urtheilen führen können (wie es auch in diesem wirklich vorgekommenen Falle stattgefunden hat).

Oder nehmen wir, um noch einige weitere Beispiele aufzuführen, zunächst den oft viele Schwierigkeiten darbietenden Fall, wenn sich der Beklagte auf unvordenkliche Verjährung stützt. Wie zweifelhaft kann es da im Einzelfalle sein, ob der fragliche Zustand wirklich einmal einen, Recht begründenden Anfang habe nehmen können!

Bemerkenswerth aus neuester Zeit ist der Fall Herb und Comp. in München. Dass derselbe auf dem Gebiete des Criminalrechts spielt, verschlägt für die gegenwärtig besprochene Frage nichts, zumal er mit einem Fusse im Privatrecht steht.

Der frühere Gypsmüller Herb und Comp. in München hatte einen Handel mit Immobilien eröffnet, dessen Betrieb er mit darlehensweise aufgenommenen Capitalien führte. Herb und Genossen hatten ein offenes Geschäftslokal, und verstanden es mit nur zu gutem Erfolge, mittelst öffentlicher Annoncen Capitalisten zum Geldvorschuss herbeizulocken. Das „Geschäft" machte Banquerott, und es ergab sich, dass Obige unterlassen hatten, ordentliche Handelsbücher zu führen. Unter der Annahme der Genannten als „Kaufleute" erfolgte ihre Verweisung vor das oberbayerische Schwurgericht wegen „betrüglichen Bankerutts" nach § 281 Ziff. 3 des R.Str.G.B.'s. Durch Wahrspruch der Geschworenen wurden die Angeklagten dieser ihnen zur Last gelegten strafbaren Handlung schuldig gesprochen.

Auf eingelegte Appellation vernichtete aber der oberste Gerichtshof in München durch Erkenntniss vom 2. Septbr. 1873 das Urtheil des oberbayrischen Schwurgerichtshofs, zugleich die Angeklagten von der gegen sie erhobenen Anklage freisprechend.

Entscheidungsgründe: weder der Handel mit Gütern, noch die Aufnahme von Passivkapitalien, auch wenn diess gewerbsmässig geschieht, ist ein Handelsgeschäft; die Angeklagten sind daher nicht Kaufleute und § 281 cit. auf sie nicht anwendbar.

Der im vorliegenden Falle gegebene Sachverhalt stellte sich also als, durch gewerbsmässig kontrahirte Geldschulden betriebener, Güterhandel dar.

Es erhob sich die Frage: unter welche Rechtsregeln soll dieser Sachverhalt gebracht werden? Die Thatsachen der Führung eines öffentlichen Geschäftslokals, der gewerbsmässigen Aufnahme von Darlehen, des auf Gewinn gerichteten Ziels des „Geschäfts", verleiteten genannten Schwurgerichtshof, die Angeklagten nach dem für die Klasse der „Kaufleute" bestehenden Bestimmungen des R.Str.G.B.'s abzuurtheilen, — augenscheinlich irrig!

Bedarf es nun nach allen diesen Beispielen noch weiterer Ausführung, dass die Herausstellung des Sachverhalts, wie dessen rechtliche Würdigung die Hauptsache in dem Berufe der praktischen Rechtspflege ist, und auch die Hauptsache für die Partheien?

Verf. nimmt in der That Anstand, diess niederzuschreiben, den Vorwurf der Trivialität besorgend. Dennoch scheint es nicht überflüssig, von Zeit zu Zeit an die Wichtigkeit der eben besprochenen Frage zu erinnern, wenn man Kenntniss von dem nimmt, was die §§ 461 und 462 des im K. Preuss. Justiz-Ministerium bearbeiteten Entwurfs einer Deutschen Civ.Pr.O. — Beschränkung des Instanzenzugs für den Punkt der rechtlichen Würdigung des Sachverhalts — enthalten.[64])

In diesem Entwurfe wird vorgeschlagen, die volle Berufung nur für geringfügige Sachen (bis zu 100 Thlr. Werth) beizubehalten, weil dieselben in I. Instanz von Einzelrichtern entschieden würden. Für höhere Sachen soll von der vollen Berufung abgesehen werden, weil hier schon in erster Instanz ein Collegium von fünf Richtern urtheilt. An Stelle der vollen Berufung soll als II Instanz bei allen wichtigen Sachen nur das schon seit 14. Dezember 1833 für die III Instanz bestehende Rechtsmittel der Nichtigkeits-Beschwerde eingeführt werden; der Unterschied zwischen diesen beiden höheren Instanzen bezüglich dieses Rechtsmittels soll dann der sein, dass das an sich für die II und III Instanz innerlich ganz gleich construirte Rechtsmittel „in dritter Instanz an Ungleichheit der Vorerkenntnisse geknüpft, und nur wegen Verletzung einer solchen Rechtsnorm statthaft sein soll, welche sich über das Gebiet des Gerichts zweiter Instanz hinaus erstreckt oder ein Reichsgesetz ist“ (Bähr l. S. 5).

Die hier einschlägigen Paragraphen des Entwurfs lauten:

§ 461.

Die Revision kann nur darauf gestützt werden, dass die Entscheidung auf einer Verletzung des Gesetzes beruhe.

---

64) Dr. O. Bähr, das Rechtsmittel zweiter Instanz im deutschen Civil-Prozess. Ein Beitrag zur Kritik des im Kgl. preussischen Justiz-Ministerium bearbeiteten Entwurfs einer deutschen Civilprozess-Ordnung. Jena 1871.

Das Gesetz ist verletzt, wenn eine Rechtsnorm nicht oder nicht richtig angewendet worden ist.

§ 462.

Eine Entscheidung ist stets als auf einer Verletzung des Gesetzes anzusehen etc.

Es folgen nun sieben Fälle solcher Verletzung des Gesetzes, wobei die Gesichtspunkte: nicht vorschriftmässige Besetzung des Gerichts, gesetzliche Unfähigkeit des Richters, unrichtige Entscheidung über die Zuständigkeitsfrage, mangelhafte Vertretung einer Parthei, Verletzung der Vorschriften über Oeffentlichkeit des Verfahrens, Urtheil ohne Entscheidungsgründe.

Indem nun Bähr „trotz der grossen Mängel der Nichtigkeitsbeschwerde“ dieselbe dennoch für die höchste Instanz, namentlich einen künftigen obersten deutschen Gerichtshof, als das einzige mögliche Rechtsmittel hält, verwarnt derselbe um so entschiedener davor: die Nichtigkeitsbeschwerde für alle wichtigen Sachen zum ausschliesslichen Rechtsmittel zweiter Instanz zu machen, wovon die bedenkliche Folge wäre, dass sich dem Urtheile des Nichtigkeitsrichters nicht allein die Beweisführung im eigentlichen Sinne entziehe, sondern die gesammte Subsumtion der Thatsachen unter die Rechtsbegriffe.

Höchst treffend und allgemein zu beherzigend äussert sich über diese Beschränkung des Richters höherer Instanz ein von Bähr citirtes Gutachten eines hervorragenden Mitglieds des Obertribunals dahin:

„Es handelt sich hiebei nicht bloss um die Befreiung von der Feststellung der einzelnen Thatsachen, welche der Vorrichter durch Zugeständnisse, Beweisurkunden, Zeugen oder Eid als erwiesen angesehen hat. Es handelt sich vielmehr um die in vielen und den wichtigsten Fällen aus den einzelnen erwiesenen Thatsachen, aus den vorliegenden Verträgen oder letztwilligen Anordnungen zu entnehmende Auffassung und Darstellung des gesammten, dem streitigen Rechtsfall zu Grunde liegenden Sachverhältnisses, und diese Thätigkeit des wahren richterlichen Judiciums soll dem Nichtigkeitsrichter verschlossen bleiben!

Derselbe ist nicht mehr Richter des Rechtsstreits in lebendiger und selbständiger Auffassung desselben in thatsächlicher und rechtlicher Hinsicht: er hat nur Kritik und Censur der Gründe des angefochtenen Urtheils zu üben. Der rechtsuchenden Parthei ist nicht zu helfen, mag auch der Richter der Vorinstanz in seiner thatsächlichen Auffassung des Rechtsfalls noch so sehr gefehlt, in der Auslegung der Verträge oder letzten Willensordnungen sich noch so auffallend vergriffen haben."

Sicher kann Niemand verkennen, dass wenn alle thatsächliche Feststellung, alle rechtliche Würdigung des gesammten Sachverhalts den oberen Instanzen entzogen werden soll, das Schicksal der Partheien künftig nur in den wenigen Fällen nicht der untersten Instanz völlig preisgegeben ist, in welchen sie „das Glück haben" in *secunda* oder *tertia* eine Nichtigkeitsbeschwerde durchzureissen;[65]) hiezu gehört aber, dass ausgeführt werden kann, dass die unterrichterliche Entscheidung auf einer Gesetzes-Verletzung beruht, d. h. wenn ein Rechtsgrundsatz prinzipiell falsch aufgefasst worden, und anders entschieden worden ist, als ohne diesen Fehler hätte entschieden werden sollen.

Hierin liegt also als „*revers* der Münze", dass gegen vorinstanzliche unrichtige Entscheidungen, wenn sie nur thatsächlicher Natur waren, also nicht auf Rechtsirrthum beruhten, z. B. der Unterrichter hätte die Frage, ob ein Besitz, ein Herkommen, ein Verschulden nach dem vorliegenden Thatbestande begründet sei oder nicht, falsch beurtheilt, den Partheien in keiner Weise mehr zu helfen ist!

Auf den Grund alles Vorstehenden spricht sich nun Verf. entschieden dahin aus:

---

65) Ohne der Achtung des Richterstandes zu nahe zu treten, muss man Bähr doch vollkommen beipflichten, wenn er (S. 45) sagt: „Gerade in der Subsumtion der Thatsachen unter die Rechtsbegriffe irren jugendliche Richter am leichtesten, weil das Dinge sind, über die man auf der Universität nichts zu lernen pflegt". S. auch die Aufsätze des Verf.'s in den „Grenzboten" Jahrgang 1871 S. 1018, 1872 S. 201: „Zur Reform der Rechtslehre im Deutschen Reich". S. auch die zweckmässigen Vorschläge (des Referenten) für die richtige Ermittelung des Thatbestands: in den Protokollen der Commission zur Berathung einer allgemeinen deutschen Civil-Prozess-Ordnung für die deutschen Bundes-Staaten, S. 23; ferner S. 94—S. 122.

Die Herbeiführung möglichst materiell gerechter Urtheile fordert, dass die Feststellung des Sachverhalts, sowie die Auffindung der für denselben passenden Rechtsregeln, auch für jene Streitsachen, für welche *in prima* ein Richterkolleg besteht, nicht ausschliesslich der ersten Instanz überlassen werden dürfe, dass vielmehr in allen Streitsachen das Recht der vollen Berufung an die zweite Instanz gewahrt werden müsse.

Am Schlusse dieser Ausführungen über den Sachverhalt (Thatbestand) ist noch zu bemerken, dass nicht bloss das Gesammtstreitverhältniss der Partheien auf der thatsächlichen Unterlage wirklicher Geschehnisse ruhen, sondern auch jeder einzelne im Laufe des Prozesses etwa noch vorgebrachte Anspruch oder Gegenanspruch seinen besonderen Thatbestand haben muss, dessen juristische Qualifikation auf den Schluss der möglichen Begründetheit solchen Einzelanspruchs führt (Relevanz). Die Prüfung der Wirklichkeit ist dann Sache des prozessleitenden und s. Z. urtheilenden Richters.

§ 12.

II. Das gerichtliche Urtheil im Allgemeinen.

Jedes gerichtliche Erkenntniss muss vor Allem immer ein Urtheil im logischen Sinne sein, d. h. ein Verstandesakt, welcher auf Grund von Denkgesetzen und gegebenen konkreten Voraussetzungen auf einen Schluss führt.

Logisch unterscheidet sich daher das gerichtliche Erkenntniss in nichts von jedem anderen Urtheile. Dagegen findet bezüglich des Inhalts des Schlusssatzes ein erheblicher Unterschied statt. Dieser Schlusssatz enthält nämlich immer die Entscheidung einer Streitigkeit: ein erhobener Anspruch wird zu- oder abgesprochen, und ein diesem entsprechender Befehl erlassen.

Aus diesem Grunde konnte hier der Gedanke der sonst völlig gegenstandslosen Rechtskraft und Erzwingbarkeit entstehen. Was sollte auch sonst rechtskräftig, was exequirt werden können, wenn z. B. A schliesst: „der am 11. Juni in London weilende X kann mich damals in München unmöglich bestohlen haben"? Auch besteht der logisch richtige Schluss für sich selbst schon unangreifbar und unumstösslich, hiezu keiner äusserlichen Einrichtung bedürfend, welche das Institut der Rechtskraft doch immer ist[66]).

Anders aber, wenn wie beim gerichtlichen Urtheile, der Schlusssatz in einem Imperativ besteht.

Die Berechtigung zu solchem liegt in der öffentlich rechtlichen Stellung des in einer Privatrechts-Streitigkeit um Rechtshülfe angegangenen Richters; das Maass und die Grenze dieses Imperativs setzt der nach Gegenstand und Umfang bestimmt zu bezeichnende Anspruch (Petit).

Wie jede logische Conklusion besteht aber das gerichtliche Urtheil, ausser dem sog. Schlusssatze, noch aus dessen Prämissen: der vom Richter als anwendbar angenommenen rechtlichen Bestimmung, und des von ihm als so oder so gesetzten Sachverhalts.

Es fragt sich, ob auch bezüglich des Inhalts dieser Prämissen der Gedanke wenigstens der Erzwingbarkeit möglich ist?

Diese Frage ist aus folgenden Gründen zu verneinen, so dass sich also in dieser Beziehung das gewöhnliche Urtheil und das gerichtliche einander gleichstehen.

Undenkbar ist zunächst die Erzwingbarkeit des Inhalts der reinen Rechtsvorschrift (des logischen Obersatzes der Conklusion): an sich nur abstrakt ist jede Rechtsvorschrift konkret inhaltslos.

Aber auch der Inhalt der anderen Prämisse (des logischen Untersatzes) ist um nichts weniger nicht erzwingbar: als richterliche Setzung eines bestimmten Geartetseins des vorliegenden Sachverhalts ist diese Prämisse nichts als ein Gedanken-

---

66) Logisch richtig kann auch das materiell verwerflichste Urtheil sein; der Fehler liegt aber dann in den vom Richter gesetzten Prämissen, und zwar entweder in der Setzung eines falschen Obersatzes (Annahme einer unzutreffenden Rechtsbestimmung, also Irrthum bezüglich der rechtlichen Beurtheilung des Sachverhalts), oder Irrthum bezüglich des Untersatzes (falsche Auffassung der thatsächlichen Vorgänge), oder endlich Irrthum in beiden Beziehungen. Während nun das gewöhnliche Urtheil, ist es falsch, praktisch unschädlich ist, da es sich nur auf geistigem Gebiete bewegt, mussten wegen der materiellen Tragweite des gerichtlichen Urtheils Einrichtungen geschaffen werden, um den Eintritt der Rechtskraft des falschen möglichst hintanzuhalten.

akt des Richters auf Grund der von ihm gepflogenen Untersuchung.

Nimmt der Richter z. B. an: nur A, nicht der mitverklagte B sei der fraglichen Beschädigung für überführt zu achten, — so darf diess nur als ein Ausdruck der persönlichen Ueberzeugung des Richters aufgefasst werden, als etwas Ideelles, ein Grund für die nun folgende Decision. Für sich selbst ist dieser Grund keine Decision, mag auch die richterliche Annahme der bezüglichen Thatsache noch so „decidirt" gefasst sein. Von Rechtskraft dieser Annahme zu reden, oder gar Exequirbarkeit, ist daher ganz unmöglich, woraus sich eben die Ablehnung der Rechtskraft für die sog. „Entscheidungsgründe" ergiebt.

Es ist, wie schon bemerkt, eine rein positive, nicht auf innerer Nothwendigkeit beruhende Einrichtung, dass über eine und dieselbe Rechtssache nicht zu beliebig wiederholten Malen soll gestritten und entschieden werden können. Nirgends begegnen wir aber der Vorschrift, dass ein beliebiger Sachverhalt, über welchen schon einmal in einem früheren Prozesse geurtheilt wurde, nun in einem späteren Prozesse gar nicht anders mehr beurtheilt werden dürfe, als diess früher geschah. Ja es findet sich auch nicht einmal die Vorschrift, dass der Richter des früheren Prozesses selber, kommt es in einem späteren Prozesse wieder vor ihm auf den nämlichen Sachverhalt an, von seiner früheren Beurtheilung desselben nicht mehr abgehen dürfe. Daher müsste es z. B. vertheidigt werden, dass, wenn es in einem späteren Prozesse über einen andern Anspruch ganz genau wie in obigem Falle auf dieselbe Frage ankommt, ob A oder B der Sachbeschädiger war, — derselbe Richter, auf den Grund ihm vorgeführter besserer Beweise, gerade umgekehrt wie früher muss erkennen dürfen, also jetzt den B, nicht den A als Sachbeschädiger annehmen.

Die Rechtfertigung hiefür liegt theils in der rein menschlichen Anschauung, dass auch der Richter die Freiheit der persönlichen Ueberzeugung haben muss, sowie das Recht, sich stets eines Bessern zu überzeugen, theils in der juristischen Erwägung, dass die in jedem gerichtlichen Civil-Erkenntnisse liegende Feststellung nur die Rechtsansprüche betrifft, nicht aber die Thatsachen, von deren Begründet- oder Unbegründetheit der Richter ausgeht[66a]). Freilich ist aber dieser letztere Satz lebhaft bestritten, daher hierüber Näheres im nächsten §.

Als Consequenz dieses hier vorläufig hingestellten Satzes ergiebt sich, dass die richterliche, den Sachverhalt betreffende Annahme, als blosse Prämisse der Entscheidung und reiner Gedankenakt, nicht rechtskräftig wird.

Hievon giebt es aber eine scheinbare Ausnahme, indem Fälle vorkommen können, in welchen ein den Sachverhalt treffender Ausspruch des Richters allerdings rechtskräftig wird; nur fragt es sich eben wie weit?

Diess findet überall da statt, wo eine richterliche Entscheidung durch ausdrückliche Bestreitung solcher Thatsachen provocirt wird, welche zwar nicht unmittelbar den geltend gemachten Anspruch begründen (und darum auch nur mittelbare juristische Thatsachen heissen), aber doch rechtliche Voraussetzungen jener Thatsachen sind, welche zunächst und eigentlich das Klagspetit begründen.

Wer z. B. eine Prädial-Servitut geltend macht, muss sich zunächst immer auf einen Vorgang berufen können, welcher geeignet war, fragliche Servitut zu begründen, etwa Vertrag.

Um aber die (*directa*) *actio confessoria* anstellen zu können, muss man Eigenthümer des *praedium dominans* sein — eine mittelbare privatrechtliche Voraussetzung des erhobenen Servituten-Anspruchs, hier „Legitimationspunkt" genannt und jedenfalls ein Theil des Sachverhalts.

Das Verhalten des Beklagten kann nun in unserem Falle ein Verschiedenes sein.

Derselbe kann sich zunächst beschränken auf die Bestreitung bloss des Servituten-Anspruchs, indem er dessen Prämissen angreift, also entweder behauptet, dass gerade in diesem Falle eine Servitut nicht durch Vertrag habe begründet werden können, oder die Perfektion des Servituten-Vertrags abläugnet.

Zwar muss der Richter auch bei dieser Constellation der Streitpunkte von der stillschweigenden Annahme des klägerischen Eigenthums am *praedium dominans* ausgehen, als mittelbarer

---

66a) Wetzell Civ. Pr. 2te ed. 1865 S. 538; Schäffer Giess. Ztschr. N. F. XII S. 271.

Prämisse für die Möglichkeit der Zuerkennung der Servitut, — man muss aber fragen: kann man denn in solcher richterlicher Annahme des klägerischen Eigenthums als blossen (unbestrittenen) Legimationspunkts im Ernste wirklich eine der Rechtskraft fähige *ex professo* = Feststellung des klägerischen Eigenthums erblicken? Wenn selbst für das Urtheil die Regel gilt, es sei in dem Sinne auszulegen, welchen der Richter mit demselben verbinden wollte,[66b]) so müssen wir die gleiche Regel doch auch auf die Entscheidungsgründe anwenden, und da scheint es doch unmöglich annehmbar, der Richter habe mit obiger Auffassung eine Regelung des Eigenthums-Verhältnisses am *praedium dominans* vornehmen wollen!

Nur in einer Beziehung anders gestaltet sich unser Fall, wenn der Beklagte schon die „Legitimation" des Confessorienklägers, als Nichteigenthümers, bestreitet. Hier steht die Präjudizialfrage, ob Kläger Eigenthümer sei oder nicht, vor ihrer Erledigung jeder Verhandlung über den Servitutenanspruch ganz entscheidend entgegen, daher sich Kläger bemühen muss, eine ausdrückliche richterliche Feststellung seines (Klägers)· Eigenthums zu provociren. Dass dann solche richterliche Feststellung als Schlichtung einer wahren Partheien-Contention eine der Rechtskraft fähige Decision ist,[66c]) dürfte wohl ganz selbstredend sein; aber eine Ausnahme von der oben angegebenen Regel, dass die richterliche Beurtheilung des Sachverhalts nicht rechtskräftig werde, bildet sie keineswegs, denn hier ist die Rechtskraft nur Folge des zufälligen Umstandes, dass die Eigenthumsfrage wahrer Streitpunkt geworden, über welchen unter allen Umständen richterlich zu entscheiden war — jede wirkliche richterliche „Entscheidung" ist aber der Rechtskraft fähig.

§ 13.

III. Gegenstand des Civil-Urtheils.

Der Sinn dieser Ueberschrift ist nicht der: was das Civilurtheil festsetzt, — diess wäre dessen Inhalt —, sondern: womit

---

66b) Z. B. Seuffert XIII 187, V 236.

66c) Hiemit ist aber noch gar nicht entschieden, dass die hier eintretende Rechtskraft über den vorliegenden Fall hinaus wirke, — worüber s. § 14 Nro. 2.

es sich beschäftigt, also worüber zu urtheilen ist, und diess lässt sich kurz dahin angeben: über eine Privatrechts-Streitigkeit, welche entschieden werden muss. Die Entscheidung ergiebt sich durch Subsumtion des vollständig erhobenen Sachverhalts unter die auf ihn anwendbare Rechtsregel.

Was nun aber jene Privatrechts-Streitigkeit selbst betrifft, so dreht sich jede um ein wirkliches oder vermeintliches Rechtsverhältniss, wegen dessen Einer gegen einen Andern einen Rechtsanspruch erhebt; ohne jenes ist weder letzterer denkbar, noch ein richterlicher Ausspruch über dessen Begründet- oder Unbegründetheit. Darum hat sich auch der Richter vor Allem über das *in judicium* deduzirte Rechtsverhältniss zu vergewissern, auch unter Umständen (wovon später) über dessen Bestehen zu entscheiden. [67])

Schon in der I. Instanz kann das der richterlichen Entscheidung schliesslich vorliegende Gesammt-Material aus gar verschiedenen Punkten bestehen: so zunächst aus dem schon oben erwähnten *factum ante processum*, dann dem klägerischen Anspruche, der in verschiedenster Weise möglichen Vertheidigung des Beklagten, dem Resultate des Beweisverfahrens und der Prozessführung selber, welche letztere aus prozessualischen Gründen manche Veränderung der anfänglichen Sachlage im Gefolge haben kann (z. B. wegen Contumazirung, Präklusion), — so dass sich sagen lässt: der durch den Richter anfänglich herausgestellte Sachverhalt wird durch den lebendigen Prozess erst flüssig, und setzt am Ende desselben oft ganz anders ab, als er zu Anfang erschien. Immer aber hat der Richter durch alle anfänglichen und späteren Partheibehauptungen, alle Wandlungen, welche die rechtliche Lage der Partheien im Laufe des Prozesses auch erleiden mag, einen festen Gesichtspunkt zu verfolgen, dessen reinste Darstellung die Hauptaufgabe des erkennenden Richters ist, sowie die Bedingung für die schliessliche Würdigung der geltend gemachten Partheibehauptungen: das unter den Partheien bestehende Rechts-Verhältniss. Untersucht man nun näher, worüber die Partheien im Einzelnen Falle

---

67) Seuffert Archiv XXV Nro. 182, und ganz besonders ebenda Nro. 278 Entscheidung des B.-O.-H.-G.'s zu Leipzig vom 31. März 1871.

wirklich streiten, so können sich folgende Verschiedenheiten ergeben.

Zunächst ist möglich, dass der Beklagte schon die ganze Existenz des vom Kläger behaupteten Rechtsverhältnisses in Abrede stellt, z. B. das Bestehen der Handlohn-Berechtigung selbst, wegen welcher der Gutsherr von dem gegenwärtigen Gutsbesitzer ein Laudemium fordert; oder das ganze Bestehen des Sozietätsverhältnisses, aus welchem Kläger den Posten X verlangt. Es kann sich aber auch finden, dass Beklagter, ohne das vom Kläger angeführte Rechtsverhältniss zu läugnen, doch dem auf dasselbe gegründeten Einzelanspruche entgegentritt, z. B. er bestreitet nicht das Erbrecht des Klägers, aber wohl dass er (Beklagter) dem Erblasser in dem in der Klage behaupteten Umfange schuldig geworden sei; oder er setzt dem Klaganspruche einen Compensations-Anspruch entgegen; in diesem Falle können sich dann auf Seite des Klägers ganz dieselben Möglichkeiten ergeben, entweder der Abstreitung des der Compensation unterstellten Rechtsverhältnisses, oder der unmittelbaren Bestreitung dieser.

Der Rechtsstreit in seinem Verlaufe ist es daher, welcher die unter den Partheien bestehenden Streitpunkte zu Tage fördert, und in welchen der Richter den Stoff, aber auch die Massgabe für seine Entscheidung zu suchen hat. In dieser Beziehung gilt aber die wichtige Regel:

> „Nur was unter den Partheien wirklich streitig war, aber (dessen Relevanz vorausgesetzt) auch Alles, ist Gegenstand der Entscheidung, und die einstige Rechtskraft geht nie über dasjenige hinaus, was unter den Partheien streitig war und wirklich entschieden wurde; dieses aber trifft sie um so sicherer.“

Hierin liegt also: die richterliche Entscheidung kann niemals Punkte treffen, welche entweder von den Partheien zugegeben sind, oder möglicherweise noch streitig sein könnten; im ersten Falle wäre sie gegenstandlos, im zweiten eine Verletzung der Verhandlungs-Maxime. Dann: Zum Eintritt der Rechtskraft ist immer zweierlei nothwendig: ein bestrittener und auch wirklich entschiedener Punkt. Wirkliche Entscheidung nennt man aber nur einen, die materielle Begründet- oder Nichtbegründetheit eines Klags- oder Einredepetits festsetzenden, Richterspruch.[68]) Daher ist z. B. die Abweisung einer Compensations-Einrede als „unstatthaft" keine Entscheidung über den Compensationsanspruch selber. Oder findet der Richter z. B., dass zur Abweisung der Klage schon eine der mehreren bewiesenen Einreden genüge, und schweigt das Endurtheil über die anderen, so können die betreffenden Einrederechte weder als zu-, noch aberkannt gelten, sind also irgendwann später, z. B. *in appellatorio,* stets wieder verwendbar.[68a])

Uebrigens bedarf die Fassung des obigen Satzes: „nur was unter den Partheien etc." einer Begrenzung.

Streitig können unter den Partheien auch Rechtsgrundsätze sein. Dass dieselben allein für sich, ohne Ableitung von praktischen Ansprüchen wegen derselben, niemals Gegenstand eines Civilprozesses sein können, ist selbstverständlich.

---

68) Es ist für das später Folgende wichtig, festzuhalten, dass Gegenstand der richterlichen Entscheidung zunächst nur die Ansprüche der Partheien sind, wenn auch der Richter oft über manche rechtlich relevante Punkte zu urtheilen hat, deren Feststellung nicht umgangen werden kann, aber aus welchen unmittelbar keine Ansprüche erhoben wurden. Hierüber s. den folgenden §. Auch muss hier ausdrücklich betont werden, dass bei der Frage des Umfangs der materiellen Rechtskraft nie vergessen werden darf, dass der Richter, nicht bloss bezüglich der Inswerksetzung seiner Thätigkeit überhaupt, den Anstoss von Seite der Partheien zu erwarten hat, sondern dass er auch nur über dasjenige zu entscheiden hat, dessen Entscheidung die Partheien ausdrücklich verlangen, bzw. dessen Entscheidung von der über die Ansprüche juristisch untrennbar ist. Setzen wir z. B. die zwei Ansprüche des A gegen B immer auf je 100, nämlich *ex vendito*, *mutuo.* Da hier der Anspruch nicht von seiner *causa* getrennt werden kann, so enthält die Entscheidung über jenen zugleich eine solche über dessen *causa.* In dem letzten obiger Beispiele handelt es sich nicht um eine Summe Geldes schlechthin, sondern um Darlehens-Geld; mit der Verurtheilung des B. zur Zahlung desselben ist *implicite* zugleich über das Darlehens-Verhältniss entschieden. Uebrigens kommt es auch bei derartigen Verhältnissen darauf an, was die Partheien wollen, bzw. bestreiten. Einem eingeklagten Sozietäts-Anspruch auf 100 gegenüber, könnte Beklagter die ganze Sozietät abläugnen, oder nur die Begründetheit dieses einzelnen Postens bemängeln. Im ersteren Falle muss das Urtheil über das Bestehen der Sozietät eine Entscheidung enthalten, im zweiten geht der Richter bei Zuerkennung dieses Postens zwar von dem Bestehen der Sozietät aus, diese Annahme ist aber nichts weniger als eine Entscheidung. Würde daher der siegreiche Kläger den folgenden Tag einen anderen Posten, angeblich derselben Sozietät einklagen, und Beklagter jetzt das Bestehen des ganzen Sozietäts-Verhältnisses bestreiten, so wäre keine Rede davon, dass Kläger etwa die *replicatio rei jud.* entgegensetzen könnte.

68a) Vergl. z. B. Seuffert Archiv Bd. 3 Nro. 209, 5 (236), 12 (92) 13 (87).

Aber ebenso sicher ist es, dass, so abhängig der erkennende Richter bezüglich des Gegenstandes seiner Entscheidung von der Art und dem Umfang der von den Partheien geltend gemachten Ansprüche ist, er ebenso unabhängig ist von den, letztere begleitenden, juridischen Ausführungen, über welche für sich er auch niemals entscheidet.

Gegenstand des richterlichen Erkenntnisses bleiben also in der Regel immer nur die erhobenen Ansprüche, in deren rechtlicher Würdigung aber der Richter ganz frei ist; frei ist er auch in deren Zusprechung in geringerem Umfange als geltend gemacht wurde, nicht mehr aber in grösserem als gefordert.

§ 14.

IV. Inhalt des civilgerichtlichen Urtheils und das Verhältniss der Rechtskraft zu diesem Inhalt.

I. Seit durch neuere Praxis und Gesetzgebung die Einrichtung der sog. „Entscheidungsgründe“ allgemein geworden[68b]), besteht der Inhalt des Civilurtheils aus dem die wirkliche Entscheidung enthaltenden und dem dieselbe rechtfertigenden Theile.

Feststellung und Begründung ist also im Allgemeinen der Inhalt jedes gerichtlichen Urtheils; bei dieser urtheilt (im logischen Sinne) der Richter, bei jener bestimmt er etwas, indem er zu- oder abspricht. Die Begründung bleibt immer reiner Gedankenakt, die Feststellung dagegen hat die Bestimmung in die Ausführung des Festgestellten umgesetzt zu werden.

Keine dieser beiden Richtungen des Urtheils-Inhalts steht aber der anderen an Bedeutung nach; denn während die Feststellung die obschwebende Privatrechts-Streitigkeit wenigstens für diese Instanz erledigt, verleiht die Begründung dem Festgestellten erst Sinn und Verständniss, eröffnet dessen Tragweite und bildet die wahre geistige Vermittelung des sonst dürr und zusammenhangslos dastehenden Decisums.

68b) Brinkmann, die richterlichen Urtheilsgründe. Kiel 1826. § 20. Wetzell, Civ. Pr. § 46 n. 10.

Zunächst soll sich aber hier nur mit dem Decisum beschäftigt werden, die Lehre von den „Entscheidungsgründen“ dem nächsten § vorbehaltend.

Was nun aber die durch das Urtheil bewirkte Feststellung anlangt, besonders die Frage, was Alles denn eigentlich „festgestellt“ werde, so begegnen wir hier einer lebhaft ventilirten Controverse.

Während nämlich die eine Ansicht aufstellt, durch das Urtheil würden nicht allein die erhobenen Rechtsansprüche festgestellt, sondern auch die diesen zu Grunde liegenden Thatsachen, bezieht die andere Ansicht diese Feststellung nur auf die Rechtsansprüche.

Die Vertheidiger der ersteren Ansicht sind:

Keller, L. C. S. 280; Wächter, Württ. Pr. R. II. Bd. S. 563; Savigny, Syst. Bd. VI S. 452; Vangerow, Pand. I. Bd. S. 316 lit. e; Arnold, Prakt. Erörtt. S. 268; Heimbach, Rslex. S. 828; und Windscheid, Aktio S. 101, S. 108, auch Pand. § 130; dieser mit den bedeutendsten Argumenten.

Dagegen lassen durch das Urtheil nur die Rechtsansprüche festgestellt werden:

Pfeiffer, Archiv f. civ. Pr. Bd. 37 S. 264; Wetzell, Civ. Pr. S. 439, S. 440; Buchka, Einfluss Bd. I S. 312 (anders Bd. II S. 108, S. 208 für das heutige Recht); Kierulff, Civ. R. S. 268 und besonders Unger, österr. Priv. R. Bd. II § 132 zu Nro. II.

Der Unterschied, ob man der einen oder anderen Ansicht folgt, ist augenscheinlich von der höchsten theoretischen und praktischen Tragweite, denn während bei der ersteren Ansicht die Wirkung der Rechtskraft, wie auch die Nothwendigkeit der Appellation weit über die Grenzen des streitigen Anspruchs hinausreicht, beschränken sich bei der zweiten Ansicht Beide nur auf diesen.

Verf. bezieht die Urtheils-Feststellung nur auf die geltend gemachten Rechtsansprüche, hält es aber für förderlich, bei der Prüfung obiger Streitfrage gleich von vorneherein in zweifacher Weise zu unterscheiden:

Ein Rechtsanspruch kann sich auf eine juristische Thatsache stützen, welche schon allein für sich zu dessen Begründung genügt. Unter diese Rubrik reihen sich die weitaus meisten Fälle der Privatrechts-Streitigkeiten, z. B. Klagen aus irgend einem Vertrage, die Eigenthums-, die Erbrechtsklage, die meisten Deliktsklagen.

Andererseits ist es aber möglich, dass die Begründetheit eines Rechtsanspruchs aus einer gewissen Thatsache, als unmittelbarer Quelle desselben (z. B. Zinsversprechen für den Zinsanspruch), das Bestehen einer anderen Thatsache voraussetzt, ohne welche die den Rechtsanspruch erzeugende Thatsache nicht hätte entstehen können (die Capital-Forderung).

Es giebt also zweierlei Arten von Rechtsansprüchen: solche, welche nur auf einer, bzw. mehreren in koordinirtem Verhältnisse zu einander stehenden Thatsachen beruhen (z. B. Gebrauch einer nur deponirten Sache durch den Depositar, oder solcher Gebrauch und zugleich Schädigung der Sache), — und solche Rechtsansprüche, wobei die sie direkt erzeugende Thatsache erst durch eine andere, sie bedingende, als ihrer Voraussetzung ermöglicht wird, z. B. die Vaterschaft als Voraussetzung für den Alimenten-Anspruch[69]). Unterscheiden wir demnach:

1. Rechts-Ansprüche mit unmittelbarer und alleiniger Begründung aus einer konkreten Thatsache.

Dass es sich hier nur um juristische Thatsachen als Voraussetzungen von Rechtsansprüchen handelt, ist selbstverständlich. Gleichgültig aber ist es, ob eine solche juristische Thatsache für sich selbst schon ein Rechtsverhältniss ist, auf welches sich der geltend gemachte Anspruch unmittelbar gründet, z. B. das Eigenthum bezüglich des mit der *actio negatoria* verfolgten Anspruchs — oder ob die juristische Thatsache ein Rechtsverhältniss erst erzeugt, z. B. jede Sachbeschädigung, die Baufälligkeit meines Hauses (l. 24, l. 18 D. 39, 2), die Geburt eines Kindes zweier Eheleute.[70])

---

69) Daher spricht man hier auch von mittelbaren und unmittelbaren, bedingenden und bedingten juristischen Thatsachen.

70) Bekanntlich giebt es auch juristische Thatsachen, welche keine Rechtsverhältnisse erzeugen, z. B. die Dereliktion, Solution; und juristische Thatsachen, welche wohl Rechtsverhältnisse begründen, aber keine Ansprüche, z. B. Eigenthumserwerb durch *fructuum perceptio*.

Es fragt sich nun: was stellt in diesen Fällen das richterliche Urtheil fest? Nur die Entscheidung der streitigen Rechtsansprüche, oder auch die bestrittene Thatsache, und zwar so: sie ist geschehen, oder sie ist nicht geschehen, oder geschehen und zwar in dieser Art, oder: sie besteht überhaupt? Diese Frage ist aber genau zu nehmen und geradezu „auf den Kopf" zu fragen: Fällt der Richter wirklich eine Entscheidung (im technischen Sinne genommen) über das Nichtvorgekommensein, oder Vorgekommensein, bzw. So-vorgekommensein, oder überhaupt Bestehen einer Thatsache, — oder entscheidet er nur über den Rechtsanspruch, und zwar auf den Grund seiner, des Richters, Annahme, die Thatsache sei geschehen oder nicht geschehen, bestehe oder bestehe nicht?

Bejaht man diese Frage in ihrem ersten Theil, so muss man den Muth haben zu sagen: eigentlich fällt der Richter in jedem Prozesse immer zwei förmliche Entscheidungen: eine über die dem betreffenden Rechtsanspruche unterstellte Thatsache, eine andere über diesen selbst. So konsequent nun dieser Schluss, so innerlich unhaltbar ist er. Man muss vielmehr daran festhalten, dass Thatsachen nur in Beziehung auf die durch sie angeblich begründeten Rechtsansprüche vor den Richter gezogen werden, dass die Partheien niemals bloss über das nackte Dasein von Thatsachen (juristischen oder nicht juristischen) mit einander streiten — und wollten sie diess, so müssten sie *a limine* abgewiesen werden —, und dass, wenn es ihnen auch in manchen Fällen nur darauf ankommt, einen richterlichen Ausspruch über das Bestehen von Thatsachen oder Zuständen zu provociren, diess doch immer nur im Hinblick auf Ansprüche geschieht, welche sich einmal möglicherweise an solche knüpfen können.[71])

---

71) Buchka Einfl. II S. 208; Förster Preuss. Priv. R. Bd. I S. 262 (2te ed. 1869).

Auf welche Schiefheiten man bei der Annahme käme, das richterliche Urtheil stelle Thatsachen fest, zeigt folgendes Beispiel. Setzen wir ein die Ehelichkeit eines Kindes aussprechendes Urtheil. Hiedurch kann doch nichts Weiteres gesagt sein, als: auf Grund dieser oder jener anderen Thatsachen sei fragliches Kind als eheliches anzunehmen. Nicht aber statuirt das Urtheil: „dies Kind ist ehelich gezeugt", — was eine alles menschliche Können überhaupt übersteigende Versicherung wäre. Dennoch müsste die gegnerische Ansicht daran festhalten, durch Urtheil sei die

Sonach werden die Thatsachen von den Partheien nur producirt als juristische, ferner nicht als Selbstzweck, sondern für andere Zwecke, nicht um eine förmliche Entscheidung über sie selbst herbeizuführen, sondern nur um eine solche zu ermöglichen über etwas Anderes; eine richterliche, die Rechtskraft beschreitende Feststellung der Thatsachen wäre also gegen die Absicht der Partheien und darum auch die Verhandlungs-Maxime.

Setzen wir ein Beispiel. A klagt gegen B 10 *ex mutuo* ein, welche er ihm am 1. Juli gegeben haben will. B läugnet das Darlehen ab, sowie dass er von A am 1. Juli überhaupt Geld empfangen. A fällt mit seinem Beweise durch und wird abgewiesen. Nun klagt A gegen B auf 10 mit der *condictio sine causa*. Könnte sich hier wohl B mit der Behauptung vertheidigen: weil der Darlehensanspruch gegen ihn abgewiesen worden, sei auch festgestellt, dass er am 1. Juli überhaupt keine 10 von A erhalten habe? Gewiss nicht, da das frühere Urtheil ausser der Nichtbegründetheit fraglichen Anspruchs nichts festgestellt hat. Man darf doch nicht so theilen: erstens Geld gegeben, zweitens als Darlehen, — worauf dann das den Beklagten absolvirende Urtheil lauten müsste: erstens kein Geld gegeben, zweitens nicht als Darlehen.

Gegen solche Atomisirung müsste man entschieden protestiren; ausserdem beschäftigt sich die richterliche Feststellung mit nackten Thatsachen so wenig wie mit juristischen, abgelöst von den durch sie begründeten Rechtsansprüchen.

Ein anderes in neuerer Zeit mehrfach besprochenes Beispiel (s. besonders Keller L. C. S. 280, Buchka I S. 312, Savigny VI S. 452) ist folgendes: Bekanntlich entspringen aus einem Diebstahlsfaktum die *condictio furtiva* und die *actio furti*, zwi-

---

Thatsache gerade der ehelichen Zeugung des Kindes festgestellt. — Man kann auch fragen: welche juristische Verwerthung soll denn den durch das Urtheil angeblich „festgestellten Thatsachen" zukommen? Man setze: in einem Eigenthumsstreit hat sich der Richter überzeugt, dass Kläger usukapirt hat; es folgt Pronuntiation und Condemnation. Nun sagen die Gegner, durch das Urtheil sei festgestellt: „der Kläger hat usukapirt", — zu was soll nun diese „Feststellung" dienen: einem späteren unrechtmässigen Sachbesitzer könnte sie nicht entgegengehalten werden, und der jetzige hat durch die Condemnation bereits das Schlimmste erfahren, was ihm passiren konnte?

schen welchen Klagen keinerlei Consumtions-Verhältniss besteht, so dass also aus Litiscontestation und Urtheil über eine derselben weder die *exceptio rei in judicium deductae* noch *rei judicatae* gegen die andere entsteht.[72])

Diess wären also zwei Klagen aus einem Faktum auf verschiedene Objekte, oder Ansprüche, einem auf Rückgabe des Entwendeten und Leistung des vollen Interesses, einem andern auf das Doppelte, unter Umständen Vierfache des Werths (diess nach R. R.). Es liesse sich auch sagen: die Thatsache des Diebstahls begründet zwei verschiedene Rechtsverhältnisse, eines auf Forderung und Leistung von Entschädigung, das andere auf Forderung und Leistung von Strafe.[72a])

Die Verschiedenheit der beiden Prozesssachen (*alia res*) schliesst ebenso die Consumtion wie die *exceptio rei judicatae* aus.

Dass, wie Savigny l. aufstellt, „beiden Klagen dieselbe Rechtsfrage zum Grunde liegt", kann nicht zugegeben werden. Unter diesem, seiner Unbestimmtheit wegen, ohnehin schon abzulehnenden Ausdrucke (Brinz Pand. I S. 154) versteht Savigny l. S. 418 das „*eadem res*" der Quellen, auch die sog. „objektive Identität". Dass aber in unserem Falle Identität der *res* vorliegen soll, kann schon desshalb nicht angenommen werden, weil sich sonst der Ausschluss der Consumtion nicht erklären liesse.

Auch Keller's l. Ansicht kann nicht befriedigen. Nimmt auch er einerseits keine prozessualische Consumtion zwischen unseren Klagen an, so will er doch andererseits nach dem Urtheile über eine derselben die *exceptio rei judicatae* in ihrer positiven Funktion gegen die andere anwenden, diese also abweisen nicht weil überhaupt schon geurtheilt wurde, sondern wegen des Inhalts des Urtheils, weil „erkannt worden, der Beklagte habe nicht gestohlen".

Davon absehend, dass Verf. nicht annimmt, auch das Faktum sei Gegenstand einer „Entscheidung" im technischen Sinne, kann Keller's Begründung seiner Ansicht nicht beigestimmt werden.

---

72) Der Punkt ganzer oder theilweiser Befriedigung durch Solution in Folge einer dieser Klagen ist eine Frage für sich.

72a) Deutlich genug hierüber: l. 7 § 1, l. 8 pr., l. 10 § 2 D. 13, 1.

Keller stützt letztere auf l. 13 pr. D. 40, 12 und die Analogie des Eides.

Was zunächst l. 13 pr. cit. anlangt, welche lautet:

> *illud certum est, damnum hoc solum in hac in factum actione deduci, quod dolo, non etiam quod culpa factum sit. Ideoque licet absolutus hoc judicio fuerit, adhuc tamen postea cum eo poterit lege Aquilia agi, cum ea lege etiam culpa teneatur*
>
> (*Gaius ad Ed. Praetoris Urbani, tit. de liberali causa*)

so giebt hier Gaius dem Beschädigten zwei Klagen, die *actio in factum* und *L. Aquiliae*, erstere wegen dolosen, letztere wegen kulposen Schadens; hiebei sagt er, Absolution von der ersteren hindere die Anstellung der zweiten nicht.

Keller l. ist nun sehr karg mit seinem Raisonnement, warum die Stelle für seine Ansicht beweisen soll. Unter Zuhülfenahme eines späteren Satzes wird man seinen Gedankengang wohl am Richtigsten so errathen:

> „Wenn Gaius zuerst die *actio in factum* ausdrücklich auf *dolus* beschränkt und dann förmlich betont: desshalb kann *absolutione secuta* mit der anderen Klage noch immer wegen *culpa* geklagt werden, so geht doch hieraus der weitere Schluss hervor: gienge die *actio i. f.* auch auf *culpa*, so könnte nach absolutorischem Urtheile nicht mehr aquilisch geklagt werden, — also ist bewiesen, dass, da man doch hier ein einziges beschädigendes Faktum annehmen muss (Keller sagt sogar: eine und dieselbe *quaestio*), das absolutorische Urtheil nicht bloss den Anspruch trifft, sondern auch das schadenbringende Faktum."

Hiegegen ist nun zunächst darauf hinzuweisen, dass die Stelle gar nicht erkennen lässt, warum die Absolution erfolgte, ob desshalb, weil der Richter nur einen kulposen, und keinen dolosen Schaden gegeben fand, oder weil er sich überhaupt nicht von einer Beschädigung überzeugen konnte.[73]

---

73) In diesem letzteren Falle wäre die Stelle ein direkter Beweis für die Ansicht Verf.'s, dass das Erkenntniss nicht die Thatsachen, sondern

Sonach ist es immer misslich, auf ein so unsicheres Fundament einen so apodiktischen Satz zu bauen, wie Keller thut.

Ausserdem ist es nichts weniger, als „in die Augen leuchtend“, wie Keller meint, dass in unserem Falle *eadem quaestio* vorliege, mag man nun *quaestio* mit „Anspruch“, „Rechtsfrage“ oder „Rechtsverhältniss“ übersetzen.

Dieser Ansicht ist selbst Savigny l. S. 420 nicht, indem er bei Vorführung einiger Fälle von auf „verschiedenen Rechtsfragen“ beruhenden Klagen bemerkt: „Die Abweisung einer durch Dolus bedingten Klage hindert nicht die spätere Anstellung der Aquilischen Klage, weil diese schon durch blosse Culpa begründet werden kann. Hiebei beruft er sich dann ausdrücklich auf l. 13 pr. cit.

In der That scheint auch eine unbefangene Auffassung der Stelle zu ergeben, dass sie von einem Falle redet, in welchem der Beschädiger zu dem Beschädigten durch ein besonderes Rechtsverhältniss gebunden ist, wodurch die allgemeinen Verpflichtungen, in welchen *ex L. Aquilia* schon jeder Mensch zu dem anderen steht, natürlich nicht beseitigt werden. So erscheint es dann ganz selbstverständlich, dass man noch immer aquilisch klagen kann, wenn die Voraussetzungen für die strengere Klage nicht gegeben sind.[74])

Ein weiteres Argument für seine Ansicht schöpft Keller (u. A.) aus der in unserer Frage anwendbar sein sollenden Analogie des Eides, daher Keller die für die *exceptio jurisjurandi* geltenden Rechtsgrundsätze ohne weiteres auf die *exceptio rei judicatae* überträgt.

Gerade für die vorliegende Frage muss aber diese Analogie abgelehnt werden; nicht aber wegen Verschiedenheit der thatsächlichen Voraussetzungen, denn diess schlösse die Analogie nicht aus[75]), sondern weil der die Feststellung durch Eid leitende

---

nur die Ansprüche trifft. Wie könnte sonst Gaius dazu kommen, die aquilische Klage zu geben, nachdem in dem Urtheile über die *actio in factum* erkannt worden? Es liegt gar keine schadenbringende Handlung vor.

74) Windscheid Pand. § 455 n. 12.

75) Das Straf-G.-B. f. d. D. R. bestimmt § 299: „Wer einen verschlossenen Brief oder eine andere verschlossene Urkunde, die nicht zu seiner Kenntnissnahme bestimmt ist, vorsätzlich und unbefugter Weise eröffnet,

juristische Zweck ein anderer ist, als der bei Feststellung durch Urtheil massgebende. Gleichheit des juristischen Zwecks ist aber das Haupterforderniss für Anwendung der Analogie.

Der juristische Zweck des Eides geht nämlich immer auf Feststellung streitiger Thatsachen, daher er auch stets auf die Wahrheit oder Unwahrheit von Thatsachen verstellt ist.[76])

Das Urtheil dagegen hat, was auch die Gegner nicht läugnen können, den Hauptzweck festzustellen, ob ein von Einem gegen einen Anderen erhobener Anspruch bestehe, denn ohne Ansprüche kommt es ja überhaupt zu gar keinem Civilprozess. Es fragt sich eben nur, ob das Urtheil ausser den Ansprüchen auch die diesen zu Grunde gelegten Thatsachen feststelle? Zur Bejahung dieser Frage kann nicht auf den Eid verwiesen werden, weil das vermittelnde Glied zur Herüberziehung der für diesen geltenden Grundsätze fehlt.

Alle Quellenstellen, welche Keller anführt, l. 28 § 7, l. 13 § 2 (die glänzendste derselben), l. 42 § 3, l. 7 § 8, l. 10, l. 11 pr., l. 18 § 6 D. 12, 2, beweisen allerdings, dass durch den Eid eine Feststellung von Thatsachen erbracht wird, nichts aber dafür, dass diess auch für das Urtheil so sein müsse. Wenn Keller die Schlussworte der l. 28 § 7 cit. hervorhebt:

> „*et omnino hoc observandum est, licet per aliam actionem eadem quaestio moveatur, ut exceptio jurisjurandi locum habeat*" —,

---

wird — — — bestraft." Wenn nun Jemand unbefugt und vorsätzlich Einsicht in fremde, schon eröffnete Briefe nimmt, z. B. nachdem er sie aus der Tasche oder einem Portefeuille herauspraktícirt hat, — wird es hier wohl einen Anstand haben, solche Indiskretion nach § 299 zu behandeln, obwohl der Thatbestand ein anderer? Der juristische Zweck des Gesetzes ist doch nicht der, das Siegelerbrechen zu verhindern, sondern die widerrechtliche Einsichtnahme, daher die herausgehobene „Eröffnung des verschlossenen Briefes" nur einen exemplifikativen Werth haben kann.

76) Man wende nicht ein, der Eid könne auch auf Rechtsverhältnisse verstellt werden (worüber Savigny VII S. 60): Rechtsverhältnisse sind auch Thatsachen, aber Ansprüche sind keine Thatsachen; ja selbst wenn der Eid auf Ansprüche verstellt wird, was ja dem Deferenten frei steht, wie sollte hieraus ein Beweis genommen werden können, dass die Feststellung durch Urtheil auf Thatsachen geht? Mit demselben Rechte könnte man argumentiren: weil in gewissen Fällen der Depositar Eigenthümer der deponirten Sache werden kann, was beim Darlehen immer der Fall ist, so ist jeder Darlehensempfänger eigentlich ein Depositar.

so muss man fragen, ob dadurch schon bewiesen ist, dass die bei der *exceptio rei judicatae* entscheidende „*quaestio*“ dieselbe sei, wie die auf blosse Thatsachen gerichtete *quaestio* des Eides?

Wenn Windscheid Actio S. 101 sagt: die Uebertragung der Grundsätze der *exc. jurisjurandi* auf die *exc. rei jud.* beruhe darauf, „dass der Eid so gut wie das Urtheil eine Entscheidung des Rechtsstreits ist“, so steht dieser Ausspruch wohl in vollster Uebereinstimmung mit den Quellen, beweist diess aber schon, dass das Objekt der Entscheidung in beiden Fällen dasselbe ist, eben darum aber fragt sich's.

Betrachten wir die Stellen, worin die Quellen Gleichheit zwischen Eid und Urtheil annehmen, so finden sich allerlei solche Identitätspunkte aufgeführt, aber nichts über diese Frage.

So heisst es in l. 1 h. t., der Eid sei ein „*remedium expediendarum litium*“, durch welches „*deciduntur controversiae*“; l. 1 pr. D. 44, 5 sagt vom Eide: „*vicem rei judicatae obtinet*“, weil man durch die Eidesdelation den Delaten zu seinem Richter mache; l. 56 D. 42, 1 redet nur von Beendigung des Rechtsstreits durch Eid, und l. 13 D. 20, 6 stellt den das Nichtbestehen seiner angeblichen Verbindlichkeit beschworen Habenden gleich mit dem absolvirten Schuldner; nach l. 9 § 7 h. t. ferner wirkt der Eid, ebenso wie das Urtheil, nur unter den streitenden Partheien, und wie das Urtheil, so erzeugt auch der Eid eine *actio* und *exceptio*, worüber l. 11 § 1—§ 3 h. t. So auch noch l. 8 Cod. (4, 1) u. l. 42 § 3 D. (12, 2).

Trotz allem Diesem darf man aber doch nicht die in vielen Punkten bestehende Gleichheit zwischen Eid und Urtheil bis zu völliger Identificirung hinaufschrauben, und namentlich nicht aus dem beiderseitigen Zwecke einer herbeizuführenden endgültigen Feststellung auch auf Gleichheit des Objekts des Festgestellten schliessen.[76a])

76a) Vergl. z. B. l. 14 D. 37, 14: *si juravero me patronum esse, dicendum est, non esse me, quantum ad successionem, patronum; quia jusjurandum patronum non facit: aliter atque si patronum esse pronuntiatum sit; tunc enim sententia stabitur.* Ferner: unzweifelhafte Tilgung auch des naturalen Bestandtheils einer *obligatio* zu Folge abgeleisteten Eids, während die

Es giebt eine Reihe von Stellen, welchen man entnehmen könnte, dass die in denselben aufgeführte richterliche Feststellung keine Ansprüche zum Gegenstande habe, sondern nur Rechtsverhältnisse oder nackte Thatsachen. Unter jene Rubrik fallen Aussprüche wie z. B. *„judex declaravit fundum meum esse“* (l. 35 § 1 D. 6, 1), *„meam esse hereditatem pronuntiatum“* (l. 15 D. 44, 2), *„de jure servitutis pronuntiatum“* (l. 35 D. 19, 1), — unter die andere Rubrik, (scheinbar) nackte Thatsachen feststellend, gehören z. B. l. 47 § 1 D. 40, 4 (*si testamentum falsum fuerit pronuntiatum*), l. 26, D. 5, 2 (*si inofficiosum vel injustum testamentum pronuntiatur*). Eine genauere Prüfung dieser Stellen ergiebt, dass hier überall die Feststellung von Thatsachen oder Rechtsverhältnissen immer nur in Beziehung auf ganz bestimmte Ansprüche geschieht; hierüber aber ist ganz besonders zu vgl. Unger l. S. 622 und ebenda n. 15, und nur eine Stelle möge noch als direkter Beweis für die hier vertretene Ansicht herausgehoben werden: l. 1 § 16 D. 25, 3, welche lautet:

> *„plane, si denuntiante muliere negaverit ex se esse praegnatem, tametsi custodes non miserit, non evitabit quominus quaeratur, an ex eo mulier praegnas sit. Quae causa si fuerit acta apud judicem, et pronuntiaverit cum de hoc ageretur, quod ex eo praegnas fuerit nec ne, in ea causa esse ut agnosci debeat: sive filius non fuit, sive fuit, esse suum“*
> (*Ulp. lib.* 34 *ad Ed.*)

Deutlicher kann wohl nicht mehr auseinander gehalten werden, worauf es in jedem Rechtsstreite ankommt: auf die Untersuchung und Beurtheilung der kritischen Thatsachen (*quaeritur an ex eo praegnas sit, nec ne*), und die Entscheidung über den geltend gemachten Anspruch (*judex pronuntiavit, „ut agnosci debeat“*)!

Nun giebt es aber zwei Stellen, deren näherer Prüfung nicht aus dem Wege gegangen werden kann, ohne dem Vorwurf der

---

gleiche Wirkung beim Urtheil mindestens sehr anstreitbar ist: l. 40, l. 42 pr. D. 12, 2; l. 43 D. 12, 6; l. 95 § 4 D. 46, 3. Warum?: l. 2 D. 12, 2; l. 26 § 2 eodem.

Fahnenflüchtigkeit zu verfallen: l. 13 § 2 D. 12, 2 und l. 1 D. 44, 2.

Der hieher gehörige Theil der ersteren Stelle lautet:

idem Julianus scribit, eum, qui juravit furtum se non fecisse, videri de toto jurasse, atque ideo neque furti, neque condictitia tenetur: quia condictitia, inquit, solus fur tenetur.

(Ulp. lib. 22 ad Ed.)

Unzweifelhaft sagt die Stelle, dass wer geschworen, er habe den Diebstahl nicht begangen, weder auf Entschädigung noch Strafe verklagt werden könne, weil „*de toto*" geschworen worden,[77]) d. h. über den ganzen angeblichen Vorgang des Diebstahls, als Basis aller hierauf zu gründenden Ansprüche.

Die Conklusion, welche Windscheid Actio S. 102 an diese Stelle anreiht: „bleibt man bei der *exceptio rei judicatae* mit der *exceptio jurisjurandi* stehen, so ist durch diese Stelle bewiesen, dass die *exceptio rei judicatae* begründet sei, wenn auf Grund einer Thatsache, über welche als Grundlage eines Anspruchs früher abgeurtheilt worden ist, jetzt ein anderer erhoben wird", — ist an sich logisch richtig, aber man kann eben deren Obersatz nicht zugeben, solange nicht unzweifelhaft bewiesen ist, dass besagte Gleichstellung im Römischen Rechte wirklich *in omnibus et singulis* erfolgt sei; diess aber lässt sich nach dem z. Z. vorliegenden Quellenmaterial nicht beweisen. Wenn Windscheid l. S. 101, wie schon oben angeführt, die Uebertragung der Grundsätze der *exc. jurisjurandi* auf die *exc. r. judicatae* darum für gerechtfertigt erklärt, weil der Eid so gut wie das Urtheil eine Entscheidung des Rechtsstreits sei, so muss man immer wieder entgegenhalten, dass die Identität des Zweckes zweier Rechtsinstitute noch nichts für die Identität sämmtlicher beiderseits begründeten Rechtsfolgen beweist. So ist ge-

77) Derselbe Ausdruck findet sich in l. 27 § 6 D. 2, 14: *sed si stipulatus decem aut Stichum, de decem pactus sim, et petam Stichum aut decem: exceptionem pacti conventi in totum obstaturam;* später heisst es dann: *pacto quoque convento de una re non petenda interposito totam obligationem summoveri.* Nach dem gleichen Ausdruck auf das Urtheil angewendet, etwa: „*de toto* judicirt", hat Verf. vergeblich gesucht.

S. auch l. 31 D. 5, 1: „*totam rem, quae in priore judicio fuerit, deductam esse*". Nebenbei: l. 7 Dig. 12, 2 „*de tota re juratum*".

wiss die Herbeiführung der Streitbeendigung der Hauptzweck gerade der Rechtskraft, wie in gleicher Weise auch die vertragsmässige Beseitigung eines Rechtsstreits ganz denselben Zweck hat, daher auch ganz die nämlichen Regeln gelten, mag nun „die Beendigung eines Rechtsstreits durch rechtskräftiges Urtheil oder aber einen Vertrag herbeigeführt worden sein“ (Savigny Syst. VII S. 6), — sind aber darum das *pactum ne petatur* und das rechtskräftige Urtheil in allen Beziehungen identisch geworden?

Die zweite, oben schon angeführte Stelle, welche von Windscheid l. S. 103 zum ersten Male für die hier bestrittene Ansicht in's Feld geführt wird, ist l. 1 D. 44, 2 (Ulp. lib. 2 ad Ed.); sie lautet:

> *Cum res inter alios judicatae nullum aliis praejudicium faciant: ex eo testamento, ubi libertas data est, vel legato agi potest, licet ruptum, vel irritum, vel non justum dicatur testamentum; nec si superatus fuerit legatarius, praejudicium libertati fit.*

Mit dieser Stelle bringt Windscheid den ersten Satz der l. 22 *eodem* in Verbindung:

> *Si cum uno herede depositi actum sit, tamen et cum ceteris heredibus recte agetur, nec exceptio rei judicatae eis proderit: nam etsi eadem quaestio in omnibus judiciis vertitur, tamen personarum mutatio, cum quibus singulis suo nomine agitur, aliam atque aliam rem facit.* (Paulus lib. 31 ad Ed.)

Diese beiden Stellen verwerthet Windscheid für seine Ansicht mittelst des *arg. a contrario:*

> „wenn bloss die Verschiedenheit der Personen die *exceptio rei judicatae* ausschliesst, so muss sie objektiv begründet sein“, oder (Dasselbe):
>
> „wenn die Zulässigkeit der späteren Klage ihren Grund nur in der Verschiedenheit der Subjekte hat, so muss diese Klage durch den objektiven Bestand der Sache ausgeschlossen sein.“

Gegen die innere Schlüssigkeit dieser von Windscheid aus beiden Stellen gezogenen Conklusion ist nichts einzuwenden, wohl aber gegen deren Obersatz, mit welchem sie steht und fällt. Derselbe formulirt sich dahin:

> Die spätere Klage wird nur desswegen zugelassen, weil die Subjekte verschieden sind.

Hiegegen ist nun Verf. der Ansicht, dass in obigen Stellen die spätere Klage nicht bloss desshalb zugelassen wird, weil die Subjekte verschieden sind, sondern wegen der gleichzeitigen Verschiedenheit der *res* für jedes der klagberechtigten Subjekte. Das gegen einen derselben ergangene Urtheil erscheint daher für jeden andern Klagberechtigten als eine *res inter alios judicata,* aus welcher selbstverständlich eine *exc. rei jud.* gegen ihn nicht erwachsen kann.

Windscheid selbst sagt (S. 103): „es ist keine Wendung möglich, wodurch man sie (d. h. die in l. 1 cit. erwähnten Ansprüche) als Ansprüche erscheinen lassen könnte, mit denen *idem petitur.*"

Verwendet nun freilich Windscheid diese ganz unanstreitbare Auffassung in der seiner Ansicht günstigen Weise, so acceptirt sie doch Verf. *utiliter* für sein Raisonnement: eben weil hier nicht *idem petitur,* ja dazu noch Verschiedenheit der Klagberechtigten kommt, kann aus dem Urtheile gegen A die *exceptio rei judicatae* dem B nicht entgegengehalten werden.

Heben wir einen der in l. 1 cit. berührten Fälle aus: der Legatar A.[s] klagt auf sein Legat; er wird abgewiesen wegen Ungültigkeit des Testaments (Formfehler); nun macht der Sklave Stichus die ihm in demselben Testamente legirte Freiheit geltend; Ulpian erachtet diess für zulässig unter ausdrücklicher Hervorhebung des Umstandes, weil *„res inter alios judicatae nullum aliis praejudicium faciant"*. Anstatt dieses vom Juristen selber angegebenen Grundes zu substituiren: „nur weil Stichus ein Anderer als Aulus ist" erscheint in der That unzulässig.

Windscheid findet es auffallend, warum, da doch hier Identität der *quaestio* angenommen werden müsse, was nur „rein zufällig" nicht hervorgehoben sei, — „überhaupt die Frage aufgeworfen wird, ob das Urtheil über den einen Anspruch dem anderen *praejudicium* mache". Hierauf wäre zu erwidern, dass sich diese Frage aus dem möglichen Bedenken erklärt, ob denn nicht, eben wegen dieser Identität der *quaestio*, die richterliche Annahme der Ungültigkeit des Testaments bei Gelegenheit der Verhandlung über den Legaten-Anspruch jedem Anspruch entgegenstehe, welcher aus eben demselben Testamente abgeleitet werden wolle?

Da nun Ulpian dieses Bedenken abweist, so wäre, ist vorstehende Erklärung richtig, die l. 1 cit. sogar ein Beleg für die hier vertretene Ansicht, dass die Feststellung des gerichtlichen Urtheils nur die Ansprüche trifft, nicht aber die diesen zu Grunde gelegten Thatsachen.

Auch der l. 22 cit. kann eine Unterstützung der hier bestrittenen Ansicht nicht entnommen werden, denn auch hier muss geläugnet werden, dass bloss die Verschiedenheit der Personen die *exc. rei jud.* ausschliesst.

Der Fall ist einfach: von mehreren Erben eines Depositars klagt Deponent einen aus und wird abgewiesen. Nichtsdestoweniger kann Deponent gegen jeden beliebigen anderen Erben klagen, ohne die *exc. rei jud.* befürchten zu müssen, weil — sagt Paulus — trotz der Identität der *quaestio* die „*personarum mutatio, cum quibus singulis suo nomine agitur, aliam atque aliam rem facit.*"

Beide Glieder dieses Satzes sind richtig: die Identität der *quaestio* ergiebt sich aus der Identität des Restitutions-Anspruchs wegen einer und derselben Sache;

weil hier aber ein entschiedenes Solidar-Verhältniss vorliegt und jeder Erbe in seiner eigenen Solidarschuld verstrickt ist, so muss Verhandlung und Urtheil über die Solidarschuld des Einen für den Andern *alia res* sein.

Warum Deponent seinen ersten Prozess verlor, wird auch hier nicht gesagt, möglich ist daher: weil Kläger die Thatsache der Deponirung nicht beweisen konnte, — dann wäre abermals der Satz erhärtet, dass die richterliche Auffassung der thatsächlichen Voraussetzungen der Ansprüche von der Rechtskraft nicht getroffen wird. —

In gegenwärtiger Untersuchung über die Tragweite der Urtheils-Feststellung kommen wir nun zu dem zweiten der oben ausgeschiedenen Fälle, nämlich wenn es sich handelt um:

2. Rechtsansprüche, wobei die sie unmittelbar begründenden Thatsachen auf der Voraussetzung anderer Thatsachen beruhen.

Selbstverständlich kann auch hier wieder nur von juristischen Thatsachen die Rede sein; nach der näheren oder entfernteren Beziehung dieser Thatsachen zu der Begründung des Anspruchs nennt man sie unmittelbare oder mittelbare juristische Thatsachen. Als Beispiele für letztere mögen genügen: Verwandtschaft als Voraussetzung des Erbanspruchs *ab intestato*, Miteigenthum als solche des Anspruchs auf Theilung der angeblich gemeinschaftlichen Sache, das Eigenthum am herrschenden Grundstücke als Voraussetzung einer für dieses beanspruchten Servitut.

Halten wir uns an dieses letzte Beispiel, so gestaltet sich hier unsere Frage dahin: Kläger muss sein Eigenthum am herrschenden Grundstücke doch wenigstens anführen und wenn nun der mit der *actio confessoria* Belangte das Eigenthum Klägers am *praedium dominans* bestreitet, so bleibt dem Confessorienkläger zunächst nichts übrig, als nach rechtsgenügend erbrachtem Beweise seines Eigenthums einen richterlichen Ausspruch von dessen Bestehen zu provociren. Es fragt sich nun: Gilt jetzt Kläger dem Beklagten gegenüber in allen Beziehungen und allen künftig vorkommenden Fällen als Eigenthümer des fraglichen Grundstücks, so dass er sich, wann und so oft immer, mittelst einfacher Berufung auf den richterlichen Ausspruch, mit allen möglichen, aus einem rechtskräftigen Urtheile entspringenden Rechtsmitteln schützen kann?, — oder: Gilt Kläger dem Beklagten gegenüber nur in Beziehung auf den gegenwärtigen Servituten-Anspruch als Eigenthümer?

Verf. erklärt sich, unter Verneinung der ersten, für Bejahung der zweiten Frage.

Derselbe ist nämlich der Ueberzeugung, dass diese ganze Streitfrage ihre Lösung nur in der Verhandlungsmaxime finden kann und darf, hier aber auch vollständig findet. Lässt sich denn wohl der Satz bestreiten, dass die Tragweite des richterlichen Urtheils um keines Haares Breite weiter greifen kann, als die Absicht der Partheien bezüglich der Verwerthung reicht, welche sie den von ihnen vorgebrachten Rechtsbehauptungen geben wollen? Wie dann, wenn sich beweisen liesse, dass der Confessorienkläger gar nicht daran denkt, Eigenthumsansprüche gegen den Confessorienbeklagten zu erheben, und demgemäss auch nicht daran, gerade seine Eigenthums-Verhältnisse durch besonderen Richterspruch für alle Zeit gültig regeln zu lassen?

Betrachten wir nämlich die Partheivorbringen im Prozesse nach deren Zwecken, so ergiebt sich ein zweifacher Unterschied: entweder stehen sie in allernächster juristischer Beziehung zu den erhobenen Ansprüchen, welche sie geradezu begründen sollen, ja fallen eigentlich mit diesen zusammen, z. B. die Berufung auf Hingabe eines Darlehens, dessen Restitution verlangt wird, — oder sie sind zu solcher unmittelbarer Begründung weder bestimmt noch geeignet, und machen nur Umstände geltend, deren Vorhandensein die allgemeine Voraussetzung für die denkbare Entstehung jener Ansprüche bildet, deren wirkliches Entstandensein aber im konkreten Falle davon abhängt, dass die ihnen eigenen, genuinen Entstehungsmomente eingetreten sind. Jene allgemeinen Voraussetzungen haben also eigentlich einen präparatorischen Charakter für die juristische Zulässigkeit der erwähnten erst noch von besonderen Voraussetzungen abhängigen Specialansprüche: daher sind sie niemals Quelle unmittelbarer Ansprüche, niemals wird gerade ihrer wegen dem Gegner eine Leistung zugemuthet und dieser kondemnirt, sondern ihre Geltendmachung, welche für den wirklich erhobenen Anspruch gar nicht nothwendig war, und nur *per occasionem* der Art der Vertheidigung des Beklagten veranlasst wurde, bezweckt weiter nichts, als einen richterlichen Ausspruch herbeizuführen über das Dasein einer Vorbedingung dessen, worauf es der betreffenden Parthei eigentlich und allein ankommt.

Nun ergiebt aber eine unbefangene Betrachtung des obigen Servitutenstreits, dass Kläger hiebei von nichts weniger ausgieng, als gegen den Beklagten gerade Eigenthums-Ansprüche geltend zu machen, oder überhaupt eine Regulirung seines Eigenthums-Verhältnisses diesem gegenüber herbeizuführen, ja dass er diess selbst dann nicht bezweckt, nachdem ihm Beklagter diess Eigenthum bestritten hat, sondern mit dem von ihm zu führenden Eigenthums-Beweise nichts weiter beabsichtigt, als den Richter zu überzeugen dass er (Kläger) der rechte Confessorien-Kläger sei.

Kläger urgirt also sein Eigenthum nur für den Einzelzweck seines Servitutenanspruchs, und er urgirt es nicht *ab initio*, sondern weil er durch den Beklagten hiezu genöthigt war. Wie kann es da nun gerechtfertigt sein, solchem Gelegenheits-Vorbringen, wird es richterlich für wahr befunden, eine Wirkung beizulegen, auf welche es der dasselbe anführenden Parthei selbst gar nicht ankam?[77a])

In Consequenz dieser Auffassung ist also zu behaupten: der Confessorienkläger muss später, vorkommenden Falles, fragliches Grundstück vom Beklagten eigens vindiziren, ohne sich auf das frühere für ihn günstige Urtheil im Servitutenstreit berufen zu können, und ebenso würde einer etwaigen *vindicatio* des Beklagten keine *exceptio rei judicatae* aus jenem Urtheil entgegengesetzt werden können.

Setzen wir dagegen den Fall: früher habe der jetzige Confessorienkläger das Grundstück *ex professo* vindizirt und wäre abgewiesen worden: so würde seiner jetzigen Confessorienklage entschieden das frühere Urtheil entgegenstehen.

Betrachten wir aber nun diejenigen Quellenstellen, welche die hier bestrittene Ansicht für sich aufgeführt, ferner diejenigen, welche sie zu beseitigen gesucht hat.[78]) Vorher aber mögen einige andere Stellen kurz berührt werden, welche man in unserer Frage für relevant gehalten hat, jedoch mit Unrecht. Dass zunächst l. 15 § 4 D. 42, 1 gar nicht hieher passt und weder für die eine noch andere Ansicht angeführt werden kann, folgt schon aus den Ausführungen bei Buchka I S. 308 und Windscheid S. 99. Nicht anders steht es mit l. 5 § 8, § 9, § 18 D. 25, 3 und l. 10 D. 1, 6, welcher Stellen Unbeweisendheit schon daraus erhellt, dass es sich hier um streitige Alimente handelt, eine ihrer Natur nach so dringende Frage, dass hier der Richter nur ein „*summatim cognoscere*“ vorzunehmen braucht, woraus sich

---

77a) Auch der Beklagte bestreitet das klägerische Eigenthum nicht *ex professo*, weil vielleicht er Eigenthumsansprüche an die strittige Sache erhebt, sondern nur als privatrechtliche Voraussetzung des geltend gemachten konkreten Servituten-Anspruchs.

78) Literatur bei Unger l. S. 627; am Ausführlichsten für unsere Frage: Buchka l. I von Seite 300 an, dessen Ansicht auch vom Verf. vertreten wird; doch vertheidigt Buchka II. S. 168—S. 192 für das heutige Recht eine andere Auffassung. S. auch noch Windscheid Actio S. 88—104.

ohnehin schon ergiebt, dass die Gesichtspunkte der sonstigen richterlichen Entscheidungen nicht anwendbar sind. Auch l. 17 D. 44, 1 und l. 23 D. 44, 2 sind wegen ihrer allzu lakonischen Fassung von keinerlei entscheidender Bedeutung, weil sie nicht erkennen lassen, dass in den bezüglichen Fällen, ausser über den unmittelbar streitigen Anspruch, auch über andere Punkte als Voraussetzungen desselben gestritten worden ist.

Dagegen können folgende Stellen nicht ohne nähere Berücksichtigung bleiben, weil dieselben in unserer Controverse bald für die eine, bald andere Ansicht aufgeführt wurden; sie sind: l. 1 Cod. 3, 8 und l. 3 Cod. 3, 1 gegen Savigny (VI § 293), dann l. 7 § 4, § 5 D. 44, 2 und l. 33 § 1 D. 7, 1 für Savigny geltend gemacht.

a) Die l. 1 Cod. 3, 8 (Sever. und Antonin. 204) lautet:

„*Adite Praesidem Provinciae, et ruptum esse testamentum Fabii Praesentis, agnatione filii docete: neque enim impedit notionem ejus, quod status quaestio in cognitione vertitur, etsi super status causa cognoscere non possit: pertinet enim ad officium judicis, qui de hereditate cognoscit, universam incidentem quaestionem, quae in judicium devocatur, examinare: quoniam non de ea, sed de hereditate pronuntiat.*“

Verf. kann in dieser Stelle zunächst nichts weiteres finden, als den deklaratorischen Ausspruch der Kaiser über die Competenz des *praeses provinciae*: „wenn auch die *status quaestio* nicht in seiner Competenz liegt, so muss doch, wenn einmal eine solche Frage zur Beurtheilung des Ganzen gehört, eine Ausnahme gemacht werden, was hier um so mehr angeht, als ja der *praeses provinciae* nicht über die *status quaestio*, sondern die Erbschaft entscheidet.“

Eigentlich folgt also aus dieser Stelle nichts, weder gegen, noch für Savigny, daher sich dieser die gekünstelte Auslegung derselben (l. S. 442) hätte ersparen können; ausserdem s. noch Windscheid l. S. 90. Nicht anders steht es mit l. 3 C. cit. (Alexand. 225):

„*Quoties quaestio status bonorum disceptationi concurrit: nihil prohibet, quo magis apud eum quoque, qui alioquin super causa status cognoscere non possit, disceptatio terminetur."*

S. über diese Stellen noch Planck, Mehrheit etc. S. 60 — S. 62.

b) Für Savigny sind geltend gemacht worden: l. 7 § 4, § 5 D. 44, 2 und l. 33 § 1 D. 7, 1.

α) l. 7 § 4, § 5 (Ulp. lib. 75 ad Ed.) lautet:

§ 4. *Et generaliter ut Julianus definit, exceptio rei judicatae obstat, quoties inter easdem personas eadem quaestio revocatur vel alio genere judicii. Et ideo, si hereditate petita singulas res petat, vel singulis rebus petitis hereditatem petat, exceptione summovebitur.*

§ 5. *Idem erit probandum et si quis debitum petierit a debitore hereditario, deinde hereditatem petat, vel contra, si ante hereditatem petierit et postea debitum petat, nam et hic obstabit exceptio: nam cum hereditatem peto, et corpora et actiones omnes quae in hereditate sunt, videntur in petitionem deduci.*

Savigny (VI 393 n. l.) hält nun obige Stelle für „eine der klarsten" über die Auffassung, welche die römischen Juristen von der Wirkung der Rechtskraft gehabt hätten: dass nämlich das Römische Recht die Rechtskraft nicht bloss auf die unmittelbare Entscheidung selbst beziehe, sondern auch auf die „Präjudizialpunkte", wozu Savigny auch den sog. „Legitimationspunkt" rechnet.

Nach Savigny soll nämlich der Beweisgrund der Stelle in der hier ausgesprochenen Abweisung der zweiten Klage liegen, weil das mit derselben verfolgte Recht früher die durch rechtskräftiges Urtheil abgesprochene Voraussetzung eines andern Anspruchs gewesen sei. Nun hat aber Windscheid, Actio S. 92, S. 93 die entschiedene Irrigkeit dieser Auffassung zweifellos erwiesen: es ist nicht richtig, dass Dasjenige, was (nach der Stelle) im zweiten Prozess gefordert wird, früher die (abgesprochene) Voraussetzung eines andern Anspruchs gewesen, nicht richtig also Savigny's Annahme, durch die Abweisung der zweiten Klage sei bewiesen, dass die frühere rechtskräftige Entscheidung nicht bloss den bezüglichen Anspruch getroffen habe, sondern auch dessen Voraussetzung, und endlich nicht richtig, dass hier eine allgemeine Regel niedergelegt sei.

In der That auch, liest man die obige Stelle unbefangen und aufmerksam durch, so ergiebt sich, dass es sich in den beiden sukzessiven Prozessen, wovon die Rede ist, gar nicht davon handelt, dass der geltend gemachte Anspruch des zweiten Prozesses die Voraussetzung des Anspruchs im ersten Prozesse war, — sondern dass es sich in beiden Prozessen ganz um dasselbe Recht handelt, welches zuerst auf einen Theil, oder einen Ausfluss desselben geltend gemacht worden war, dann aber in seinem ganzen Umfange, — oder umgekehrt. Das klägerische Erbrecht musste ja immer zur Sprache gebracht werden, gleichgültig ob der konkret erhobene Anspruch auf das Ganze gerichtet war, oder einen Theil, oder eine einzelne Sache als *res hereditaria*. Da nun in beiden Prozessen immer *idem jus* verfolgt wird, so folgt, dass wenn dieses im ersten Prozesse, wenn gleich unter Confinirung desselben auf einen einzelnen Ausfluss, abgesprochen wurde, jeder erneuten Geltendmachung desselben gleichviel in welchem Umfange, die *exceptio rei judicatae* entgegenstehen muss.

β) Die zweite der oben allegirten Stellen ist l. 33 § 1 Dig. (7, 1) (Papinian. libro 7 quaest.), auf welche erst Windscheid l. S. 98. als ein „gewichtiges Argument" für die Savigny'sche Ansicht von der Rechtskraft der objektiven Entscheidungsgründe aufmerksam gemacht hat. Sie lautet:

> *usumfructum in quibusdam casibus non partis effectum obtinere convenit. Unde si fundi vel fructus portio petatur, et absolutione secuta postea pars altera quae adcrevit vindicetur, in lite quidem proprietatis judicatae rei exceptionem obstare, in fructus vero non obstare, scribit Julianus: quoniam portio fundi velut alluvio portioni, fructus personae adcresceret.*

Papinian sagt also hier mit Berufung auf Julianus: nicht überall werde der Niessbrauch juristisch als Theil des Eigenthums behandelt: wer nämlich einmal mit der auf einen Theil einer Sache gerichteten Eigenthumsklage abgewiesen worden, der könne einen andern Theil auch nicht mehr auf Grund des Anwachsungsrechts beanspruchen, wohl aber wenn es sich nicht um Eigenthums-, sondern um Theile des Niessbrauchs handle.

Ueber den Grund der Abweisung im ersten Prozesse schweigt die Stelle.

Dieser Grund kann nun ein zweifacher sein: entweder erfolgte die Abweisung, weil das dem früher geltend gemachten Theilanspruche unterstellte Recht (hier Legatenrecht) als nicht begründet erkannt wurde, oder weil sich herausstellte, dass dasselbe wieder verloren gegangen sei.

Läge das erste Glied dieser Alternative vor, so könnten zweifelsohne (wie auch Windscheid annimmt) auch die neuen auf das Accrescenzrecht gebauten Ansprüche in keinem unserer Fälle Gehör finden, denn wo nichts ist, kann auch nichts hinzukommen, sowenig als man von Alluvion reden könnte ohne das Vorhandensein von festem Boden zur Aufnahme des „*paulatim*" Zugeführten.

Sonach sind wir auf die Annahme verwiesen, Papinian habe sich den Fall gedacht, die frühere Abweisung des Klägers sei wegen befundenen Wiederverlusts des schon erworben gewesenen Eigenthums- bzw. Niessbrauchsrechts erfolgt, und jetzt wolle ein anderer Theil desselben auf Grund des Anwachsungsrechts beansprucht werden.

Für diese Constellation statuirt nun Papinian einen Unterschied in der Behandlung unserer beiden Fälle, indem er die besondere Natur des Niessbrauchsrechts zu Gunsten des Niessbrauchs-Legatars entscheiden lässt; hiernach erscheint es dann gleichgültig, ob derselbe noch die frühere Portion besitzt oder nicht, denn *fructus portio non portioni, sed personae adcrescit,* und „*et constitutus (ususfructus), et postea amissus, nihilominus jus adcrescendi admittit*" (l. 1 § 3 D. 7, 2), oder nach l. 10 *eodem:* „*ususfructus personae adcrescit, etsi fuerit amissus*", womit noch zu vergleichen l. 14 § 1 D. 44, 2. M. a. W.: Wer seinen Eigenthumsantheil verloren, hat hiemit auch die Möglichkeit eines Accrescenz-Erwerbs eingebüsst, während es für den Erwerb eines accrescirenden Niessbrauchstheils nicht auf den noch vorhandenen Besitz eines früher erworbenen ankommt.

Verf. muss gestehen, dass er die behauptete Schlüssigkeit der l. 33 § 1 cit. für die Savigny'sche Ansicht nicht einsehen kann.

Windscheid l. stellt nämlich auf: in unserem Falle des Eigenthums-Vermächtnisses werde die *exceptio rei judicatae* desswegen gegeben, weil „über ein Recht abgeurtheilt worden, welches die Voraussetzung des jetzt geltend gemachten" sei.

Diese Auffassung erscheint dem Verf. nicht plausibel.

Zunächst könnte man fragen: warum soll beim Ususfrukt etwas Anderes gelten, warum nennt Windscheid nicht auch den früher erworbenen Niessbrauchstheil „Voraussetzung" des jetzt geltend gemachten? Das Wesen des Niessbrauchs lässt einen Grund zu solcher Andersbehandlung nicht erkennen. Wäre aber wirklich jener Gesichtspunkt der „Voraussetzung" zutreffend, wo wir ihn dann auch für den Fall eines später verlangten Niessbrauchstheils nicht ablehnen könnten, dann wäre er offenbar stärker, als der Satz *„usus fructus personae adcrescit, non portioni"* und die Entscheidung Papinian's wäre falsch.

Gegen diese Theorie von der „Voraussetzung" liesse sich aber noch ein anderes Argument aufführen.

Man könnte nämlich fragen: „wird denn in den beiden Fällen unserer Stelle nicht *„idem jus"* (l. 13 D. 44, 2) geltend gemacht? Ist es dann nicht ganz natürlich, dass Derjenige, welchem sein Recht bei Gelegenheit einer nur theilweisen Geltendmachung desselben abgesprochen worden ist, auf Abweisung stossen muss, wenn er dasselbe Recht wieder hervorzieht, um es nach anderer Richtung hin geltend zu machen?

Auf diese Fragen ist zu antworten:

Allerdings ist das die ursprüngliche, wie die accrescirende Portion begründende Recht ein und dasselbe, was wohl keines besonderen Beweises mehr bedarf, nachdem man längst darüber einig ist, dass die Accrescenz nicht unter den Gesichtspunkt eines Neuerwerbs zu stellen ist, sondern eines Behaltungsrechts von etwas schon Erworbenem (negativ ausgedrückt: *jus non decrescendi*). Daher verlangt der Eigenthums-Legatar die accrescirende Portion nicht desswegen, weil er schon einen Theil des Legats hat, sondern weil er überhaupt Legatar ist. Sonach ist die ursprüngliche Portion keine Voraussetzung des Rechts auf die accrescirende, und steht zu dieser nicht in dem Verhältnisse wie z. B. das Eigenthum am herrschenden Grundstücke zu der für dasselbe beanspruchten Servitut.

Das Recht auf die accrescirende Portion ist nichts als ein Ausfluss desselben Rechts, worauf schon die ursprüngliche beruht, und gerade dieser Umstand nöthigt uns zur Annahme, Papinian könne sich unmöglich gedacht haben, die Abweisung im ersten Prozesse sei wegen Nichtbegründetheit des Legatenrechts erfolgt, denn dann könnte auch keine Rede mehr sein von Accrescenz eines Theils des (nicht existirenden) Niessbrauchsrechts. Wir sind also auf die Annahme verwiesen, dass sich im ersten Prozesse Wiederverlust des erworbenen Legatenrechts herausgestellt hat. Die Entscheidung würde in beiden Fällen gleich sein, wenn nicht bei dem Rechtsverhältnisse des Niessbrauchs das besondere Recht bestünde, dass ein Theil des Niessbrauchs auch Demjenigen accresciren kann, welcher seinen ursprünglichen Antheil verloren hat.

Es folgt daher schliesslich aus allem Obigen, dass die l. 33 § 1 cit. zur Unterstützung der angeführten Savigny'schen Ansicht nicht angeführt werden kann. —

Wenn es sich nun darum fragt, welche Theile des Urtheils rechtskräftig werden, welche nicht, so kann Verf. nur erwiedern:

Rechtskräftig im Sinne einer für alle Zeiten und alle möglichen späteren Fälle endgültig feststehenden Regelung, wird nur die richterliche Entscheidung der vom Kläger zur Contestation gebrachten, auf Verurtheilung des Beklagten gerichteten Ansprüche.

Nicht rechtskräftig dagegen wird der richterliche Ausspruch über blosse Thatsachen, mögen sie nun die geltend gemachten Ansprüche unmittelbar begründen, oder nur die entfernteren Voraussetzungen derselben bilden.

Nur dann aber würde der richterliche Ausspruch über solche entfernter liegende Thatsachen rechtskräftig, wenn schon über ihr Dasein förmlich gestritten und richterlich entschieden worden wäre; hier aber wirkt die dann entstehende Rechtskraft nicht über den gegenwärtigen Streitfall hinaus. —

II. Eine Erörterung über den Urtheilsinhalt kann die Frage nicht übergehen, in welchem Verhältnisse die Rechtskraft zu dem, Gegenansprüche des Beklagten betreffenden Urtheilsinhalt steht.

Vorher aber muss geprüft werden, ob zur Zeit des Formularprozesses etwa auch die rechtliche Lage des Beklagten von der prozessualischen Consumtion berührt wurde.

1. Erstreckte sich die prozessualische Consumtion auch auf den Beklagten?

Der Sinn dieser Frage kann nur der sein, ob die den Kläger regelmässig treffende Regel „*bis*“ etc. auch klagbare Rechtsverhältnisse des Beklagten, welche derselbe zu seiner Vertheidigung geltend machte, ergriff.

Diese Fassung der Frage schliesst schon von vornherein jede Vertheidigung des Beklagten aus, welche besteht: entweder in der Abläugnung der klägerischen *Intentio*, oder in dem Vorbringen von *exceptiones*, deren Fundament nur einredeweise benutzt werden kann, z. B. die *exc. pacti de non petendo*, oder solcher *exceptiones*, deren Grundlage wohl mittelst Klage geltend gemacht werden könnte, aber vom Beklagten ausschliesslich einredeweise verwerthet wurde, z. B. die *exceptio doli*.

Demnach kann es sich hier nur um den Fall handeln, wenn der Beklagte selbständig klagbare Rechtsverhältnisse ohne alle Beschränkung wider die Klage aufgeführt hat, z. B. eine Compensationsforderung.

Unsere ganze Frage der etwaigen Ausdehnung der Consumtionsregel auch auf den Beklagten wurde *ex professo* erst von Liebe, Stipulation § 19 in Erörterung gezogen, dessen unbedingt bejahende Ansicht jedoch die Zustimmung der Fachgenossen nicht erhalten hat.

Liebe l. stellte den Satz auf: Aus einem zweiseitigen Geschäfte deduzirt und konsumirt die von einer Seite erhobene Klage auch sämmtliche aus demselben Geschäfte hervorgehende Ansprüche des Beklagten, — nach Liebe l. eine nothwendige Folge davon, dass durch die Klage des einen Contrahenten das gesammte gegenseitige Rechtsverhältniss der Partheien zum Gegenstande der richterlichen Cognition gemacht werde.

Diese Ansicht widerspricht aber nun nicht allein den unzweifelhaftesten Grundsätzen des römischen Prozesses über die volle Unabhängigkeit der aus wesentlich zweiseitigen Geschäften hervorgehenden beiderseitigen Klagen, sondern sie beruht auch auf einer irrigen Auffassung der sog. synallagmatischen Geschäfte. Während nämlich deren Wesen anerkanntermassen gerade darin beruht, dass sie zwei gegenseitige Obligationen enthalten, werden sie (freilich nach dem Vorgange von Keller L.C. § 33) von Liebe willkürlich unifizirt, eine „Einheit der mehrgliedrigen Obligation“ aufgestellt, und nun aus dieser (S. 252) die Folgerung gezogen, dass „auch die Berechtigungen des Beklagten durch die L.C. in dem vom Kläger erhobenen Prozesse *in judicium* deduzirt und konsumirt werden.“

Buchka Einfluss I S. 45 — S. 58, dazu II S. 201 — S. 207 hat diese Liebe'sche Theorie einer eingehenden Untersuchung und Widerlegung unterzogen.

In neuester Zeit hat sich wieder Bekker Cons. § 10 mit der Frage nach der Möglichkeit einer auch den Beklagten treffenden Consumtion beschäftigt. Vertritt nun auch Bekker eine solche, so nimmt er dieselbe, anders als Liebe, nur unter ganz besonderen Umständen an.

Vor Allem nämlich setzt Bekker voraus, dass es sich um ein Verfahren handeln müsse, in welchem Beklagter wenigstens die Möglichkeit habe, seine Ansprüche zu realisiren, und zweitens dürfe auch die Regel nicht verletzt werden, dass eine Klage nie zur Verurtheilung des Klägers führen könne.

Diess vorausgesetzt bezieht Bekker auch auf den Beklagten die Consumtion, wenn „entweder die Klage eine vollkommen zweiseitige (*duplex actio*) ist, bei der Beklagter zugleich als Kläger und der Kläger als Beklagter auftritt, oder wenn die Wirksamkeit der Ansprüche des Beklagten darauf beschränkt bleiben soll, die klägerischen Forderungen zu entkräften, und daher diese Ansprüche des Beklagten schon durch die Freisprechung erfüllt sein müssen.“

Was nun zunächst die *actiones duplices* betrifft, nämlich die drei Theilungsklagen und die prohibitorischen Interdikte, so findet es Bekker unzweifelhaft, dass wo sich dieselben auf bestimmte Ansprüche bezogen, diese konsumirt wurden.

Abgesehen davon, dass Verf. eine Consumtion gerade der Ansprüche nicht annimmt, dürfte hier gegen Bekker einzuwenden sein, dass da bei den *actiones duplices* die Partheirollen bekanntlich nicht verschieden, sondern beiderseitig gleich sind, was selbstverständlich auch Bekker S. 121 anerkennt, die Consumtion hier den Beklagten wegen der von ihm selbst gestellten (Gegen-) *actio* trifft, also nicht wegen der *actio* des (Vor-)Klägers; letzteres beweisen auch nicht die von Bekker S. 122 angeführten Stellen. Aus allem diesem erhellt, dass den *actiones duplices* ein Argument für die Liebe-Bekker'sche Theorie nicht entnommen werden kann. –

Das zweite Glied obiger Bekker'schen Alternative lautete: der Beklagte will weiter nichts, als Entkräftung der klägerischen Forderung, ein Ziel, welches schon durch einfache Freisprechung erreicht wird.

Nachdem Bekker zunächst Liebe's Behauptung, bei zweiseitigen Geschäften würden durch die von einer Seite erhobene Klage alle Ansprüche des Beklagten *in judicium* deduzirt und konsumirt, – eine Ansicht, welcher schon Buchka, Einfluss § 2 S. 45 – S. 58, eine weitläufigere Untersuchung, bzw. Widerlegung hat zu Theil werden lassen, als sie verdient – in ihren geradezu unerträglichen praktischen Consequenzen aufgewiesen, wendet sich Bekker zur Prüfung der Frage, inwieferne bei den übrigen *bonae fidei actiones* der Beklagte von der Consumtion getroffen worden sei.

Bekker kommt hier auf den Satz, dass nur was wirklich zur Compensation gestellt und von dem Richter geprüft worden, als konsumirt gelte, gleichviel übrigens ob der Richter die Forderung aufgerechnet oder aberkannt hat; dass aber dagegen Alles, was gar nicht in die *compensationis ratio* gezogen worden, immer noch später eingeklagt werden könne, wie ebenso die Ansprüche des Beklagten in soweit sie die des Klägers übersteigen.

Es ist nur Consequenz dieses Satzes, wenn Bekker die der *actio hypothecaria* des Pfandgläubigers entgegengesetzte *exceptio rei sibi ante pignoratae* des Pfandbesitzers, bzw. die richterliche „Untersuchung über den betreffenden Anspruch des Beklagten" (S. 127) auch als *actio* über den betreffenden Anspruch des Beklagten prädicirt und ihn konsumiren lässt.[79]).

Verf. gesteht, dass er sich mit der durch kein einziges unzweifelhaftes Quellenzeugniss unterstützten Vorstellung, die *actio* des Klägers, oder die richterliche Untersuchung über die *exceptio*,

---

79) Eine andere Anwendung: Bekker l. S. 128.

seien als *actio* über die Ansprüche des Beklagten aufzufassen, in keiner Weise befreunden kann. Auch könnte man nicht umhin, dem Satze: „als *actio* gilt der die Klagforderung deckende Theil der Compensations-Forderung, der jene überschiessende aber nicht mehr," den Vorwurf einer Zwitterschöpfung zu machen, welche mit den anerkanntesten Consumtions-Wirkungen — nämlich Totalconsumtion, gegen welche besonders die Präskriptionen in's Feld geführt wurden — in schneidendstem Widerspruche steht. Uebrigens hat schon Krüger, Consumtion S. 143 — S. 147, gegen obige hier abgelehnte Lehre die durchschlagendsten Gründe aufgeführt, welchen in der Hauptsache nichts mehr zuzusetzen ist, daher der Gedanke an eine Ausdehnung der den Kläger treffenden Consumtion auf den Beklagten wohl aufgegeben werden muss.

Wir gelangen nun zu der Frage:

2. In welchem Verhältnisse steht die Rechtskraft zu dem, Gegenansprüche des Beklagten betreffenden Urtheils-Inhalte?

Was nun zunächst den Sinn dieser Frage betrifft, so gäbe die unterscheidungslose Erwiederung: jeder Beklagte mache den Anspruch, von der Klage entbunden zu werden, — keinen genügenden Aufschluss, denn jenes allgemeine Verlangen kann in der verschiedensten Weise geltend gemacht werden. Der Beklagte kann nämlich:

Die Begründung der Klage wegen Mangels der erforderlichen rechtlichen oder thatsächlichen Voraussetzungen verneinen;

den Eintritt eines Vernichtungsgrunds des einmal entstandenen klägerischen Rechts behaupten (z. B. Zahlung);

ein ihm, Beklagten, zustehendes besonderes Recht geltend machen, welches die Durchführung der an sich sonst begründeten Klage ausschliesst (Exception);

endlich dem eingeklagten Recht das gleiche, oder ein stärkeres Recht entgegensetzen, z. B. *exceptio dominii, exceptio rei sibi ante pignoratae,* oder der vom Testamentserben belangte X. verweigert die Herausgabe des Nachlasses wegen eigenen Erbrechts aus einem angeblich neueren Testamente.

Nur mit der letzten dieser Vertheidigungs-Arten ist ein Gegenanspruch im Sinne obiger Frage immer verbunden, während er bei der mittelst Exceptionen nur möglich ist.

Es handelt sich hier nämlich darum: der Beklagte verlangt für sich selbst die richterliche Zusprechung irgend eines materiellen Rechts, z. B. dass er selbst Eigenthümer sei, dass er ein besseres Pfandrecht habe; m. a. W.: der Beklagte bringt Ansprüche vor, welche auch davon abgesehen, dass sie jetzt im Gewande einer Einrede erscheinen, selbständig bestehen könnten. Hiebei ist jedoch immer festzuhalten, dass Beklagter diese Ansprüche nur zum Zwecke seiner Vertheidigung, also der Entbindung von der Klage geltend macht, und sich daher wesentlich von einem Widerkläger unterscheidet, dessen Ziel auch auf Verurtheilung seines Gegners geht. In vorliegendem Falle aber will der Beklagte nichts als Anerkennung seines (Gegen-)Rechts zum Zwecke der Abweisung des Klägers.

Demungeachtet darf andererseits nicht übersehen werden, dass mit dem Vorbringen solcher Gegenansprüche zugleich das Verlangen verbunden ist, der Richter möge über dieselben (mit-) entscheiden. Die Frage ist aber: wie weit soll die Wirkung solcher Entscheidung reichen; soll der Gegenanspruch des Beklagten nur für den gegenwärtigen Rechtsstreit als festgestellt gelten, oder in seiner selbständigen Grundlage als für alle Zeiten und alle möglichen späteren Verwendungen für endgültig geordnet angenommen werden?

Dem Verf. ist es nicht im Mindesten zweifelhaft, dass hier der nämliche Grundsatz leiten muss, welcher oben unter I 2 bezüglich der den Klaganspruch begründenden mittelbaren Thatsachen als massgebend erachtet wurde.

Es ist nämlich gar nicht abzusehen, warum nicht auch hier die letzte Lösung unserer Frage in der Verhandlungsmaxime zu suchen sein soll.

Herrscher des gesprochenen, wie ungesprochenen Worts, ist es nicht der Richter, sondern nur der Streittheil, dessen Absicht die Tragweite seines Vorbringens bestimmt. Beabsichtigt die Partei, ihren Gegenanspruch nur defensiv und nur für diesen Prozess zu verwenden, so würde es einem richterlichen Urtheil mit der Wirkung endgültiger, über vorliegenden Streitfall hinausreichender Erledigung des vorgebrachten Gegenanspruchs an aller und jeder Berechtigung fehlen.

Man nehme z. B. nachstehende Streitverwickelungen:

A tritt gegen B, welcher den Gutskomplex X *titulo hereditario* besitzt, mit der *hereditatis petitio* auf; B erweist sein besseres Erbrecht, etwa wegen näherer Verwandtschaft mit dem Erblasser, und A wird abgewiesen. Später findet umgekehrt B den A im Erbschaftsbesitz eines anderen Theils desselben Nachlasses. Hier kann doch gewiss keine Rede davon sein, dass B auf Herausgabe dieses Nachlasstheiles gegen A sofort mit der Judikatsklage aus dem Urtheile des früheren Prozesses vorgehen könnte, vielmehr muss B sein Erbrecht, bzw. besseres Erbrecht gegenüber dem A von Neuem beweisen.

Setze man ferner: Der wegen des durch B bewiesenen besseren Erbrechts mit der *hereditatis petitio* abgewiesene A findet den B im Erbschaftsbesitz eines von dem früher strittig gewesenen verschiedenen Theiles desselben Nachlasses, und tritt gegen ihn, ungeachtet der früher erfahrenen Abweisung, abermals mit der *h. p.* auf. Es ist kein Zweifel, dass dem B die *exceptio rei judicatae* aus dem Urtheile des früheren Prozesses entschieden versagt werden müsste.

Es erscheint unmöglich, vorstehende Fälle anders zu entscheiden, als hier geschehen, wenn man sich die so verschiedenen Absichten der beiden Streittheile auch nur einen Augenblick vergegenwärtigt: während nämlich der Kläger stets einen endgültigen Austrag seiner Differenz mit dem Beklagten, sowie dessen Verurtheilung herbeiführen will, bleibt der sich nur vertheidigen wollende Beklagte an Intensität seiner Ziele immer weit hinter dem Kläger zurück; ja selbst in dem intensivsten Falle seiner Vertheidigung, nämlich wenn er Gegenansprüche erhebt, eigene Rechte entgegenstellt, erstrebt er doch niemals etwas Weiteres, als Befreiung von dem Anspruche des Klägers. Geht er aber über dieses Ziel hinaus, will er seine Gegenansprüche mit derselben äussersten Schärfe wie der Kläger geltend machen, mit demselben Entschlusse ihrer kräftigsten Durchführung, so hört er sofort auf, nur Beklagter zu sein, und wird selber Kläger — Widerkläger. Wer aber, wie in obigem

Beispiele, einen Erbanspruch nur gelegentlich, nur im Drange der Umstände und nur für ein begrenztes einzelnes Ziel vorbringt, ein Solcher kann doch nimmermehr mit Demjenigen rechtlich identifizirt werden, welcher einen Erbanspruch *ex professo* und angriffsweise erhebt und das bestimmteste Verlangen auf Herausgabe der Erbschaft stellt. Ganz entsprechend kann daher auch das Urtheil, soweit es sich auf einen derartigen von dem Beklagten erhobenen Gegenanspruch bezieht, nicht weiter greifen, als bis zur Bestimmung einer Negative. Wird nämlich der Gegenanspruch des Beklagten begründet befunden, so enthält das Urtheil die Negative, dass es nicht zur Verurtheilung des Beklagten komme, wenn nicht anerkannt, so erhellt die Negative von selbst.

Allem Vorstehenden gegenüber muss aber um so mehr ausdrücklich hervorgehoben werden, dass das richterliche Urtheil über den Klaganspruch mittelbar eine endgültige Entscheidung über den betreffenden Gegenanspruch des Beklagten herbeiführen kann.

Wann diess aber stattfindet, ist ausschliesslich eine Frage des materiellen Rechts, im Besondern des materiellen Inhalts des Urtheils.

Auch das gerichtliche Urtheil kann keine inneren Unmöglichkeiten, keine Unverträglichkeiten enthalten. Volle Anerkennung des klägerischen Eigenthums schliesst darum von selbst Eigenthum beim Beklagten aus, oder wenn der Kläger die Frage der Priorität des Pfandrechts ausdrücklich zur eigentlichen Streitfrage gemacht hätte, so versteht sich wohl von selbst, dass mit Entscheidung dieser Frage zugleich über die Stellung des Pfandrechts des Beklagten entschieden ist. Hier zeigt sich wohl recht deutlich der Unterschied zwischen dem Falle, wenn die Frage des besseren Pfandrechts vom Beklagten nur gelegenheitlich zum Zwecke seiner Loszählung von der Klage hereingezogen, oder wenn dieselbe ausdrücklich zum eigentlichen Streitpunkte gemacht wird. Dort wird der sachfällige Kläger nur abgewiesen wegen Nichtbeweises seines bessern Pfandrechts, hier aber kommt es auf die ganze Regulirung des Pfandverhältnisses der Partheien zur strittigen Sache an. Wird daher zu Gunsten des Klägers erkannt, so ist zugleich über die Rangstellung des Pfandrechts des Beklagten endgültig entschieden, und die *exceptio rei judicatae* gegen ihn begründet.[79a])

Eine gewichtige Unterstützung findet vorstehende Entscheidung obiger Frage in den Ausführungen Unger's[80]), welche namentlich gegen Savigny's (Syst. VI § 291) bekannte und gewiss zu weit gehende Annahme des Umfangs der Entscheidungsgründe gerichtet sind. Nur der Weg ist verschieden, auf welchem Unger zu den gleichen Resultaten wie Verf. gelangt. Während nämlich Verf. die letzte Lösung der Frage in der Verhandlungs-Maxime findet, schöpft Unger diese Lösung vorwiegend aus der Interpretation des materiellen Urtheilsinhalts, sowie einer richtigen Unterscheidung zwischen blossem Grunde und Dispositive.

Auch für obigen Satz, dass das Urtheil keine inneren Widersprüche enthalten darf, können Unger's Erörterungen S. 637 zu d als Bekräftigung angeführt werden. Aus diesem Satze folgt namentlich, dass wenn die klägerische Forderung ungeachtet erhobenen und zum Austrag gekommenen Compensationsanspruchs in vollem Umfange richterlich anerkannt wurde, die Gegenforderung des Beklagten endgültig erledigt ist und ihre etwaige spätere Geltendmachung auf die *exceptio rei judicatae* stossen müsste. Hieher l. 8 § 2 D. 3, 5; l. 7 § 1 D. 16, 2; l. 1 § 4 D. 27, 4. Nur muss aber eine wirkliche materielle Entscheidung vorliegen: l. 7 Cod. 7, 45 (Dioclet. et Maximian.).

Als Schlussresultat des Seitherigen ergeben sich nun die Sätze:

a) Die volle Anerkennung des Klaganspruchs enthält eine rechtskräftige, endgültige Aberkennung der geltend gemachten und mit demselben materiell unverträglichen Gegenansprüche des Beklagten;

b) Die Abweisung des Klägers wegen bewiesenen besseren Rechts des Beklagten verleiht diesem Recht nicht die Eigenschaft rechtskräftiger über den gegenwärtigen Rechtsstreit hinausreichender Feststellung. —

79a) Vgl. l. 19 D. 44, 2 und den *Casus in Glo.* zu dieser Stelle, wo obiger Unterschied ganz richtig gezogen ist.

80) Syst. des österr. Priv. Rs. II S. 630—S. 640.

Es erübrigt nun aber noch die Prüfung, wie sich die Quellen zu der hier aufgeworfenen Frage verhalten. Doch mögen einige der wichtigsten Stellen genügen; sie sind: l. 30 § 1, l. 15 D. 44, 2; l. 40 § 2 D. 3, 3, — Stellen, welche auch in anderer Beziehung, nämlich der Begründung der *exceptio rei judicatae* aus dem Urtheilsinhalt von Bedeutung sind.

Der entscheidende Satz der von Keller (L.C. § 28) u. A., z. B. Krüger, Consumtion § 21, vielbesprochenen und interessanten l. 30 § 1 cit. lautet:

> *si de proprietate fundi litigatur, et secundum actorem pronuntiatum fuisset, diceremus, petenti ei, qui in priore judicio victus est, obstaturam rei judicatae exceptionem: quoniam de ejus quoque jure quaesitum videtur, cum actor petitionem implet; quod si possessor absolutus, amissa possessione eundem ab eodem, qui prius non obtinuit, peteret: non obesset ei exceptio; nihil enim in suo judicio de jure ejus statutum videtur.*

Prüft man nun diese „mit dem besten Willen" nicht misszuverstehenden Sätze, sowie was Paulus in dem gleich darauf folgenden Satze von *cum autem pignoratitia — de sola obligatione* hinzufügt, so dürfte sich die Ueberzeugung ergeben, dass hier in der selbstbewusstesten Weise Anspruch und Gegenanspruch, Verträglichkeit und Unverträglichkeit beider erwogen und gewürdigt worden sind.

Eine gleich sorgfältige Prüfung des materiellen Verhältnisses der gegenseitigen Ansprüche, sowie des Urtheilsinhalts stellt Gaius in l. 15 cit. an, einer an Unzweideutigkeit in beiden Beziehungen musterhaften Stelle; auch der Schlusssatz von l. 40 § 2 ist nicht misszuverstehen. Vom Streit um's bessere Recht handelt Marcellus in l. 19 D. 44, 2. —

Verf. verlässt nun diese Lehre mit der Bemerkung, dass von der Wirkung der Rechtskraft auf den Beklagten überhaupt, bei Erörterung der *exceptio rei judicatae* die Rede sein wird.

§ 15.

V. Von den sog. Entscheidungsgründen des Urtheils und dem Verhältniss der Rechtskraft zu denselben.

Verf. glaubt in dieser viel verhandelten Lehre[81]) in nachstehender Weise unterscheiden zu müssen.

Das Urtheil enthält immer die Entscheidung eines streitigen Rechtsanspruchs aus einem bestimmten Rechtsverhältnisse;

es kann auch eine Feststellung dieses Rechtsverhältnisses enthalten, wenn und inwieferne über dasselbe Streit bestand;[82])

wenn nicht, so geht das Urtheil nur von der Annahme des betreffenden Rechtsverhältnisses aus, und zwar als eines so gearteten, wie es hingestellt wurde.

Wenn oft gesagt wird,[82a]) das Urtheil enthalte immer die

---

81) Literatur bei Osterloh, Lehrb. d. g. d. ord. Civ. Pr. § 99. Gegen Savigny's VI § 291 bekannte und vielbestrittene Lehre s. Linde Arch. 32 und besonders Pfeiffer ebenda Bd. 37 S. 262 — S. 267. Treffend: Förster Preuss. Priv. R. 2te ed. 1869 § 55 S. 262. S. auch Förster Klage und Einrede nach Preuss. Recht (1857) § 55. und Krüger Cons. S. 179—S. 191.

82) Z. B.: Die Deklaration der Gültigkeit eines Vertrags, dessen Ungültigkeit der Gegner behauptete; die Deklaration des bestrittenen Rechtsverhältnisses als eines Prekariums, welches die gegnerische Seite als Commodatum prädizirte, — oder des bessern Pfandrechts des Klägers, wenn dieser die Priorität des Pfandrechts zum Hauptstreitpunkt gemacht hat etc. etc.

82a) So besonders Savigny l. S. 304. Sehr bemerkenswerth ist, was sich hierüber bei Wernz, einem der bedeutendsten Praktiker, in seinem „Commentar zur Prozess-Ordnung in bürgerlichen Rechtsstreitigkeiten für das Königreich Bayern" (1870) zu Art. 295 Pr. O. findet. Hier heisst es: „Die blosse Thatsache, dass irgend ein Rechtsverhältniss die Grundlage einer ergangenen Entscheidung bilde, genügt für sich allein noch nicht, um anzunehmen, dass dasselbe rechtskräftig festgestellt sei. Ist daher Beklagter nicht erschienen, so erwächst Rechtskraft nur bezüglich dessen, was unmittelbar Klagsgegenstand war und im Urtheilssatze abgesprochen wurde, — nicht aber bezüglich sonstiger Rechtsverhältnisse, mögen sie auch mit dem zugesprochenen Rechte noch so innig verbunden sein. Ist Beklagter erschienen und hat die betreffenden Thatsachen und Rechtsverhältnisse nicht in Abrede gestellt, ja sogar zugegeben, so gilt dennoch das Nämliche. Zwar ist diess Geständniss maassgebend für jene sonstigen Rechtsverhältnisse, aber es ist doch ein Unterschied, ob blosses Geständniss vorliegt, — das *ex capite erroris* immer wieder aufgehoben werden kann, — oder einer rechtskräftigen richterlichen Feststellung, die ja nach Erschöpfung der Rechtsmittel unanfechtbar ist."

Feststellung eines Rechtsverhältnisses, und auf diesen Satz hin die materielle Rechtskraft ohne Bedenken dieser „Feststellung" zugesprochen wird, so muss man fragen, wie der Richter dazu kommen soll, eine Feststellung vorzunehmen, welche nicht verlangt wurde, ja welche sogar oft ganz gegen das Interesse einer Parthei sein könnte? Z. B. der wegen einer unbedeutenden Forderung als Erbe des X belangte B, welcher die Erbschaft verkauft hat, zieht es vor zu zahlen, als aus der Frage seiner passiven Legitimation einen Streitpunkt zu machen, dessen Verhandlung eine rechtskräftige Feststellung herbeiführen würde, — sei es nun, dass er den Streitfall in Rücksicht auf die Ehre des Verstorbenen rasch erledigen will, sei es etwa, dass er die Cession der Erbschaft im Augenblicke nicht beweisen kann.[82b])

Der Richter nimmt hier an, und juristisch muss er diess: B sei Erbe, allein hierin kann doch nicht eine der Rechtskraft fähige Entscheidung über das Erbrecht des B gefunden werden, sondern jene Annahme ist nichts als ein blosser Grund für die Condemnation des B.

Sollte aber das zur Begründung eines Anspruchs angeführte Rechtsverhältniss selbst schon in Streit gezogen worden sein, dann muss der Richter über das Bestehen oder Nichtbestehen dieses Rechtsverhältnisses eine ausdrückliche Entscheidung fällen. Mit Bezug auf den Anspruch selbst ist auch in diesem Falle die Entscheidung über das Rechtsverhältniss nichts als das Motiv seiner Zu- oder Aberkennung. An sich genommen aber ist in

---

In gleichem Sinne äussert sich neuestens Dr. F. Bruck, K. preuss. Ger.-Assessor, die Wirkung des rechtskräftigen Erkenntnisses (Breslau 1873) S. 40: „Savigny dehnt ohne Noth die Rechtskraft auch auf Rechtsverhältnisse aus, die zwar zur Cognition des Richters gebracht worden sind, über welche der Richter aber keine Entscheidung getroffen zu haben braucht. Hiedurch wird, wie uns scheint, für den heutigen Prozess derselbe unnatürliche Erfolg herbeigeführt, wie im altrömischen Prozess, indem in beiden Beziehungen Härten erzeugt werden, die ganz ausser dem Zwecke des Instituts der Rechtskraft liegen, und sich als blosse Consequenzen einer rein mechanischen Anschauung, die der Form materielles Recht zum Opfer bringt, darstellen. Die Anschauung ist um so mehr zu verwerfen, als nach unserem heutigen Gemeinen Prozess der Richter seine Sentenz bei Strafe der Nichtigkeit derselben zu begründen verpflichtet ist."

82b). S. auch das im Archiv f. prakt. Rs. Wiss. Bd. IX Heft 4 S. 427 von Regelsberger mitgetheilte Erkenntniss der Juristen-Fakultät zu Giessen.

diesem Falle der richterliche Ausspruch über das Rechtsverhältniss eine wahre, der Rechtskraft fähige Entscheidung, welche ihrerseits selbst wieder auf Gründen beruhen muss. Diese Gründe aber bleiben immer nur reine Gründe, nur der Ausdruck der persönlichen Ueberzeugung des Richters, und von der Beschreitung der Rechtskraft ihres Inhalts kann natürlich keine Rede sein.

Z. B. Der Schuldner bestreitet nicht allein das Bestehen der Forderung, sondern auch die Aktivlegitimation des wider ihn auftretenden angeblichen Cessionars X. Dieser überzeugt den Richter von der zum Zwecke der Erbschafts-Auseinandersetzung zwischen ihm und dem Cedenten erfolgten Cession. Natürlich wird nun der in den Entscheidungsgründen vielleicht vorkommende Ausspruch des Richters über den Titel besagter Cession niemals rechtskräftig.

Hier ist aber die eigentliche Stelle, auch noch derjenigen Fälle Erwähnung zu thun, in welchen in Folge der Bestreitung des erhobenen Einzelanspruchs eine Entscheidung über das demselben zu Grunde liegende Gesammtrechtsverhältniss unvermeidlich geworden, oder wo die Erhebung des Anspruchs die Geltendmachung des Gesammtrechtsverhältnisses in sich schliesst.

Jenes ist der Fall, wenn universelle Rechte, wenn auch in augenblicklicher Anwendung auf einen einzelnen Ausfluss derselben geltend gemacht und bestritten werden, z. B. das Erbrecht. Wer als Erbe, wenn auch nur eine einzelne Nachlasssache verlangt, unterstellt dennoch sein ganzes Erbrecht der richterlichen Beurtheilung und Entscheidung, und wenn auch letztere in Bezug auf das Endurtheil über den Einzelanspruch nichts als ein Motiv ist, so kommt ihr doch für sich genommen die Eigenschaft zu, wahre Entscheidung zu sein, welche ihrerseits selbst wieder auf ihr angemessenen Gründen ruhen muss. Auf dieser Erwägung beruht der bekannte Ausspruch in l. 3 und l. 7 h. t.:

> *„si singulis rebus petitis hereditatem petat, exceptione summovebitur.“*

Der andere, soeben angedeutete Fall charakterisirt sich dadurch, dass in der Erhebung des Anspruchs eine Geltendmachung und Erschöpfung des Gesammtrechtsverhältnisses enthalten ist, bzw. die Bestreitung des Anspruchs eine solche des ihn begründenden Rechtsverhältnisses. Diess ist z. B. immer der Fall, wenn auf Restitution eines gegebenen Darlehens geklagt wird und der Darlehensempfang abgeläugnet, — wie überhaupt der Obligationenverkehr hier die meisten Fälle liefert; man setze z. B. die *actio depositi, commodati* auf Sachrestitution, die *actio locati* ebenfalls auf diese und Zahlung der *merces*. Das Gleiche kann übrigens auch bei Geltendmachung dinglicher Rechte stattfinden, z. B. bei der *actio confessoria*, wie ja schon die ganze Fassung: „*ajo jus eundi etc. meum esse*" ergiebt.

In kurzer Zusammenfassung des Obigen ergeben sich also die Sätze:

Rechtskräftig werden alle wahren Entscheidungen;
die reinen Gründe aber niemals;
also wird zunächst rechtskräftig der richterliche Ausspruch über die erhobenen und verhandelten Parthei-Ansprüche;
ferner der richterliche Ausspruch über das dem Parthei-Anspruche zu Grunde liegende Rechtsverhältniss, wenn dasselbe bestritten wurde, oder wenn die Mitentscheidung über dasselbe unvermeidlich war. —

Vorstehenden Sätzen mögen nun im Einzelnen noch einige nähere Bemerkungen folgen.

Dass in Deutschland h. z. T. jedes gerichtliche Urtheil mit Entscheidungsgründen versehen sein muss, beruht auf Vorschriften des partikulairen Staatsrechts, z. B. in Bayern: V. U. von 1818 Tit. VIII § 2, in Sachsen: V. U. von 1831 § 46, — ein Umstand, welcher eigentlich gleichgültig ist, denn auch wenn es dem Richter nicht vorgeschrieben wäre, Entscheidungsgründe zu geben, so müsste er sie doch immer haben: wie könnte er sonst zu einem C. oder A. gelangen? Wer diess läugnen wollte, müsste im Interesse der Ersparung von Zeit und Geld, welche die Rechtspflege kostet, der Einrichtung das Wort reden: die Entscheidung streitiger Fälle lieber gleich auszuwürfeln.[82c])

82c) Dasselbe gilt von den Römern; dass sie keine „Entscheidungsgründe" in unserem formellen Sinne kannten, ist bekannt; dass sie aber bei ihren Urtheilen Entscheidungsgründe nicht gehabt, könnte nur der behaupten, welcher annimmt, dass die Römer überhaupt nicht gedacht

Es ist schon von Berufeneren bemerkt worden, dass der Ausdruck „Entscheidungsgründe" in vielen Fällen ein unpassender ist. Seine Entstehung verdankt derselbe augenscheinlich jener äusserlichen Trennung des sog. Tenors von dem übrigen Theile des Urtheils, so dass sich für die „Entscheidungsgründe" der negative Begriff bildete: „Alles was nicht im Tenor steht." Diese rein äusserliche Auffassung verleitete dann wieder zu der Annahme: nur der Tenor des Urtheils, nicht die Entscheidungsgründe, enthält das wirklich Entschiedene, daher nur jener rechtskräftig wird, nicht aber diese.

Dagegen aber führt eine tiefere Würdigung des Gesammtinhalts des Urtheils auf den anderen Satz: nur das wirklich Entschiedene, aber auch alles Entschiedene wird rechtskräftig, gleichviel an welcher Stelle des Urtheils es auch steht.[82d)]

Die Erkennung dessen nun, was wirklich entschieden ist, lässt sich aber nur durch eine Prüfung des inneren Gehalts der Entscheidungsgründe gewinnen; hiebei treffen wir nun auf eine regelmässige Geeigenschaftung derselben, und auf eine hinzutretende, nur mögliche.

R e g e l m ä s s i g nämlich sind alle Entscheidungsgründe immer wirkliche G r ü n d e, d. h. Sätze, welche in ihrer Gedankenfolge auf einen bestimmten Schluss führen, sie sind also die Faktoren einer logischen Conklusion. Diese Conklusion ist aber der Urtheilstenor, an sich so knapp und unmotivirt wie das Klagspetit, dessen reinstes Complement er ist. Wie aber „Nichtsubstanziirung" schon für das Klagspetit unzulässig ist, so auch für den Tenor, nur sind es hier die Entscheidungsgründe, welche solche Substanziirung erbringen, daher sich auch an die Analyse jener das ganze Interesse unserer Frage knüpft.

---

hätten. Bei Darstellung der *exceptio rei judicatae* wird Gelegenheit sein, auf diese Frage zurückzukommen. Vorläufig: l. 17 § 1 D. 5, 2; l. 25 § 8 D 10, 2; l. 17, l. 18 D. 44, 2; l. 12 § 3 D. 38, 2; l. 28 D. 21, 2 — ***intererit***, *propter quam exceptionem judex contra judicaverit* —. Auch S a v i g n y Syst. VI S. 369 n. i.

82d) B o l g i a n o, Gesammelte Abhandlungen aus dem Gebiete des gemeinen deutschen Civil-Prozesses (1869) S. 458. S e u f f e r t Archiv XVIII 181 Erkenntniss des O.-A.-G. Rostock vom 12. Okt. 1863. Dr. F. B r u c k l. S. 44 n. 8.

Die Entscheidungsgründe können aber in zweiter Linie zugleich noch eine andere hinzutretende Geeigenschaftung haben, nämlich die: wirkliche Entscheidungen zu sein.

Zwar sind die Entscheidungsgründe auch hier nur Mittel zum Zwecke, indem sie in einem Dienstbarkeits-Verhältnisse zur Endentscheidung stehen, aber sie sind selber zugleich wahre Entscheidungen, und müssen wie die Endentscheidung auf Gründen beruhen; ausserdem wäre freilich der Begriff: Entscheidungsgründe von Entscheidungsgründen ein logisches Unding.

Als zugleich wahre Dezisen dürfen aber die Entscheidungsgründe (in diesem zweiten Falle) nicht der Voraussetzungen aller Dezisen überhaupt entbehren, nämlich des Gegebenseins wahrer Parthei-Streitpunkte, welche einer Entscheidung bedürfen; nur sind diess eben Streitpunkte präparatorischer Natur.

Man setze den Fall: der auf einen Zinszieler von 50 aus einer Obligation von 1000 verklagte B bestreitet schon das Bestehen letzterer. Thut er aber diess nicht, so fehlt dem Richter sowohl Anlass als Berechtigung, das Begründetsein der Hauptobligation durch besondere Entscheidung festzustellen. Hieraus ergiebt sich der Satz:

Worüber der Richter nicht gebeten, oder durch den Verlauf des Rechtsstreits veranlasst ist zu entscheiden, darüber entscheidet er auch nicht.

Wenn nun in obigem Falle der Richter bei nicht widersprochener Capitalforderung, vielleicht unter Verwerfung einer vom Beklagten vorgeschützten *exceptio p. d. n. pet.,* oder einer Solutionseinwendung, den B zur Zahlung der Zinsschuld von 50 verurtheilt, so wird in den Entscheidungsgründen zwar immer von dem Bestehen der Hauptobligation von 1000 die Rede sein, aber nur als von einem reinen Beweggrund zur Verurtheilung gerade in eine Zinsschuld, die ohne Hauptforderung undenkbar ist. Die Entscheidungsgründe enthalten also hier einen reinen Urtheilsakt des Richters und werden natürlich nicht rechtskräftig.

Eine, von der so eben besprochenen, ganz verschiedene rechtliche Gestaltung können aber die Entscheidungsgründe in Folge der Art der Vernehmlassung des Beklagten annehmen: dann nämlich wenn der Beklagte sich nicht auf die Bestreitung bloss des Klaganspruchs einschränkt, sondern dessen ganze rechtliche Unterlage bestreitet, also in unserem Falle die Hauptforderung.[83]) Hiedurch wird die ganze Voraussetzung des klägerischen Zinsanspruchs nicht minder ein Streitpunkt wie dieser selber, und erfordert Erledigung durch ausdrückliche richterliche Entscheidung, welche an sich Entscheidung, im Verhältnisse zur Endentscheidung Grund ist.[84]).

Wann aber einem in den Entscheidungsgründen enthaltenen richterlichen Ausspruche die Geeigenschaftung eines blossen Motivs zukommt, wann die einer wahren Entscheidung, diess ergiebt sich nur aus einer Prüfung der Prozessverhandlungen, indem sich nur auf diese Weise erkennen lässt, welche Punkte unter den Partheien wirklich streitig waren, welche nicht; hiernach wird sich dann mit Sicherheit bemessen lassen, ob jener richterliche Ausspruch nur juristische Evolution, oder wahre Entscheidung ist. Wo er aber in der Abfassung des Gesammturtheils örtlich untergebracht erscheint, diess ist juristisch vollkommen gleichgültig.[85])

Selbst dieser Satz aber „alle wahren Entscheidungen werden rechtskräftig" bedarf noch einer näheren Begrenzung. Es werden nämlich nur diejenigen Entscheidungen rechtskräftig, durch welche, und gerade durch welche der Tenor bedingt wurde. Wenn

---

83) In diesem Sinne auch Unger l. S. 657 und die dort Citirten; auch n. 73 ebenda.

84) Ein hieher gehöriges Beispiel in l. 2 Cod. 7, 64 (Alexander): *Si cum inter te et aviam defuncti quaestio de successione esset, judex datus a Praeside provinciae pronuntiavit potuisse defunctum etiam minorem quatuordecim annis testamentum facere, ac per hoc aviam potiorem esse: sententiam ejus contra tam manifesti juris formam datam, nullas habere vires palam est: et ideo in hac specie nec provocationis auxilium necessarium fuit. Quod si, cum de aetate quaereretur, implesse defunctum quartum decimum annum, et per hoc, jure factum testamentum pronuntiavit, nec provocasti, aut post appellationis impletam causam destitisti: rem judicatam retractare non debes.*

85) Savigny l. hat für jene Entscheidungsgründe, welche keine Entscheidungen enthalten, den Ausdruck „subjektive Gründe" vorgeschlagen, für solche aber, welche zugleich Entscheidungen sind, den: „objektive Gründe". Nach dieser Terminologie wäre also z. B. im Eigenthumsstreit die Pronuntiation des klägerischen Eigenthums ein objektiver Grund, die richterliche Ueberzeugung davon, dass Kläger die streitige Sache usukapirt habe, ein subjektiver Grund. — Hiegegen ist zu bemerken, dass Bezeichnungen, die selbst erst einer Erklärung bedürfen, um verstanden werden zu können, nicht empfehlenswerth sind, ferner dass alle Gründe immer etwas Subjektives sind, und es objektive Raisonnements (ausser in einem hier gar nicht passenden Sinne) so wenig giebt, als persönliche Sachen.

z. B. Kläger seine Klage auf mehrere Klagfundamente gestützt hätte, der Richter sie alle verworfen, jedoch nur auf den Grund eines derselben die Klagsabweisung ausgesprochen, so wird die Verwerfung der übrigen nicht rechtskräftig. Mit Recht heisst es bei Hasenbalg, Bürgsch. d. gem. Rs. (1870) S. 653: „nur innerhalb der Schranken, innerhalb welcher der Richter seine Entscheidung wirksam sein lassen wollte, kann die Rechtskraft derselben sich wirksam erweisen", — und in gleichem Sinne sagt Schäffer, Giess. Ztschr. XII. N. F. S. 249: „es sind freilich nicht alle richterlichen Erwägungen, deren Endergebniss die Anerkennung oder Abweisung des Klagverlangens ist, als der Rechtskraft fähige richterliche Aussprüche zu betrachten, sondern es gehören dahin nur solche Urtheilsmotive, welche die, jene Anerkennung oder Abweisung wenigstens mitbestimmende Entscheidung eines auf das in Frage stehende Rechtsverhältniss sich beziehenden Streitpunkts enthalten, wenn sie auch nicht ausdrücklich als solche sich kundgeben, und nicht gerade in dem Dezisivtheile des Erkenntnisses eine Stelle finden."

Auch die Erkenntnisse bei Seuffert l. 14 (189), 24 (93) ruhen auf derselben Anschauung, dass nämlich ein ungünstiger Ausspruch in den Entscheidungsgründen ohne Schaden sei, d. h. nicht rechtskräftig würde, wenn das Urtheil hiedurch nicht bedingt wurde, oder die betreffende Parthei durch den Urtheilssatz nicht beschwert ist.[85a])

Letzteres folgt aus der Erwägung, dass der Urtheilssatz doch immer die Hauptsache bleibt, gegenüber welcher den Entscheidungsgründen eine Selbständigkeit nicht zukommen kann.

Wenn ferner oben gesagt wurde, auch der richterliche Ausspruch über das dem geltend gemachten Anspruche zu Grunde liegende Rechtsverhältniss könne rechtskräftig werden, so muss auch diess scharf dahin verstanden werden: wenn solcher Ausspruch gerade die Existenz fraglichen Rechtsverhältnisses betrifft, dessen Da- oder Nichtdasein feststellt, wohin die Fälle gehören,

---

85a) S. auch den guten Fall bei Förster, Klage und Einrede nach preuss. R. (1857) S. 206. Dann: Rechtsprechung des deutschen O.-H.-G.'s I. Bd. (1871) S. 178. Der hier entscheidende Gesichtspunkt sehr richtig entwickelt in den oben n. 65 citirten Protokollen S. 3743, S. 3780, S. 4349.

dass es sich *ab initio* um solche Feststellung handelte, oder dieselbe wie schon angegeben unvermeidlich war. Dagegen wäre ganz unpräjudizirlich für die Frage des Bestands des Rechtsverhältnisses der richterliche Ausspruch: der erhobene Anspruch X folgt nicht aus dem Rechtsverhältniss.[85b])

Wichtig ist hier ein Erkenntniss des O.A.G. Berlin vom 15 VI 72 (Seuffert 27, 179), wo es heisst: ein Urtheil wirkt nicht weiter Rechtskraft, als wie weit die Partheien und worüber miteinander gestritten haben. Es kommt nur darauf an, was Gegenstand des früheren Prozesses war; über diesen Gegenstand kann die Rechtskraft nicht gehen. Wird daher aus demselben Rechtsverhältniss später ein anderer Gegenstand eingeklagt, so steht die Rechtskraft nicht entgegen. Vorausgesetzt ist hier nur, dass Gegenstand des früheren Prozesses nicht die Feststellung jenes Rechtsverhältnisses überhaupt war.

Als Endresultat des Obigen ergiebt sich also der Satz:

Die Entscheidungsgründe sind nur dann der Rechtskraft fähig, wenn sie wahre Entscheidungen enthalten, und zugleich den Urtheilssatz bedingen. Fehlt es an diesem Gedoppelten, so enthalten sie kein Gravamen für die Parthei, und entbehren der Fähigkeit zur Beschreitung der Rechtskraft.

VI. Die exceptio rei judicatae.

§ 16.

1. Im Allgemeinen.

Unter den aus dem rechtskräftigen Urtheile entspringenden Rechtsmitteln, der *actio judicati* und *exceptio rei judicatae,* kommt

---

85b) Ueber die Abweisung „angebrachter Maassen", welche, materiell genommen, gar kein Urtheil, sondern nichts als eine „motivirte Urtheilsverweigerung" ist, vgl. die bemerkenswerthe Schrift von Westerburg, Die Abweisung in angebrachter Art, nach gem. und preuss. Rechte. Brilon 1874.

Voraussetzung dieser Art von Abweisung ist aber immer ein Formfehler im Klagsvorbringen, und die Klagsabweisungen „nur für jetzt" oder „zur Zeit unzulässig" haben einen anderen Charakter. Seuffert Arch. XX 189, XII 12, XIII 187; dann V 237, XV 250. S. auch Arnold, praktische Erörterungen etc. etc. (1853) S. 300.

letzterer wegen deren tiefen rechtshistorischen Interesse's und viel ausgedehnterer Anwendung die weit hervorragendere Bedeutung zu.

Während nämlich die *actio judicati* nur in dem Falle begründet ist, wenn das Urtheil ein kondemnatorisches war, ist die *exceptio rei judicatae* bei jedem Urtheile gegeben, und während die *actio judicati* nur dem Kläger zusteht, haben die *exceptio rei judicatae* beide Partheien, weil das mit dieser verfolgte Ziel ein beiden gemeinsames ist, welches selbst auch der verurtheilte Beklagte theilt. § 5 J. 4, 13; l. 13 Cod. 4, 32; l. 4 Cod. 4, 34.[85c])

Prätorischen Ursprungs ist die *exceptio rei judicatae*; über ihre Conception giebt l. 9 § 2 D. 44, 2 ein Formular: *„at si ea res judicata non sit inter me et eum, cui vendidisti"* („also schon als *utilis*": Krüger Cons. S. 45).

Anfänglich war sie materiell und formell eine *praescriptio,* also zur Ausschliessung der Klage schon von vornherein dienend; erst seit Gaius wurde sie als *exceptio* formulirt. (Rudorff, Röm. Rechtsgeschichte Bd. II. S. 119.) Der Name *praescriptio* ist in einigen Stellen der Compilation stehen geblieben.[86])

Die *exceptio rei judicatae* gehört zu den stärksten Exceptionen, da sie nicht bloss *perpetua* und *peremptoria,* sondern, wie die Einrede des Vergleichs und der Verjährung, eine *exceptio litis finitae* ist, daher vor jeder meritorischen Verhandlung der Sache erledigt werden muss. Vgl. auch c. 1 L. C. in 6to (2, 3) Bonif. VIII.

Was die Voraussetzungen der *exceptio rei judicatae* betrifft, so sind diese prozessualische und civilrechtliche; von letzteren wird unten im Näheren gehandelt werden, jene aber fassen sich für das heutige Recht dahin zusammen: es muss ein gerichtliches Urtheil vorliegen und zwar ein rechtskräftiges; nur wenn

---

85c) Renaud Civil-Prozess-Recht (1867) § 160; Arndt's Pandekten § 116.

86) L. 10, l. 11 D. 44, 1; l. 29 pr. D. 44, 2; l. 42 D. 40, 12; l. 63 D. 42, 1; l. 3 Cod. 3, 31; l. 1 Cod. 7, 56; l. 1 Cod. 7, 58. Nebenbei: *„exceptio vulgaris rei judicatae"* in l. 3 pr. D. 47, 23.

diese Bedingungen erfüllt sind, spricht man h. z. T. von *res judicata*.

Anders nach Römischem Recht. Hiernach hiess zwar nicht jede „*vox judicis*" *sententia* oder *res judicata*, sondern nur wenn „*causa cognita secundum juris rationem pronuntiatum est*" (l. 7 Cod. 7, 45; l. 2 Cod. 8, 36) und die *sententia* „*finibus certis concluditur*" (l. 7, l. 9 Cod. 7, 45), d. h. eine Condemnation oder Absolution enthält,[87] — dagegen war es gleichgültig, ob die richterliche Sentenz noch anfechtbar war, oder nicht: l. 7 pr., l. 11 D. 2, 15; l. 23 § 1 D. 12, 6; l. 32 Cod. 2, 4; die unanfechtbare hiess dann „*sententia indubitata*" (l. 23 § 1 cit.).

Unsere heutige Begriffsbestimmung ruht auf c. 13, c. 15 X 2, 27.

Ohne bereits hier auf die sog. beiden Funktionen der *exceptio rei judicatae* einzugehen, kann als Ziel letzterer doch immer bezeichnet werden: es soll das durch das frühere Urtheil Erledigte nicht neuerdings mehr in Streit gezogen werden: „*finita retractanda non sunt*" (l. 13 C. 4, 32), daher nichts mehr verlangt werden kann, was im Widerspruche zur *res judicata* stehen würde. Nur besteht eben Streit, welches Motiv der in letzterem Falle begründeten *exceptio rei judicatae* nach Römischem Rechte zu Grunde liegt, ob nämlich unsere Einrede schon aus der blossen Thatsache der Urtheilsfällung erwächst, oder ihre Begründung tiefer, im Inhalte des Urtheils sucht. Nach heutigem Rechte ist über das letztere wohl kein Zweifel, sowenig als darüber, dass das Römische Recht zur Gewinnung einer abgeschlossenen einheitlichen Grundlage für die Anwendung der *exceptio rei judicatae* nicht gelangt ist. Doch mag es immerhin möglich sein, eine prävalirende Richtung des Grundgedankens unserer Einrede für je die verschiedenen Perioden herauszustellen.

---

87) Beziehungsweise gegenseitige Condemnationen zu Folge der Adjudication bei den Theilungsklagen: l. 27 D. 10, 2.

2. Im Besonderen.

§ 17.

a) Die civilrechtlichen Voraussetzungen der *exceptio rei judicatae.*

Um die *exceptio rei judicatae* mit Erfolg gebrauchen zu können, müssen, ausser dem im vorigen § erwähnten Erfordernisse, noch zweierlei Voraussetzungen gegeben sein:

erstens *„eadem quaestio“*, dann *„eaedem personae“*, oder wie l. 3 und l. 7 § 4 h. t. sagen, wenn *„eadem quaestio inter easdem personas revocatur“*.

Es muss also der frühere und der jetzige Rechtsstreit, in welchem die *exceptio r. j.* wirken soll, eine doppelte Identität erkennen lassen: die der streitenden Personen und der Streitsache (sub- und objektive Identität).

1. Die subjektive Identität.

Hierunter versteht man Gleichheit der jetzt Streitenden mit den früher gestritten Habenden. Es kommt aber hier auf juristische Identität an, Rechtsgleichheit, nicht äusserliche; daher ist Vertauschung der Partheirollen im zweiten Prozess so irrelevant wie der Umstand, ob die sich jetzt gegenüberstehenden Personen wirklich dieselben sind, welche früher aktuell prozessirt haben, oder nicht. Die physische Verschiedenheit jener von diesen steht nämlich der *exceptio r. j.* desshalb nicht entgegen, weil es nur auf das Gegebensein des allgemeinen Rechtsbegriffs von *„eadem conditio personarum“* (l. 14 h. t.) ankommt, unter den Bedingungen der vom positiven Rechte hierunter gereihten Fälle aber nirgends von physischer Personen-Gleichheit die Rede ist.

Wo dagegen solche juristische Identität nicht vorliegt, ist die *exceptio rei judicatae* weder aktiv noch passiv begründet. l. 10 D. 44, 1; l. 63 D. 42, 1; l. 12 D. 12, 2; titt. Cod. 7, 56 u. 60; l. 2 Cod. 8, 36; c. 25 X 2, 27. Keller LC. § 44, § 45, Savigny VI § 301.

Es fragt sich nun: wann ist immer *„eadem conditio personarum“* gegeben, wann also kann in einem späteren Prozesse die *exceptio rei judicatae* von der einen oder anderen Parthei vorgeschützt werden?

Die hieher gehörigen Fälle, jeder auf einem anderen privatrechtlichen Gesichtspunkte ruhend, sind:

a) wenn (statistisch der Normalfall) im späteren Prozesse genau die früheren Streittheile sich wieder gegenüberstehen;

b) die Universalsukzessoren einer Parthei, vorausgesetzt dass es sich um Ansprüche handelt, welche von oder gegen Universalsukzessoren geltend gemacht werden können, also um vererbliche, haben und erleiden die *exceptio r. jud.* aus dem für oder gegen ihren Erblasser ergangenen rechtskräftigen Urtheil;

c) Singularsukzessoren betreffend, so fragt es sich ob und unter welchen Voraussetzungen diese die *exceptio rei judicatae* ihres Auktors gebrauchen können, oder sich die gegen denselben begründete gefallen lassen müssen?

Hiefür genügt nun nicht schon der blosse Umstand, dass sie ihr Recht von dem Auktor ableiten, sondern diess muss wenigstens nach bereits begonnen habendem Rechtsstreite desselben mit einem Dritten erfolgt sein: l. 11 § 10 D. 44, 2, und überhaupt: l. 9 § 2, l. 11 § 3, § 9, § 10, l. 28, l. 29 § 1 eod.; l. 25 § 8 D. 10, 2; l. 3 § 1 D. 20, 1.

Alles diess gilt auch von Demjenigen, welchem ein *jus in re aliena* bestellt ist.

Die komplementarische Regel: für oder gegen den Auktor aus dem Rechtsstreite seines Sondernachfolgers nach wenigstens begonnenem Prozesse, besteht jedoch nicht, d. h. die *exceptio rei judicatae* aus dem Rechtsstreit des Sondernachfolgers trifft den Auktor weder aktiv noch passiv, natürlich, weil er eben sein Recht nicht von jenem ableitet: l. 9 § 2 und l. 10 h. t.; man denke sich z. B. den Fall, dem Erwerber eines *jus in re aliena* wäre die Sache in Folge rechtskräftigen Urtheils abgeholt worden. Gesterding, Nachforschungen V, 1 S. 81.

d) Nicht wegen Vertreterverhältnisses, sondern wegen im Voraus in irgend einer Form zu erkennen gegebener Anerkennung, gilt ein zunächst gegenüber einem Dritten gefälltes Urtheil auch für und gegen einen Andern, wenn dieser an dem Rechtsstreite der nächst Interessirte war, aber jenen Dritten wissentlich den Prozess führen liess. So wenn der Pfandgläubiger den Pfandschuldner, der Ehemann die Ehefrau oder deren Vater, der Käufer den Verkäufer, den Eigenthumsstreit über die Pfand-, Dotal-, verkaufte Sache führen lässt.

Hier entscheidet wesentlich die inhaltsreiche, genaue Analyse erfordernde l. 63 D. 42, 1, worüber besonders Keller L.C. S. 368—379; auch Freudentheil, Archiv f. civ. Pr. 42 S. 84—S. 91.

Uebrigens ist kein Grund erfindlich, diese Regel auf obige in den Quellen aufgezählte Fälle zu beschränken. Savigny, Syst. VI S. 477; auch Windscheid, Pand. I § 132 und not. 2 trägt dieselbe als allgemeine vor.

e) Wenn eine (Prädial-)Servitut für ein in Miteigenthum stehendes Grundstück geltend gemacht, oder eine angemasste abgewiesen, also konfessorisch oder negatorisch geklagt werden soll, so kann Beides *in solidum* schon der einzelne Miteigenthümer (l. 4 § 3, l. 6 § 4 D. 8, 5)[88]), obwohl der Einzelne für sich am gemeinsamen Grundstück eine Servitut weder bestellen, noch für dasselbe erwerben könnte.

Nun liesse sich denken, dass, nach ungünstigem Verlaufe des Prozesses des einen, ein anderer Miteigenthümer die Klage in der Hoffnung auf besseren Erfolg wieder aufnehmen wollte.

Diess ist jedoch schlechthin unzulässig, und zwar aus dem Gesichtspunkte der Untheilbarkeit der Realservituten, welche nur ganz erworben oder verloren werden können; ausserdem entstünde auch eine ganz unlösbare Verwickelung, wenn es etwa zu verschieden lautenden Urtheilen käme: l. 6 D. 44, 2 „*ne — modus litium multiplicatus summam atque inexplicabilem faciat difficultatem: maxime si diversa pronuntiarentur*.

Es gilt daher der Satz, dass ein wegen einer Prädial-Servitut auch nur von einem *condominus* erwirktes Urtheil für und gegen alle andern *condomini* gilt, ihnen also die *exceptio rei judicatae*

---

88) Was sich theils aus dem Gesichtspunkte der *negotiorum gestio*, theils dem des praktischen Interesse's rechtfertigt, wenn Rechts-Defension und Verfolgung schon jedem Einzelnen stets parat steht.

aus dem ihrem Rechtsgenossen gegenüber gefällten Urtheile zu- oder entgegen-steht.

S. noch l. 19 D. 8, 5; l. 1 § 5 D. 43, 24; Savigny VI S. 479.

f) Wenn der Erbe einen Eigenthumsstreit über eine schon zu Lebzeiten des Erblassers litigiöse Sache durchführt, so hat der Legatar dieser, als Singularsukzessor des Erblassers, das erfolgende Urtheil anzuerkennen, sich also unter Umständen die *exceptio rei judicatae* gefallen zu lassen.

In gleicher Weise ist Legatar an das Urtheil gebunden, welches im Rechtsstreit zwischen Testaments- und Intestaterben über die Gültigkeit des Testaments ergangen ist, — ausser der Erbe wäre als *contumax* verurtheilt worden, oder es wäre zwischen ihm und dem Erben eine Collusion vorgekommen, wozu übrigens schon saumselige Prozessführung gerechnet wird.[89])

Meist wird hieher noch die in l. 6 § 1 D. 5, 2 und anderen Stellen enthaltene Bestimmung gezogen, dass, wenn es einem an sich Unberechtigten (Nichtnotherben) gelungen ist, ein Testament als inoffizios umzustossen, sich jetzt der wahre Notherbe auf das betreffende Urtheil berufen könne.

Hiegegen wäre nur zu bemerken, dass wer das sog. Inoffiziositäts-System durch die Nov. 115 für verdrängt und völlig beseitigt erachtet, den wahren Notherben sich gar nicht auf das Urtheil berufen lässt, sondern einfach auf die Thatsache des intestaten Absterbens des Erblassers. S. auch Savigny VI S. 476 n. x., welcher (wohl mit Recht) die ganze l. 6 § 1 cit. für obsolet hält.

g) Der unter allen seither aufgeführten am Weitesten gehende Fall ist folgender: Wenn zwischen den wahren und nächsten Interessenten (l. 3 D. 40, 16) ohne Collusion (l. 2 pr. § 4, l. 5 eodem) ein Rechtsstreit über ein personenrechtliches Verhältniss zwischen denselben (Vaterschaft, Existenz einer Ehe) geführt und durch Urtheil erledigt ist, so muss das solches Verhältniss bejahende Urtheil Jedermann anerkennen, sowie aus dem jenes Verhältniss verneinenden Jedermann die *exceptio rei judicatae*

89) l. 3 pr. D. 20, 1; l. 8 § 16, l. 17 § 1 D. 5, 2; l. 50 § 1 legat. I; l. 14 D. 49, 1.

hätte, wenn gegen ihn ein mit dieser Verneinung im Widerspruch stehender Anspruch erhoben würde. Z. B. wenn der im Urtheil nicht als Vater Anerkannte fragliches Kind einem Dritten abfordern wollte. l. 1 § 4 D. 43, 30 — eine so allgemein lautende Stelle, dass der Widerspruch Kierulff's Civ. Recht S. 307 gegen die Ausnahms-Natur unseres ganzen Falles unbegründet erscheint. Richtig ist nur, dass fragliches Urtheil nicht gegenüber solchen Dritten wirkt, welche behaupten, dass vielmehr sie die wahren Interessenten seien, z. B. die Paternität für sich selbst in Anspruch nehmen.

Windscheid l. n. 4; Wächter, Württenb. Pr. R. II S. 571.

Dennoch aber liegt in unserem Falle eine wahre Ausnahme der Regel: „*res judicata facit jus tantum inter partes*“ vor. Das Besondere bildet hier nämlich nicht die Bestimmung, dass z. B. X nun seinem seitherigen Prozessgegner gegenüber als Sohn gilt, sondern darin, dass ihn nun Jeder als Sohn anzuerkennen hat. Die Rechtfertigung hiefür liegt in der Erwägung, dass sonst das Urtheil für X nahezu werthlos wäre, denn nicht beschränkt bloss darauf kommt es dem X an, dem Z gegenüber nur „unter vier Augen“ als Sohn zu gelten, sondern dass er vor der Gesammtheit als solcher gelte, worüber sich Brackenhoeft, Identität etc. S. 403 treffend folgendermassen äussert:

„Das Dasein dieser Eigenschaft bei dem Subjekte kann aber nur dann von einer rechtlichen Bedeutung sein, wenn es von jener Gesammtheit anerkannt, und so dem Subjekte die Möglichkeit gewährt wird, in Gemässheit seiner rechtlichen Eigenschaft in Beziehung auf Alle thätig zu sein.“ —

Nach Römischem Rechte wurde nach den gleichen Regeln auch der Streit über Freiheit und Ingenuität behandelt: l. 25 D. 1, 5; l. 42 D. 9, 4; l. 14 D. 37, 14; l. 5 Cod. 7, 19. —

Anmerkung.

Wenn manche Schriftsteller den hier aufgeführten Fällen auch noch den als besonderen Fall anreihen, dass Derjenige, gegen welchen eine Popularklage in ordnungsmässigem Wege durchgeführt ist, eine *exceptio rei judicatae* gegen jeden späteren (Popular-)Kläger habe — nach l. 3 pr. D. 47, 23; l. 45 § 1 D.

3, 3; l. 30 § 3 D. 12, 2; l. 3 § 13 D. 43, 29 —, so ist nicht einzusehen, was an diesen Bestimmungen Besonderes sein soll? Klagt ja doch hier der Einzelne „nicht in seiner juristischen, privatrechtlichen Eigenschaft“, sondern als „Prokurator des Staats, lediglich um einem öffentlichen Interesse Schutz zu verschaffen“ (Savigny, Syst. II S. 131, S. 217), also klagt eigentlich der Staat: warum soll nun dieser, was sonst Niemand darf, auf „*idem*“ zweimal klagen können, und ist es etwas „Besonderes“, wenn er es nicht darf?

2. Die objektive Identität oder *eadem quaestio.*

Dass „*eadem quaestio revocatur*“: hierauf kommt es bei der sog. objektiven Identität an; nur darf man „*quaestio*“ nicht mit „Rechtsfrage“ (Savigny) übersetzen.[90])

Rechtsfrage im eigentlichen Sinne wäre z. B., ob der *b. f. possessor* wegen der nach der L.C. konsumirten Früchte in Anspruch genommen werden könne. Hierüber muss der Richter freilich zu einer Ansicht kommen, diese ist aber nichts als die Gewinnung des nöthigen juristischen Gesichtspunkts für die zu fällende Entscheidung. Uebrigens braucht man nicht nach Controversen zu suchen; auf eine Rechtsfrage kommt es im einfachsten Prozesse an; sie ist nichts als der Obersatz im Syllogismus des richterlichen Urtheils, und darf nicht verwechselt werden mit der Frage nach dem Rechte eines Streittheils.

Z. B. ob der früher mit der Eigenthumsklage gegen B durchgefallene A heute diesen auf Theilung verklagen könne, — ist keine Rechtsfrage, sondern die Frage nach dem Recht des A hiezu, und erst hinter dieser Frage steht die einschlägige ganz abstract lautende Rechtsfrage.

Wie schon in § 6 bemerkt, übersetzt Bekker *quaestio* mit *res* = Anspruch. Was Dernburg, Ztschr. f. ges. R. W. II S. 347, statt dessen vorschlägt: Rechtssache, erscheint noch annehmbarer, weil die *exceptio rei judicatae* an die Identität des jetzt und früher geltend gemachten konkreten Anspruchs nicht

90) Brinz, Pandekten I S. 154.

gebunden ist. Uebrigens handelt es sich nur um einen besser bezeichnenden Ausdruck; in der Sache selbst kann *quaestio* = Anspruch nicht für irrig erklärt werden: Wer z. B. mit der Eigenthumsklage verloren hat, stösst auf die *exceptio rei judicatae,* wenn er später Accessionen einklagen will (l. 26 § 1 h. t.), denn er macht in beiden Fällen einen Eigenthumsanspruch geltend.

Verf. steht nicht an, wie aus Obigem ersichtlich, mit dem Ausdrucke „*res*" verschiedene Begriffe zu verbinden, je nachdem es sich um Consumtion oder Rechtskraft handelt. Dort bedeutet ihm *res:* streitiges Rechtsverhältniss als Quelle und Grundlage von Actio oder Actionen, hier: Anspruch oder Rechtssache. Unrömisch wäre solche Annahme verschiedener Begriffe für eine und dieselbe Bezeichnung gerade nicht: man erinnere sich nur der mehrfachen Begriffe, welche die Römer mit „*actio*" verbanden; was aber die vermuthete Mehrdeutigkeit von „*res*" betrifft, so ist noch zu bemerken:

Heute, wie zu der Römer Zeiten und in aller Zukunft streitet man über Rechtsverhältnisse als Quelle von Ansprüchen; über jene hat der Richter immer zu urtheilen (nach Umständen auch zu entscheiden), über diese immer zu entscheiden. Jede Civilstreitigkeit zerfällt also in zwei Theile: die Verhandlung über das streitige Rechtsverhältniss und die Entscheidung über den erhobenen Anspruch. Während es nun weder dem Charakter, noch den Einrichtungen unseres heutigen Civilprozesses, noch unseren Rechtsanschauungen widerspricht, ein und dasselbe Rechtsverhältniss beliebig oft als Grundlage klagbarer Ansprüche zu benützen — ausser es wäre früher fragliches Rechtsverhältniss selbst richterlich aberkannt worden —, war diess zu den Zeiten des römischen vordiocletianischen Prozesses aus mehreren Gründen unzulässig, was eben kurz bezeichnet Consumtion heisst, und in der Regel: *bis de eadem re ne sit actio* seinen Ausdruck fand. Daneben aber bildete sich schon früh der Satz: ein Anspruch, worüber schon geurtheilt ist, kann nicht mehr bestritten werden, es ist *res judicata.* „*Res*" ist also mit zwei verschiedenen Anschauungen in Verbindung gebracht: wegen eines Rechtsverhältnisses soll nur einmal prozessirt werden, und: abgeurtheiltes gilt als erledigt. H. z. T. freilich kennen wir nur diesen letzteren Satz, daher mit „*res*" auch nur eine Bedeutung zu verbinden ist: Anspruch oder Rechtssache. Für die Anwendung der *exceptio rei judicatae* ist aber hierunter zu verstehen ein Rechts-Anspruch und zwar konkreter Rechtsanspruch, oder der Anspruch in seiner juristischen Individualisirung. Daher muss sich der früher und der jetzt geltend gemachte Anspruch in deren juristischer Individualisirung vollständig decken. Demnach begründet z. B. die blosse Identität des äusseren Objekts unsere Einrede noch nicht, woraus sich erklärt, dass das (abweisende) Urtheil über eine *rei vindicatio* nicht *res judicata* macht bezüglich einer beabsichtigten *condictio* auf dieselbe Sache: l. 31, l. 14 § 3 D. 44, 2; wie auch nichts im Wege steht, nach rechtskräftig abgewiesener *actio de dolo* wegen derselben Beschädigung noch aquilisch zu klagen: l. 13 pr. D. 40, 12. Und andererseits hindert die äussere Verschiedenheit des früher und jetzt Angesprochenen die *exceptio rei judicatae* nicht, wenn beiden Verlangen eine und dieselbe bestimmt bezeichnete rechtliche Begründung gemeinsam ist, z. B. Erbrecht: l. 7 § 4 h. t. „*et ideo si hereditate petita singulas res petat, vel singulis rebus petitis hereditatem petat: exceptione summovebitur*". Uebrigens ist diess scharf dahin zu verstehen: individueller Erbrechtsanspruch in seiner speziellen Begründung durch eine bestimmt bezeichnete *causa*, daher das abweisende Urtheil auf eine *hereditatis petitio ab intestato* keine *res judicata* macht bezüglich einer späteren *h. p. ex testamento* wegen derselben Erbschaft.[91])

Es ist nun zu prüfen, ob jenes als Voraussetzung zur Anwendung der *exceptio rei judicatae* angegebene Merkmal: Gleichheit der Ansprüche in ihrer juristischen Individualisirung, in den Quellen seine Unterstützung findet. Hier ist aber zu unterscheiden:

a) Dingliche Rechte.

Der zweifelloseste Fall ist die wiederholte Geltendmachung desselben Rechts auf denselben unveränderten Gegenstand — *idem corpus, quantitas eadem, idem jus* — l. 12, l. 13, l. 14 pr. h. t.

---

91) Leicht construiren lässt sich, wie es zur Möglichkeit der sukzessiven Anstellung beider *hereditatis petitiones* kommen kann; später davon, wie sich obige Entscheidung zur bekannten Controverse über *causa proxima* und *remota* verhält.

Gegensätze: dasselbe Recht an anderer Sache, ein anderes Recht an derselben Sache.

Doch kommt es nicht auf strenge Wahrung der physischen Gleichheit an, wie l. 14 pr. cit. sagt: *idem corpus in hac exceptione, non utique omni pristina qualitate vel quantitate servata, nulla adjectione diminutioneve facta: sed pinguius pro communi utilitate accipitur.*

Was nun Veränderungen dieses *idem corpus* betrifft, so dürfen solche nicht bis zur Aufhebung des seitherigen konkreten Sachbegriffs geführt haben, so dass ein ganz andersartiges Ding entstanden wäre (Specifikation). Auch ist möglich, dass zwar der Stoff derselbe geblieben, jedoch irgend ein anderes Moment entfallen ist, und dadurch der frühere Sachbegriff ausgeschlossen. Z. B. die Baumaterialien eines Hauses nach dessen Abtragung (l. 7 § 2 h. t.). Derartige Veränderungen nun lassen den neuerdings erhobenen Anspruch als einen ganz anderen erscheinen — wegen Objektsverschiedenheit und schliessen die *exceptio rei judicatae* aus. Dagegen findet in folgenden Fällen die Einrede allerdings Anwendung:

α) Das abweisende Urtheil auf ein Ganzes steht auch der späteren Klage auf einen Theil desselben entgegen, weil letzterer als *idem corpus* gilt, also bereits unter die Aberkennung gefallen ist: l. 7 pr. § 2, l. 21 § 1, § 2 h. t.; l. 27 § 8 D. 2, 14.

Die Frage ob auch umgekehrt das Urtheil über einen Theil einer Sache, dem späteren Anspruche auf die ganze Sache entgegenstehe, ist seither meist ohne Weiteres bejaht oder verneint worden. Eine Erwägung der Sachlage und aufmerksame Lektüre von l. 20 und l. 21 pr. h. t. muss jedoch (gegen Savigny's VI S. 450 und Vangerow's I § 173 V 3c Ansicht) der schärferen Auffassung Windscheid's, Pand. I § 130 S. 322 und n. 11, den Vorzug geben. Der entscheidende Punkt findet sich hier so formulirt: „wem wirklich der Theil als Theil abgesprochen worden ist, dem ist auch das Ganze abgesprochen, da der Theil als Theil nichts für sich Existirendes, sondern nur eine Erscheinungsform des Ganzen ist."

β) *Idem jus* ist immer vorhanden, wenn das universelle Recht der *hereditas* geltend gemacht worden war, sei diess nun zuerst in Beziehung auf einzelne Sachen und dann erst auf die ganze *hereditas*, oder umgekehrt.

γ) Die l. 7 § 1 h. t. veranlasst die Frage, ob das abweisende Urtheil über das Ganze auch dem Anspruch auf das Erzeugniss entgegenstehe? In dieser Stelle fragt nämlich Ulpian: „*Si ancillam praegnantem petiero, et post litem contestatam conceperit et pepererit, mox partum ejus petam: utrum idem petere videor, an aliud, magnae quaestionis est? Et quidem ita definiri potest, toties eandem rem agi, quoties apud judicem posteriorem id quaeritur, quod apud priorem quaesitum est. In his igitur fere omnibus exceptio nocet.* Der massgebende Punkt liegt in der Hervorhebung der Entstehung des Erzeugnisses nach der L.C. Warum aber dennoch der Vindikation des letzteren, nach abweisendem Urtheile auf die Muttersache, die *exceptio rei judicatae* entgegenstehe, hierüber sagt Ulpian nichts als: weil *eadem res* vorliege, — womit augenscheinlich noch nichts beantwortet ist.

Zunächst ist selbstverständlich, die Emendation Savigny's VI S. 506: statt *et post litem contestatam: aut p. l. c.* anzunehmen. Die Stelle selbst aber würde, ohne den folgenden § 3, gar keine Schwierigkeit machen, indem sie nichts als den einfachen Satz ausspräche: wer kein Recht auf die Muttersache hat, kann auch das Erzeugniss nicht ansprechen; nun lautet aber § 3 cit.: *de fructibus eadem quaestio est, et de partu: haec enim nondum erant in rebus humanis, sed ex ea re sunt, quae petita est: magisque est, ut ista exceptio non noceat.* Diess wäre also das reine Gegentheil der Entscheidung in § 1.

Unter den mehrfachen Vorschlägen um diese Stelle herumzukommen: Savigny l. S. 508 n. o., Windscheid, Actio S. 97, scheint Vangerow's und Anderer Annahme, man brauche für § 3 cit. nur einen siegreichen Kläger zu supponiren, welcher Annahme kein der Stelle zu entnehmendes Bedenken entgegensteht, jedenfalls der einfachste Ausweg zu sein. S. Vangerow l. V 3 b.

δ) Hier ist auch die Stelle zur Erhebung der Frage, ob die wiederholte Geltendmachung einer *actio in rem* auf dasselbe Objekt, jedoch aus einem anderen als dem früher angegebenen, damals aber schon bestanden habenden, Entstehungsgrunde, nicht auf die *exceptio rei judicatae* stossen müsse, m. a. W. ob Anspruchsidentität anzunehmen sei, wenn der wiederholt auf dasselbe Objekt gerichtete dingliche Anspruch jetzt anders begründet wird? Z. B. A stützte im ersten Prozesse seine Vindikation auf Eigenthumserwerb durch Tradition *ex justa causa*, jetzt vindizirt er sie als Usukapient, welche Eigenschaft er schon damals hätte geltend machen können.

Es fragt sich zunächst nach der Möglichkeit hiezu und zwar für die Zeit des älteren Römischen Prozesses.

Bis auf Puchta, im Rh. Museum II S. 251 (1828) und III S. 467 (1829), war es herrschende Meinung: hatte man *adjecta s. expressa causa*[92]) auf ein dingliches Recht geklagt, so könne man nach verlorenem Prozesse unter Angabe eines anderen Erwerbsgrunds abermals klagen.

Puchta jedoch läugnet schon für die Zeit des älteren römischen Prozesses, mit Ausnahme des Vindikationsprozesses *per sponsionem*, die Möglichkeit *causa expressa* haben vindiziren zu können; und überhaupt fasse, sagt Puchta, wer die *vindicatio* anstelle, nothwendig immer alle Erwerbsgründe des Eigenthums zusammen.

Nach Puchta soll also Anspruchs-Identität schon durch die Begriffs-Identität des dinglichen Rechts erbracht werden.

Die Möglichkeit zur Zeit des römischen Formularprozesses *causa expressa* zu klagen, vertheidigen mit überwiegenden Gründen besonders Keller, Savigny, Bethmann-Hollweg, nur giebt Keller der Nennung der *causa expressa* ihre Stelle in der *Intentio*, Savigny in einer besonderen *praescriptio*, und Bethmann-Hollweg für *formulae in jus conceptae* in der *Demonstratio*, sonst *Intentio.*[93])

Puchta führte aber nun weiter gegen die gemeine Meinung ganz besonders l. 11 § 2 und l. 14 § 2 h. t. auf, Stellen, um deren Auslegung sich der Streit in unserer Controverse eigentlich concentrirt. In l. 11 § 2 cit. sagt Ulpian:

---

92) D. h. unter Angabe des Erwerbsgrunds; man nannte diesen *causa remota*, — eine willkürlich aufgestellte Bezeichnung als Gegensatz von „*causa proxima*“ in l. 27 h. t. (Neratius), worunter man die blosse Angabe des geltend gemachten dinglichen Rechts, z. B. Eigenthum, Pfandrecht verstand.

93) Keller Civ. Pr. n. 473 und § 73; Lit. Cont. S. 522; Savigny VI S. 522; Bethmann-Hollweg l. S. 614.

si quis autem petat, fundum suum esse, eo quod Titius eum sibi tradiderit: si postea alia ex causa petat, causa adjecta non debet summoveri exceptione —

und in der anderen Stelle von Paulus heisst es:

actiones in personam ab actionibus in rem hoc differunt, quod, cum eadem res ab eodem mihi debeatur, singulas obligationes singulae causae sequuntur, nec ulla earum alterius petitione vitiatur: at cum in rem ago, non expressa causa, ex qua rem meam esse dico, omnes causae una petitione apprehenduntur. Neque enim amplius, quam semel, res mea esse potest: saepius autem deberi potest.

Die entscheidenden Worte, auf welche Puchta seine Theorie stützt, sind „*causa adjecta*" in der ersten, und „*non expressa causa*" in der zweiten Stelle. Die nächstliegende und natürlichste Auslegung von „*causa adjecta*" führt auf den Satz: ein vom Kläger der Formel beigefügter Zusatz ermöglicht abermalige Vindikation. Puchta jedoch will das hierin liegende für die herrschende Ansicht durchschlagende Moment durch die Behauptung beseitigen „*causa adjecta*" bedeute nichts als *causa superveniens* oder *dominium postea acquisitum* und da sei es dann ganz natürlich, dass von der *exceptio rei judicatae* aus dem früheren Eigenthumsstreite keine Rede sein könne.

Gegen diese gekünstelte Auslegung der kritischen Worte s. besonders Savigny l. VI S. 528.

Die massgebenden Worte in l. 14 § 2 cit. „*non expressa causa*", deren einfacher Sinn ist: wenn ich ohne Hervorhebung des Erwerbsgrundes eine dingliche Klage anstelle, dann sind freilich alle im konkreten Falle möglichen Erwerbsgründe in dieser einzigen Klage mit einbegriffen, — diese Worte, welche komplementarisch zu den Schlagworten „*causa adjecta*" in l. 11 § 2 cit. den Satz ergeben: nur ausdrückliche Hervorhebung eines bestimmten Erwerbsgrunds rettet erneute Vindikation, — legt sich Puchta für seine Theorie in der Weise zurecht, dass er unter willkürlicher Setzung eines Doppelpunkts nach „*at cum in rem ago*" das „*non expressa causa*" von diesem trennt, und zu

„*omnes causae una petitione adprehenduntur*“ schlägt, wodurch sich dann statt:

„wenn ich *non expressa causa in rem* klage“

der Satz ergiebt: „wenn ich *in rem* klage, so werden alle Erwerbsgründe ergriffen, weil kein besonderer hervorgehoben wurde“, was ja wie Puchta meint, bei der *formula petitoria* nicht angegangen sei.

Es ist nun allerdings ein Kunststück, durch einen Doppelpunkt eine Bedingung in einen Grund zu verwandeln, aber eben desshalb weil Puchta zu Solchem greifen musste, richtet sich seine Theorie selber. Seit aber namentlich durch Savigny l. die Zulässigkeit der Beschränkung der Klage auf einzelne Klaggründe (durch *praescriptio pro actore*) erwiesen, hat die Puchta'sche Theorie ihren eigentlichen Eckstein verloren und muss als zusammengefallen betrachtet werden.

Vgl. noch Brinz l. S. 157, S. 158. Bekker Cons. S. 248.

Für unser heutiges Recht folgt aber aus der Lehre des Römischen Rechts über die *causa adjecta,* in Verbindung mit der deutschrechtlichen Eventualmaxime, die Forderung, dass, will Kläger seinen dinglichen Anspruch gerade nur auf eine Begründungsart beschränken, die bloss thatsächliche Anführung solcher einer nicht genügt, um später denselben Anspruch auf Grund einer anderen neuerdings zu verfolgen, sondern dass Kläger verlangen muss, die Verhandlung ausdrücklich auf jenen einen Erwerbsgrund beschränkt wissen zu wollen, — so dass man sagen kann, das Erforderniss der *praescriptio pro actore* besteht auch für unser heutiges Recht noch. Wenn es nun oben heisst, das abweisende Urtheil auf eine *hereditatis pet. ab int.* mache keine *res judicata* bezüglich einer späteren *h. p. ex testamento,* so muss diess unter der Voraussetzung verstanden werden: wenn Kläger bei der früheren Klagstellung einen Vorbehalt der angegebenen Beschaffenheit gemacht hat. Unter dieser Voraussetzung steht dann auch nicht l. 30 pr. h. t. entgegen, bezüglich welcher Stelle anzunehmen ist, dass Kläger einen solchen Vorbehalt eben nicht gemacht hat. Nicht scharf genug drückt sich über diese ganze Frage Buchka, Einfluss etc. II. S. 198 aus, wohl aber Windscheid l. n. 6.

b) Persönliche Rechte (Obligationen).

Anlangend die Anspruchs-Identität bei persönlichen Rechten als Voraussetzung der *exceptio rei judicatae*, so ist zunächst davon auszugehen, dass jede *obligatio* auf einer konkret verpflichtenden Thatsache (*causa*, Entstehungsgrund) beruht (c. 3 X 2, 3), daher eine andere *causa* auch eine andere *obligatio* erzeugt: l. 31 § 16 D. 21, 1; mehrere *causae* und nur ein obligatorisches Rechtsverhältniss giebt es nicht.

Wenn möglich noch weniger als bei dinglichen Rechten, wird Anspruchs-Identität bei persönlichen durch blosse Identität des Objekts erbracht; es muss konkurriren die *causa* und das Objekt; auf jener aber ruht der entscheidende Punkt, was sich z. B. aus l. 93 § 1 legat. III ergiebt, wo ungeachtet der Identität des Objekts (einer bestimmten Quantität) dennoch zwei Obligationen begründet sind, eben weil zwei besondere *causae* entstanden; dass die eine Obligation nicht beweisbar ist, verschlägt nichts; hieher auch l. 18 D. 44, 7, wo die beiden *causae „ex testamento"* und *„ex stipulatu"* auf *idem* gerichtet sind, das Geben des Stichus. Gerade hier aber zeigt sich ganz hervorstechend der Unterschied der persönlichen Rechte von den dinglichen: niemals könnte eine und dieselbe Sache Jemandem nach mehrfachen dinglichen Rechtsverhältnissen zustehen, wohl aber nach mehrfachen persönlichen. Auch in dieser Beziehung ist die oben besprochene l. 14 § 2 h. t. von Wichtigkeit, besonders am Ende:

> *neque enim amplius, quam semel res mea esse potest; saepius autem deberi potest.* Ebenso l. 159 R. J. und l. 3 § 4 D. 41, 2.

Soll nun also eine persönliche Klage der *exceptio rei judicatae* begegnen, so muss in der Regel das Zweifache: Identität der *causa* und des Objekts vorliegen; für sich allein würde keines dieser Momente genügen. Selbstverständlich ist, dass dort, wo zweien *causis* ein und dasselbe Objekt gemeinsam ist, die erfolgte Befriedigung in Folge von Anstellung einer der betreffenden persönlichen Klagen der Erhebung der anderen entgegensteht, aber nicht wegen *„res judicata"*.

Bei Identität des Objekts, bzw. Rechtsanspruchs, kommt es

nicht auf die Identität der Klage an: *dummodo de eadem re experiatur, etsi diverso genere actionis, quam instituit: videtur de eadem re agere* (l. 5 h. t); es könnte sonst *diverso genere judicii* bereits Abgeurtheiltes wieder in Streit gezogen werden. In gleicher Weise stünde die *exceptio jurisjurandi* jedem Verlangen entgegen, welches, in welcher Klagenform auch immer, später im Widerspruche zu dem durch den Eid Erledigten geltend gemacht würde.

l. 28 § 4, § 6 D. 12, 2. Umgekehrt können ungeachtet der Identität der Klage verschiedene Obligationen vorhanden sein: l. 31 § 16 D. 21, 1.

Blosse Identität des mehrere Rechtsansprüche erzeugenden Faktums genügt nicht zur Begründung der *exceptio rei judicatae*. Hieher gehört der bereits oben § 14 erwähnte Conkurrenzfall der *actio furti* und *condictio furtiva;* oder der Fall der Beschädigung der kommodirten Sache durch den Kommodatar, wo gegen die *actio Legis Aquiliae* keine *exceptio rei judicatae* begründet wäre, auch wenn Kommodatar auf die *actio commodati* absolvirt worden wäre „wegen Nichtbestehens des Kommodats". Anders jedoch, wenn zur Identität des Faktums noch die des Rechtsanspruchs kommt, welche, wie so eben bemerkt, immer der entscheidende Punkt ist; Verschiedenheit der Klagen oder der juristischen Einkleidungen desselben, wäre dann auch gleichgültig, wie es z. B. in l. 38 § 1 D. 17, 2 heisst: *si tecum societas mihi sit, et res ex societate communes, quam impensam in eas fecero, quosve fructus ex his rebus ceperis, vel pro socio, vel communi dividundo, me consecuturum; et altera actione alteram tolli Proculus ait.*

Dagegen handelt es sich in l. 43 *eodem* um verschiedene Rechtsansprüche, daher der späteren Klage die *exceptio rei judicatae* nicht entgegensteht:

> *si actum sit communi dividundo, non tollitur pro socio actio, quoniam pro socio et nominum rationem habet, et adjudicationem non admittit* — —.

An dieser Stelle ist zum Zwecke noch weiterer Darlegung der im Einzelfalle vorzunehmenden genauen Prüfung, ob die Voraussetzungen der *exceptio rei judicatae* gegeben sind oder nicht, die Betrachtung einiger Quellenstellen nicht ohne Interesse; es sind die ll. 6 § 6 und 31 D. 17, 1; 35 pr. D. 3, 5; l. 10 D. 19, 1.

In l. 6 § 6 (Ulp.) heisst es: *Apud Julianum lib. 13 Dig. quaeritur: Si dominus jusserit procuratorem suum certam pecuniam sumere, et foenerare periculo suo, ita ut certas usuras domino penderet dumtaxat, si pluris foenerare potuisset, ipse lucraretur: in creditam pecuniam videtur, inquit, accepisse. Plane, si omnium negotiorum erat ei administratio mandata, mandati quoque eum teneri: quemadmodum solet mandati teneri debitor, qui creditoris sui negotia gessit.*

Also: ein Prokurator hatte ein Darlehen bekommen; war er, sagt Ulpian, ein *procurator omnium bonorum*, so soll er auch *mandati* haften. Es fragt sich: liegen hier zwei Ansprüche aus einem Faktum vor, oder nur einer? Wohl nur letzteres: der Anspruch ist in beiden Fällen derselbe, nämlich Zurückerstattung des Darlehens sammt den stipulirten Zinsen, nur kann er von verschiedenen rechtlichen Gesichtspunkten aus geltend gemacht werden. Folglich würde die Abweisung, auf die eine der beiden Klagen *exceptionem rei judicatae* gegen die andere begründen.

In l. 31 eodem sagt Julianus: *si negotia mea mandavero gerenda ei, qui mihi actione in quadruplum tenebatur, post annum vero in simplum, etsi post annum cum eo mandati agam, praestare mihi quadruplum debebit: nam qui alterius negotia administranda suscipit, id praestare debet in sua persona, quod in aliorum.*

Die Stelle zeigt, wie ein schon bestehender Anspruch später einen neuen rechtlichen Gesichtspunkt gewinnen kann, welcher ihn qualitativ sogar verbessert. An sich ist nun l. 31 klar, aber man könnte fragen: wie dann, wenn der Geschäftsherr, bzw. Beschädigte, noch vor Ablauf eines Jahres mit einer der beiden hier zuständigen Klagen aufgetreten wäre, würde dann gegen die andere *exceptio rei judicatae* begründet sein?

Die Bejahung dieser Frage leidet wohl keinen Zweifel.

Es kommt nun l. 35 pr. D. 3, 5 (Scaevola lib. I quaest.) zu betrachten, eine auf den ersten Anblick nicht so einfache Stelle. Sie lautet:

> *Divortio facto negotia uxoris gessit maritus: dos non solum dotis actione, verum negotiorum gestorum servari potest. Haec ita, si in negotiis gestis maritus, dum gerit, facere potuit: alias enim imputari non potest, quod a se non exegerit. Sed et posteaquam patrimonium amiserit,*

plena erit negotiorum gestorum actio: quamvis si dotis actione maritus conveniatur, absolvendus est. Sed hic quidam modus servandus est, ut ita querelae locus sit, quantum facere potuit, quamvis postea amiserit: si illo tempore ei solvere potuit: non enim e vestigio in officio deliquit, si non protinus res suas distraxit ad pecuniam redigendam: praeterire denique aliquid temporis debebit, quo cessasse videatur. Quod si interea prius quam officium impleat, res amissa est: perinde negotiorum gestorum non tenetur, ac si numquam facere possit. Sed et si facere possit maritus, actio negotiorum gestorum inducitur: quia forte periculum est, ne facere desinat.

Das dieser Stelle zu Grunde liegende Faktum ist einfach: ein geschiedener Ehemann hatte die Geschäfte seiner Frau fortgeführt. Scävola sagt nun, die Restitution der Dos sei mit der *actio rei uxoriae* und *negotiorum gestorum* verfolgbar. Diess sind bekanntlich zwei qualitativ sehr verschiedene Klagen, denn während dem Ehemanne gegen die erstere das *beneficium competentiae* zusteht und er überhaupt nur für *diligentia quam suis* haftet, ist der *negotiorum gestor* für *levis culpa*, unter Umständen (l. 11. h. t.) auch *casus* haftbar.

Es fragt sich nun: liegen in unserem Falle zwei selbständige Ansprüche vor, jeder auf seiner eigenen obligatorischen *causa* ruhend, oder nur ein Anspruch, aber mit zweifachem obligatorischen Fundamente?

In letzterem Falle würde ein abweisendes Urtheil über die eine Klage *res judicata* gegen die andere machen, in jenem aber die zweite Klage nur durch den Umstand erfolgter Befriedigung ausgeschlossen werden.

Für die Annahme von zwei Ansprüchen liessen sich nun manche Gründe aufführen, dennoch aber muss man sich für das Gegebensein nur eines entscheiden, dessen rechtliche Begründung aber eine zweifach mögliche ist. Sagt nämlich zwar unsere Stelle, der Divortiant unterliege schlechtweg der *actio neg. gest.*, sollte er auch von der *actio rei uxoriae* absolvirt werden müssen, so wird dieser peremtorische Ausspruch doch sogleich dahin modifizirt, dass hinzugefügt wird: als *gestor* könne er doch nur dann in Anspruch genommen werden, wenn er ein billiges *spatium temporis* unthätig habe verstreichen lassen, innerhalb welches es ihm möglich gewesen wäre, durch Versilberung der eigenen Sachen seiner Restitutionspflicht nachzukommen; hätte er aber während jenes Zeitraumes sein Vermögen verloren, so hafte er auch als *gestor* nicht: „*ac si numquam facere possit*". Diese hier entscheidenden Worte erweisen augenscheinlich, dass der rechtliche Massstab, welchem der *nomine uxoris* gerirende Mann untersteht, doch immer seine Eigenschaft als *quondam* Ehemann ist, und dass sich l. 35 wohl am Richtigsten dahin erklärt, dass die hier gegebene *actio n. g.* nichts sein soll, als ein (im Einzelfall vielleicht nützlich sein könnendes) Schutzmittel der Frau gegen die im Allgemeinen nur auf *diligentia quam suis* gestellte Haftbarkeit des Mannes.

Folgt also, dass im Grund hier nur ein Anspruch vorliegt, der gegen den Mann als *quondam* Ehemann, und nur nebenbei als *gestor*. Beide zuständige Klagen würden also gegen einander die *exceptio rei judicatae* begründen.

Von den oben erwähnten Stellen ist noch l. 10 D. 19, 1 zu betrachten, welche verschiedene Schwierigkeiten bietet (Liebe, Stipulation S. 161, Krüger, Consumtion S. 58 n. 14). Hier sagt nun Ulpian lib. 46 ad Sabinum:

> *Non est novum, ut duae obligationes in ejusdem persona, de eadem re concurrant. Cum enim is, qui venditorem obligatum habebat, ei, qui eundem venditorem obligatum habebat, heres extiterit, constat, duas esse actiones in ejusdem persona concurrentes, propriam et hereditariam: et debere heredem institutum, si velit separatim duarum actionum commodo uti, ante aditam hereditatem proprium venditorem convenire; deinde, adita hereditate, hereditarium: quod si prius adierit hereditatem, unam quidem actionem movere potest, sed ita, ut per eam utriusque contractus sentiat commodum. Ex contrario quoque si venditor venditori heres extiterit, palam est, duas evictiones eum praestare debere.* [94])

---

94) Vergl. noch: l. 18 D. 44, 7; l. 5 D. 46, 1; l. 13 D. 45, 2; l. 12 pr. legat. I.

Ulpian setzt hier folgenden Fall: A verkauft eine und dieselbe Sache zuerst an B, dann C.; sie wird evinzirt und B erbt den C. Ulpian sagt nun: B habe (wegen der Eviktion) zwei Klagen, die eigene und die erbschaftliche, aber er müsse wenn er jede dieser Klagen für sich verfolgen wolle, die eigene Klage vor dem Erbschaftsantritte, die *actio hereditaria* nach diesem anstellen; trete er aber vorher an, so könne er nur eine dieser Klagen gebrauchen, jedoch so *„ut per eam utriusque contractus sentiat commodum."*

Was nun zunächst letzteres betrifft, so ist diess sehr wohl denkbar: z. B. das mehr, um welches die Sache in meinen Händen werth geworden ist, oder ein *lucrum cessans,* welches der Erblasser durch die Eviktion erlitt (l. 6, l. 60, l. 66 § 3, l. 70 D. 21, 2; l. 9, l. 23 Cod. 8, 45). Auf der Rechnung des Verklagten steht übrigens auch noch das *pretium,* welches bezahlt wurde, und zwar sowohl von B, als C.

Es fragt sich aber nun: bestehen in unserem Falle zwei selbständige Ansprüche oder nur einer, etwa mit zwei Verzweigungen? Gewiss muss man sich für jenes entscheiden und dem Falle in l. 10 cit. stünde jener ganz gleich, wenn B gegen A aus zwei verschiedenen Kaufgeschäften über zwei verschiedene Sachen Eviktionsansprüche hätte. L. 10 handelt also von zwei materiell ganz verschiedenen Obligationen, welche auch, jede für sich, selbständig verfolgt werden müssen können, — und bezüglich welcher auch, wegen Mangels von Identität der *res,* keine *exceptio rei judicatae* aus dem Urtheil über eine gegen die andere denkbar ist, — und doch lässt Ulpian wegen beider Kaufgeschäfte nur eine Klage zu, und zwar als (angebliche) Folge des Erbschaftsantrittes, ja geradezu mit konsumirender Wirkung auf beide Obligationen! Krüger l. bemerkt mit Recht, es sei nicht einzusehen, wie es zur Consumtion zwischen zwei *actiones* mit ganz verschiedenen *demonstrationes* kommen könne, und ebensowenig sei Liebe's Ansicht stichhaltig, dass die Nothwendigkeit einer Klage aus der alten *exceptio rei residuae* zu erklären sei.

„Am einfachsten" ausserdem wäre es allerdings, wie Liebe l. meint, die Nothwendigkeit einer Klage auf eine prozessrechtliche Vorschrift der Klagenhäufung zurückzuführen. Hiezu giebt aber die Stelle wieder keinen Anhalt und die Consumtion beider

Obligationen durch die eine Klage wäre dennoch unerklärt. Ulpian sagt nichts Näheres darüber, was eintreten soll, wenn B die Erbschaft angetreten hat, ohne die eigene Eviktionsklage vorher angestellt zu haben; er sagt bloss, dass jetzt nur mehr eine Klage gebrauchbar ist, doch mit der Richtung auf *„utriusque contractus commodum"*; über den Ersatz des reinen *pretium*, worauf doch jedenfalls auch die andere Klage geht, und auf welches *pretium* der Ausdruck *„commodum"* nicht passt, sagt er wieder nichts, und doch kann keine Rede davon sein, dass dieses verloren sein sollte. Möglich, dass man l. 10 am Besten von der prozessualischen Consumtion aus erklärt, und dem die zweite Klage anstellenden B gegen die, die Consumtion urgirende *exceptio rei judicatae*, die *replicatio doli* giebt. Hiebei muss aber auch Verf. gestehen, dass er die Consumtion einer *actio* durch eine andere mit ganz verschiedener *demonstratio*, weil eine andere *res* betreffend, noch immer nicht zu erklären vermag. —

Für die hier besprochene Frage nach Identität der *quaestio* bei Obligations-Verhältnissen sind von nicht geringem Interesse die sog. *actiones adjectitiae qualitatis.*[95]) Es kommt hiebei darauf an, ob aus dem Urtheil über die Hauptklage die *exc. rei jud.* gegen die adjektizische Klage erwächst und umgekehrt. Die hieher gehörigen Fälle der Mitverhaftung eines Andern als des unmittelbaren Contrahenten finden ihre Begründung in einer geschlossenen Anzahl äusserlich verschiedener Fälle, nämlich: in Folge der eigenen Erklärung dieses Andern, das betreffende Rechtsgeschäft als mit ihm abgeschlossen zu betrachten (*actio quod jussu*), oder in der Thatsache der Anstellung eines *institor* oder *exercitor (actio institoria, exercitoria)*, ja überhaupt schon, wenn zum Abschlusse irgend eines einzelnen Geschäfts Auftrag erfolgte (*actio quasi institoria*), auch in dem Umstande einer jenem Andern aus dem Geschäfte des eigentlichen Contrahenten unter einigen Voraussetzungen zugegangenen Bereicherung (*actio de in*

95) Eine Lehre, welche dringend einer eigenen historisch-dogmatischen Gesammt-Darstellung bedarf; in historischer Beziehung das Gründlichste seit Keller findet sich in den neuesten Untersuchungen von Mandry und Bekker; am Eingehendsten unter den Lehrbüchern des Pandektenrechts: Windscheid II. Bd. S. 739—S. 754.

rem verso), oder in der von Seite dieses Andern bewerkstelligten Ueberlassung eines ihm gehörigen und verbleibenden Vermögensstücks an sein noch in seiner Gewalt befindliches Kind (*actio de peculio*), endlich wenn solche Ueberlassung zum Zwecke eines Handelsbetriebs geschah (*actio tributoria*).

Gemeinsam ist allen diesen Fällen, dass sich jener andere Nichtcontrahent durch obige im Einzelnen angegebene Umstände in Beziehung zu erwarteten Rechtsgeschäften gesetzt hat, oder wenigstens, wie bei der *versio in rem*, gesetzt wurde.

Bekanntlich sind der Contrahent, wie jener Andere, *correi* nach Rechtssatzung[96]), hier aber kommt es zunächst auf den Punkt an, ob die Parallel-Ansprüche des Creditors gegen den Contrahenten und jenen Andern auf einer *causa* beruhen, oder verschiedenen. So könnte man z. B. meinen, die betreffende Darlehensaufnahme durch X sei eine *causa*, die Bereicherung des Z hieraus eine andere, folglich lägen zwei selbständige Obligationen vor, deren Aburtheilung gegenseitig einflusslos sei.

Dem ist jedoch nicht so, vielmehr liegt in allen Fällen der *actiones adj. qual.* nur eine *causa* vor, das Hauptgeschäft, aus welchem nur in bestimmten Fällen ein ausserhalb des Geschäftsabschlusses Stehender als zweiter gleichwerthiger Schuldner mitverpflichtet wird; die Hauptklage geht also, wie man auch sagt, auf zwei Condemnationen (§ 4 J. 4, 7), daher das Urtheil über jede, der andern gegenüber, *res judicata* machen muss.

Für diese Annahme des Gegebenseins nur einer *causa* spricht auch der historische Umstand, dass (wie Keller zweifellos festgestellt hat) im Formularprozess die *Intentio* der adjektizischen Klage auf die Obligation des eigentlichen Contrahenten gestellt wurde.

Keineswegs aber decken sich bezüglich ihres materiellen Umfangs die Condemnation der Haupt- und der adjektizischen Klage.

In solidum nämlich haften beide Obligirte nur in den Fällen der *actio quod jussu, exercitoria, institoria* und *quasi i.*, während gegenüber der *actio de peculio*, *tributoria* und *de in rem verso*

---

96) Samhaber, Zur Lehre von den Correal-Obligationen (1861) S. 176.

die Verpflichtung des Andern nicht über den Betrag des Pekuliums, oder die Werth-Höhe der Bereicherung hinausgeht, ja der mit der *actio de peculio* Belangte noch dazu das Recht vorheriger Abrechnung der eigenen Forderungen an das Sondergut hat.

In den für die adjektizischen Klagen geeigneten Fällen findet nun ein zweifaches Conkurrenzverhältniss von Klagen statt: der Haupt- mit der adjektizischen Klage[97]) (oder der *a. directa* mit der *utilis*), und mancher adjektizischer Klagen untereinander. Sollen nun aber letztere konkurriren, so ist eine gewisse, wenigstens partielle Gleichheit des Thatbestands erforderlich, oder: die materielle Grundlage dieser Klagen muss fähig sein, die gemeinsame Quelle ihrer Substanziirung abzugeben, daher z. B. von einer Conkurrenz der *actio institoria* mit der *exercitoria actio*, oder jener mit der *actio tributoria* niemals die Rede sein könnte (l. 11 § 7 D. 14, 3).

Im Einzelnen ist nun über die Conkurrenz adjektizischer Klagen, unter Berücksichtigung der Frage nach etwaiger Consumtion, Folgendes zu bemerken:

α) Verhältniss der *actio de peculio* und *tributoria*.

Diese beiden Klagen konsumiren einander (l. 9 § 1 D. 14, 4), weil, wie Keller mehreren Orts entscheidend festgestellt hat, beider *Intentio* auf das *dare facere oportere* des *filius* gestellt war; doch muss hier hinzugedacht werden, dass es sich um eine und dieselbe Forderung handelt, wie die Stelle selbst zum Ueberfluss noch ausführt: *plane, si quis velit ex alia causa tributoria agere, ex alia de peculio: audiendus erit.* Der Consumtion, wie h. z. T. der Rechtskraft wegen, erforderte es das praktische Interesse des Gläubigers unter diesen Klagen die richtige zu wählen, was schliesslich von den Umständen des Einzelfalls abhängt. Im Allgemeinen scheint nun die *actio de peculio* vortheilhafter zu sein, als die *tributoria actio*, weil der Begriff *peculium* auch das zum Handelsbetrieb an den Sohn ausgeantwortete Sondergut

---

97) Für diesen Fall entstund die Milderung, dass, wenn mit der adjektizischen Klage nur ein Theil des eigentlich Geschuldeten erreicht werden konnte, das Plus, worauf die direkte Klage noch gieng, nicht konsumirt wurde: l. 1 § 24 D. 14, 1; l. 30 § 4, l. 47 § 2 D. 15, 1; Bekker Cons. S. 83, S. 310.

mit umfasst (l. 11 eod.); wenn jedoch die eigenen Forderungen des Vaters an das Kind so hoch sind, dass wegen des Vorabzugsrechts jenes wenig oder nichts vom *peculium* übrig bleiben würde, dann ist die Anstellung der *actio trib.* für den Gläubiger vortheilhafter, weil er doch wenigstens etwas bekommt, denn bezüglich tributorischen Sonderguts stehen sich Vater und Creditoren gleich.

β) Verhältniss der *actiones de in rem verso* und *de peculio:* l. 1, l. 5 § 3, l. 6, l. 7 pr. D. 15, 3; § 4 J. 4, 7; Gai. IV 74; Formular bei Keller L.C. S. 429.

Diese Klagen hatten eine Formel nur verschieden in der Beziehung der *condemnatio* auf das *peculium* oder die *versio in rem,* daher sie eigentlich keine verschiedenen Klagen waren und sich die Consumtion von selbst verstand. Dennoch zeugt ihr Nebeneinanderbestehen von dem praktischen Sinn der römischen Juristen, da sich mehr wie eine Sachlage denken lässt, in welcher nur die Verfolgung des Gesichtspunkts der *versio in rem* dem Gläubiger zur Befriedigung verhilft, worüber treffend Ulpian in l. 1 § 1, § 2 D. 15, 3. Was aber die Rechtskraft anlangt, so müsste auch h. z. T. das Urtheil über eine dieser Klagen *res judicata* über die andere erzeugen, da es sich im Grunde hier doch immer nur um eine *causa* und einen obligatorischen Anspruch handelt, dessen Befriedigung nur nach verschiedenen rechtlichen Gesichtspunkten verlangt werden kann; wäre also der mittelst einer obiger Klagen geltend gemachte Anspruch für nicht begründet erachtet worden, so würde der andern Klage *exc. rei jud.* entgegenstehen; wenn aber Kläger nur desshalb für sachfällig befunden wurde, weil er nicht im Stande war, die *versio in rem* zu beweisen, so ist nicht einzusehen, warum er nicht auf die *a. de peculio* sollte greifen dürfen, denn über den Hauptanspruch ist ja nicht geurtheilt worden; so kann auch der Institorienkläger, welcher abgewiesen wurde, weil kein Institorenverhältniss bestand, noch immer zur *actio tributoria* übergehen: l. 11 § 7 D. 14, 3.

γ) Was die Beziehungen der *actio de peculio* zur *actio quod jussu* betrifft, so sagt Ulpian in l. 4 § 5 Dig. 14, 5: *is, qui de peculio egit, cum posset quod jussu, in ea causa est, ne possit quod jussu postea agere. Et ita Proculus existimat. Sed si deceptus de peculio egit, putat Celsus succurrendum ei: quae sententia habet rationem:* also Consumtion, aber nach Umständen Restitution der ohnehin empfehlenswertheren *actio quod jussu.* Gai. IV 70, 74.

Was endlich das Consumtionsverhältniss der

δ) *Actiones institoria, exercitoria* und *quod jussu* zu den *a. de peculio* und *in rem verso,* dann

ε) der *actio institoria* zu den *a.s de peculio, quod jussu* und *de in rem verso* anlangt, so vgl. jetzt Bekker, Aktionen II von S. 349 an. —

Fassen wir nun das oben zu lit. b Bemerkte, Identität der „*quaestio*" als Voraussetzung der *exceptio rei judicatae* bei Obligationsverhältnissen betreffend, kurz zusammen, so ergiebt sich das Resultat:

Entscheidend für Begründung jener Einrede ist Identität des obligatorischen Entstehungsgrunds und des Rechtsanspruchs;

gleichgültig ist blosse Identität des Objekts bei Verschiedenheit der *causae;*

ohne Einfluss ist die blosse Verschiedenheit der Klage, sowie umgekehrt die Identität der Klagen noch nicht auf solche der Rechtsansprüche schliessen lässt;

auch die blosse Identität des Faktums entscheidet für sich allein noch nicht, um die *exceptio rei judicatae* zu begründen;

dagegen wird die *exceptio rei judicatae* nicht ausgeschlossen, wenn ein und derselbe obligatorische Rechtsanspruch gegen einen und denselben Schuldner von verschiedenen juristischen Gesichtspunkten aus begründet wird, oder gegen einen Andern, als den eigentlichen Contrahenten, aus einem besonderen juristischen Rechtfertigungsgrunde verfolgt werden kann.

§ 18.

b) Die sog. zwei Funktionen der *exceptio rei judicatae.*

Die Lehre der „zwei Funktionen" der *exceptio rei judicatae* ist in der juristischen Literatur eine verhältnissmässig neue. Erst Keller, Lit. Cont. § 27 — § 30, Civ. Pr. § 60, § 72, gab ihr das Leben; angenommen und weiter fortgebildet wurde sie besonders durch Wächter, Erörterungen III u. Savigny, System Bd. VI; auch Bethmann-Hollweg, Schrader's krit. Ztschr. V S. 81, Civ. Pr. II S. 494, S. 636 u. mehrfach, schloss sich der Keller'schen Lehre an.

Nachdem jedoch von einzelnen hervorragenden Schriftstellern, als besonders Planck, Buchka, auch Pfeiffer, namentlich gegen die weitgreifende Ausdehnung, welche Savigny der Rechtskraft des Urtheils zutheilte, wohl begründete Einwürfe erhoben worden, griff Bekker in ebenso gründlicher wie energischer Weise jene behauptete Zweiheit der Funktionen der *exceptio rei judicatae* an, und erschütterte die bis dahin im Ganzen noch herrschende Lehre einer Doppelwirkung genannter *exceptio* wenigstens mit dem Erfolge, dass eine Anzahl namhafter Autoren zu Bekker's neuer Lehre übertraten, welche (Consumtion von S. 15 an) in dem Satze gipfelt: alle Wirkungen der *exceptio rei jud.* liessen sich aus der Consumtionslehre erklären, man müsse darauf verzichten, die *exceptio rei judicatae* als Organ der positiven Kraft des Erkenntnisses darzustellen.

I. Was nun zunächst die Keller-Savigny'sche Lehre betrifft, so stellt sie auf:

Die Litiskontestation habe sowohl im Legisaktionen- als Formularprozess die sog. Consumtion bewirkt, d. h. Tilgung der angestellten *actio;* dieser Erfolg sei im alten Prozesse immer *ipso jure* eingetreten wegen des Vorgangs einer *novatio*, indem an Stelle der früheren, jetzt untergegangenen *obligatio,* die *obligatio condemnari oportere* entstanden sei, welche später zu Folge des Urtheils von der *obligatio judicatum facere oportere* abgelöst würde.

Diese letztere Obligation nehmen Savigny u. A. nicht an, dagegen eine auf Geldleistung gestellte bedingte Obligation, welche durch das Urtheil purifizirt werde.

Anlangend aber den Formularprozess, so hält die Keller'sche Lehre jene *ipso-jure*-Novation nur mehr für gewisse Fälle fest, lässt aber die Litiskontestation regelmässig die *exceptio rei in judicium deductae* erzeugen, eine der angestellten *actio* für alle

Zeiten entgegenstehende peremptorische Einrede, welche, kommt's noch bis zum Urtheil, dann *exceptio rei judicatae* heisse.

Hiernach ist also die *exceptio rei judicatae* nichts als das Mittel zur Geltendmachung der Klagenconsumtion, wenn der Rechtsstreit mit einem Urtheile geschlossen, wobei es nur auf die Thatsache des gefällten Erkenntnisses und nicht dessen Inhalt ankommt; dass erkannt ist, genügt, wie — kommt nicht in Frage.

Diese, die Consumtion urgirende Eigenschaft der *exceptio rei judicatae* nennt nun Keller deren negative Funktion, und lässt sie in Wirksamkeit treten, so oft sich ergäbe, dass die jetzt angestellte Klage mit der früheren identisch sei, wobei aber „*actio*" nicht im gewöhnlichen formellen Sinne genommen werden dürfe, sondern „materiell für Klagerecht".

Bethmann-Hollweg, ebenso Pfeiffer, Archiv f. civ. Pr. Bd. 37 S. 111, bezeichnet die negative Funktion als die Geltendmachung der Consumtion des Klagrechts für den Fall, wenn wieder *eadem actio* erhoben werde. Hiegegen Windscheid, Actio, S. 76: „Die Regel, auf welcher die *exceptio rei judicatae* beruht, geht nicht dahin, dass dieselbe Actio, sondern dass eine Actio über denselben Gegenstand, über *eadem res,* nicht zweimal stattfinden solle."

Ausser der „negativen Funktion" giebt aber Keller der *exceptio rei judicatae* noch eine sog. „positive Funktion", oder die Wirkung der Geltendmachung des Inhalts des Urtheils, nämlich in der Weise, dass die *exceptio rei judicatae* „jeder Actio entgegenstehe, welche dem als Resultat des früheren Prozesses erscheinenden faktischen oder rechtlichen Satze widerspricht; m. a. W., — welche ungegründet sein muss, wenn dieser Satz als wahr angenommen wird." Keller, L.C. S. 240.

Es ist nur eine andere Schattirung, wenn Bethmann-Hollweg die *exceptio rei judicatae* in ihrer positiven Funktion dann gegeben sieht, wenn *eadem quaestio inter easdem personas revocatur,* d. h. das Gegentheil vom Ausspruch des Richters im früheren Prozesse behauptet werde. Auch der neuste Autor über prozessualische Consumtion, Krüger, sieht das Bezeichnende der positiven Funktion in der Hinweisung auf den Inhalt des früheren Erkenntnisses, in welchem Momente überhaupt alle Anhänger mehrerwähnter Funktion zusammentreffen.

II. Dagegen besteht unter letzteren keine so unbedingte Uebereinstimmung über das historische Verhältniss jener beiden Funktionen.

Keller L.C. S. 231 stellt geradezu auf, „dass in der ganzen Zeit der classischen Juristen die *exceptio rei judicatae* gleichmässig" jene zwei Funktionen gehabt, ferner dass jene Annahme irrig sei, früher sei die negative Funktion die einzige gewesen, zu welcher dann später die positive getreten wäre, und endlich sei auch die Vorstellung abzuweisen, dass die negative Funktion allmählich hinter die positive zurückgetreten und verschwunden sei.

Savigny dagegen (System VI § 282, § 283) hält die negative Funktion für die ältere und ursprünglich einzige Gestalt der Einrede; diess zeige ihre unvollkommnere Natur, wie ihre Verwandtschaft mit der alten *ipso-jure*-Consumtion; auch Gaius rede in seinen Institutionen gar nicht von der positiven Funktion, weil eben diese, wenn gleich längst von der Praxis berücksichtigt, zu seiner Zeit grundsätzlich noch nicht zu vollem rechtswissenschaftlichem Abschluss gelangt gewesen wäre.

Hiebei bezeichnet Savigny die positive Funktion kurz als „Aufrechthaltung des Inhalts des Urtheils" zu Folge des Grundsatzes der Fiktion der Wahrheit selbst des ungerechten Urtheils. Nachdem aber, so fährt Savigny weiter, die beiden Funktionen neben einander Bestand und Anerkennung gefunden hätten, habe diess die ganze Zeit der Pandekten-Juristen hindurch fortgedauert, nur dass den alten Juristen immer deutlicher das Befriedigende der positiven Funktion, das Ungenügende der negativen, m. a. W. der Vorzug des Grundsatzes der Fiktion der Wahrheit des Urtheils vor dem der Klagenconsumtion zum Bewusstsein gekommen sei. Eine naturgemässe Entwickelung hieraus sei es dann gewesen, dass die Klagenconsumtion allmählich verschwand, wenn gleich von einer Aufhebung durch Gesetz nichts bekannt geworden sei. Hiezu sei auch mit dem Wegfall des Formularprozesses der jenes Verschwinden befördernde äussere Umstand gekommen, dass jetzt wegen Aufhörens der Klagformeln die Identität der Klagen (die Voraussetzung der Klagenconsumtion) nicht mehr so leicht habe erkannt werden können. Nachdem nun endlich auch im Justinianischen Rechte weder von Klagenconsumtion noch *exceptio rei in judicium deductae* auch nur mit einem Worte die Rede sei, erhelle ganz klar, dass die Klagenconsumtion nicht mehr gegolten habe, und die *exceptio rei judicatae* schliesslich nur mehr die positive Funktion, als Schutz des Inhalts eines Urtheils gehabt und behalten habe. Was aber das heutige Recht betreffe, so könne natürlich nur mehr von der positiven Funktion die Rede sein, mit der Wirkung der unbedingten Aufrechthaltung des Inhalts des Urtheils, so oft die in demselben entschiedene Rechtsfrage neuerdings in Zweifel und Bestreitung gezogen werden wolle. Hiebei aber habe man das Urtheil nicht etwa nur als ein Hülfsmittel für augenblickliche Abwehr äusserer Rechtsverletzung zu betrachten, sondern als ein umfassendes Sicherungsmittel der rechtskräftig bewirkten Feststellung des unter den Partheien streitig gewesenen Rechtsverhältnisses, so dass also unter die heutige Rechtskraft nicht allein die letzte praktische Entscheidung (Verurtheilung oder Freisprechung) falle, sondern auch jede vom Richter gesetzte Annahme oder Verneinung von Rechtsverhältnissen, deren Bejahung oder Ablehnung die privatrechtliche Voraussetzung solcher Condemnation oder Absolution sei.

Savigny drückt letzteres so aus: Nicht allein der Ausspruch über Verurtheilung oder Freisprechung wird rechtskräftig, sondern auch die Elemente des Urtheils.

III. Planck, Mehrheit etc. etc. ist insoferne Vorgänger Bekker's, als er für die Zeit des *ordo judicior. privator.* die „Idee der prozessualischen Consumtion durch *litiscontestatio* und *sententia judicis*“ auf die Regel „*bis*“ etc. etc. zurückführt. Näher statuirt Planck Consumtion des Klagrechts mit der L. C. und Novation, d. h. das Klagrecht „ist in die neue Form eines vor dem *judex* zu verfolgenden Rechts aufgenommen“. Dieses Rechtsverhältniss lässt dann Planck durch die *sententia judicis* konsumiren, und wenigstens bei der Condemnation hiesse das jetzt neu entstandene Rechtsverhältniss „*res judicata*“. Nach Wegfall des Formularprozesses habe die Regel „*bis* etc.“ nur mehr eine Anwendung gehabt, nämlich auf das Endurtheil; namentlich entstehe aus der L. C. keine *exceptio rei in judicium deductae* mehr — welche überhaupt verschwinden musste, —

doch sei Beklagter gegen gleichzeitige Verhandlung derselben Sache durch ein entsprechendes prozessualisches Verbot geschützt worden.

Buchka Einfluss etc. etc. 1 S. 295 weicht von Savigny's Lehre der Wirkung des rechtskräftigen Urtheils für die Zeit des Römischen Rechts insoferne ab, als er aufstellt: nur die *actio* sei Gegenstand des Streits und der richterlichen Entscheidung, und sollten auch bei dieser Gelegenheit andere Fragen als präjudizielle streitig werden, so berühre die richterliche Entscheidung doch nur die *actio*, bezüglich jener Punkte aber habe das Urtheil nur eine „faktische Autorität" (S. 312).

Derselbe (im II. Bd. S. 2) hält die prozessualische Consumtion durch die späteren Veränderungen des Prozesses selbst aufgehoben; aus dem Justinianischen Recht sei sie verschwunden, was aber nicht gerade Folge des Wegfalls des *ordo jud. priv.*, sondern dahin zu verstehen sei, dass die früher an die L. C. geknüpfte prozessualische Consumtion auf das Erkenntniss, den Erben der L. C., übergegangen sei. Ausserdem müsse für das spätere Recht noch angenommen werden: während des Prozesses *exceptio rei in jud. ded.*, nach demselben *exceptio rei judicatae* mit Beziehung auf dessen Inhalt.

Für das heutige Recht tritt Buchka II S. 184 für die ganze breite Ausdehnung der Savigny'schen Rechtskraft der Elemente des Urtheils auf.

Ein beachtenswerther Gegner der Savigny'schen Theorie ist, für das heutige Recht, Pfeiffer Archiv Bd. 37 und 38. während er für das Römische Recht auf Savigny's Seite steht.

Was nämlich letzteres anlangt, so geht der Kern der Lehre Pfeiffer's dahin: Im älteren Rechte wirkte die *res judicata* nur negativ durch Zerstörung der *actio*, dabei nur die Defensivmittel der *exceptio rei in jud. ded.* und *rei judicatae* verleihend; aber schon zur Zeit der klassischen Juristen seien bedeutende Aenderungen erfolgt, um den zu weitgreifenden Wirkungen der Consumtion zu begegnen; hieher die Verwilligung von *praescriptiones, J. J. R., doli replicatio* und (das Bedeutendste) die *replicatio rei secundum actorem judicatae*, als reinstes Mittel zur Durchführung des materiellen Inhalts des Urtheils, oder (nach

Keller) der Verwirklichung der *exceptio rei judicatae* in ihrer positiven Funktion.

Für das heutige Recht aber bekämpft Pfeiffer (Bd. 37 S. 263) entschieden Savigny's Lehre der Rechtskraft der „Elemente des Urtheils", eine Lehre, welche, wenn angewendet, „weit über den Kreis der eigentlichen Streitpunkte, wie über Zweck und Absicht der Partheien hinaus wirken würde." S. 268 wird namentlich gut gezeigt, wie (trotz Verwahrung Savigny's hiegegen) die Savigny'sche Lehre der Rechtskraft der Urtheilsgründe in dem Falle, wenn sich Beklagter der Vertheidigung mit Einreden und Gegenbehauptungen bediene, zu nichts als der reinsten Verurtheilung des Klägers führen würde, während es doch in der ganzen Stellung des Beklagten liege, keinen weitern Vortheil im Prozesse zu erwarten als den negativen: von der Klage frei zu werden. Die ganze Uebertreibung der Wirkungen des rechtskräftigen Urtheils, bemerkt Pfeiffer schliesslich, rühre daher, dass man der Regel „*res judicata pro veritate accipitur*" eine zu ausgedehnte Herrschaft eingeräumt, zu abstrakt generalisirt habe, während die wahre Grenze der Rechtskraft in dem Zwecke und den Formen des Prozesses ihre Massgabe und Beschränkung zu finden hätte.

IV. Bekker's Lehre.[98])

Unter Hinweis auf das oben § 6 über manche Ausführungen in Bekker's Werken (Cons. und Aktionen) Bemerkte, beschränkt sich Verf. hier auf den Angriff Bekker's gegen die Keller-Savigny'sche Lehre der Doppeltheit der sog. Funktionen der *exceptio rei judicatae*. In dieser Beziehung bringt Bekker (Westerburg) folgende hauptsächlichsten Gründe vor:

1. Unrichtig sei zunächst Wächter's und Savigny's Ansicht, dass die Klagenconsumtion aus dem Justinianischen Rechte verschwunden sei; diess gelte nur von dem Novationsprinzip. Savigny erkenne (Syst. VI § 258, Obl. R. I § 19) selbst an, dass zahlreiche Stellen des R. R.'s von der Consumtion handelten; nur das müsse zugegeben werden, dass im Justinianischen Recht

---

98) Aus neuester Zeit dieser Lehre gänzlich zustimmend: Westerburg, Arch. für prakt. Rsw. N. F. Bd. IX Heft 3 und 4; Bd. X Heft 1.

die Wirkungen der Consumtion abgeschwächt worden, weil der Justinianische Prozess immer formloser geworden, und die *litiscontestatio* ihre alte strenge Bedeutung verloren habe: § 33 J. 4, 6 (Zeno), die Folgen der *pluspetitio* entfallen, § 10 J. 4, 13 (Justinian.), Aufhebung der Consumtion in Folge dilatorischer Einreden, und auch l. 28 Cod. 8, 41 sei ein Zeichen solcher Beschränkung, da hiernach nicht mehr wie seither *correi debendi* schon durch *litiscontestatio* mit einem von ihnen befreit werden sollen, sondern erst durch Befriedigung des Gläubigers.

Bezüglich dieser l. 28 l. hält nun Verf. zweierlei für unzulässig, es sind Extreme: die Einen behaupten, l. 28 enthalte einen direkten Beweis für Aufhebung der prozessualischen Consumtion. Hiegegen spricht aber, dass die Stelle keinerlei generelle, hierauf bezügliche Aeusserung enthält, und, hat Justinian wirklich an jene Aufhebung gedacht, wozu dieses Sichverlieren in einen Einzelfall? Andere, z. B. Westerburg, sagen, const. 28 statuire nur eine Ausnahme des höheren Consumtions-Prinzips, oder vielmehr von dem, auch sonst nicht ganz rein durchgeführten Prinzip der objektiven Einheit der Correal-Obligation und der alten Bürgschaftsobligation im Verhältniss zur Hauptforderung.

Dieser Ansicht kann entgegnet werden, dass es immer ein misslicher Behelf ist, gleich zur Annahme einer Ausnahme zu schreiten, auch l. 28 den ihr vindicirten exceptionellen Charakter mit keinem Worte erkennen lässt.

Das Richtigste ist wohl, mit Buchka Einfluss II S. 10 bis S. 23 anzunehmen, Justinian habe in l. 28 eine stehen gebliebene praktische Consequenz des alten, schon längst eine totale Umwälzung erfahren habenden Consumtions-Prinzips beseitigt, — wozu noch zu vergleichen, was oben § 5 über l. 28 gesagt ist. Bekker hebt nun freilich hervor, const. 28 sei nicht gegeben worden, wenn die Consumtion nicht mehr bestanden hätte, — aber dass die Consumtion express aufgehoben worden, behauptet auch Verf. nicht, sie hat durch die Aenderungen des Prozesses im III. Jahrhundert nur ihre Basis verloren, wurde noch eine Zeitlang in der Praxis mit fortgeschleift, und in const. 28 von Justinian in einer einzelnen noch stehen gebliebenen Anwendung beseitigt.

2. Bekker argumentirt ferner: nähme man eine doppelte Funktion der *exceptio rei judicatae* an, so hätte man zwei verschiedene Einreden, aber nur eine Bezeichnung für dieselben, ja, was noch auffallender, selbst in der Formel nur die eine Redaktion: *„at si res judicata non sit inter me et te“*; denn von einer Formel: *„extra quam si haec contra rem judicatam petuntur“*, oder einer ähnlichen, die positive Funktion ausdrückenden, sei nichts bekannt.

Hierauf wäre zu erwidern, dass jene einheitliche Bezeichnung nichts Auffallendes hat, wenn man bedenkt, dass die Quelle jener sog. „beiden Einreden“ die einheitliche *res judicata* ist, aus welcher sich beide substanziiren und nach welcher sie genannt werden. Ausserdem müsste auch die Annahme „zweier verschiedener Einreden“ abgelehnt werden. In der That besteht nur die eine *exceptio rei judicatae*, welche nur nach verschiedenen Richtungen hin in Anwendung kommt, oder bei verschiedenen Veranlassungen wirksam wird: einmal gegen eine mit der Thatsache früherer Aburtheilung unvereinbare *actio*, dann gegen einen Anspruch, welcher dem Inhalt eines früheren Erkenntnisses zuwiderläuft. Ohnehin verdient der Ausdruck „die Funktionen der *e. r. j.*“ jene ihm schon öfter zu Theil gewordene Bemängelung. Gerade so gut oder schlecht könnte man von der positiven und negativen Funktion etwa des Eigenthums reden, und unter jener sämmtliche Ausübungs-Handlungen sammt der *rei vindicatio* begreifen, unter dieser aber das allgemeine Verbietungsrecht des Eigenthümers gegen Eingriffe Dritter in die Freiheit seines Eigenthums. Was dann ferner Bekker's, jener einheitlichen Fassung der Formel entnommenes Argument betrifft, so könnte hiegegen immer geltend gemacht werden, dass jene karge Formelredaktion den Grund warum Beklagter mit *„at si“* etc. excipirt, offen lässt, nämlich entweder weil er findet, die erhobene Klage sei wegen der früheren Aburtheilung unzulässig, oder weil er den neuen Anspruch für unvereinbar mit dem früher Erkannten hält: das *judicatum esse* braucht man zu Beiden.

Dagegen will Verf. bei dieser Gelegenheit zum Beweise des Bestehens der beiden Funktionen sich nicht (mit Savigny VI 275) auf l. 6 h. t. berufen, welche Stelle ob der lakonischen Fassung *„maxime si diversa pronuntiarentur“* weder für die Keller'sche, noch Bekker'sche Theorie mit Sicherheit benutzt werden kann: jene Worte können nur deklarativ sein mit Bezug auf das Vorhergehende (Windscheid, Aktio S. 84), aber sie können auch als, eine Inhaltsverschiedenheit des Urtheils bezeichnend, gedeutet werden.

In neuester Zeit hat Westerburg l. Heft 4 S. 376 geltend gemacht, es sei nicht in verdientem Masse hervorgehoben, dass, wäre die positive Funktion richtig, d. h. die absolute Wahrheit des einmal zwischen den Partheien Geurtheilten, es auch ein eigenes Organ zur Realisirung derselben geben müsste. Diess sei aber nicht so zu verstehen, als handle es sich hiebei um Durchführung der Urtheilsdispositive, sondern der Urtheilsdecisive, d. h. der objektiven Entscheidungsgründe zur Begründung von Ansprüchen; es sei diess also auf solche Fälle zu beziehen, wo, abgesehen von der Disposition, durch das Urtheil einzelne Rechtsansprüche oder Thatsachen zwischen den Partheien festgestellt sind; so müsste also z. B. wenn Kläger mit der *rei vindicatio* abgewiesen sei, weil Beklagter sein Eigenthum bewiesen, jetzt Beklagter auf Grund des Erkenntnisses gegenüber dem Kläger vindiziren können.

Hiegegen hat Verf. zu erwidern: Diess folgt nicht daraus, diess wäre die positive Funktion auf die äusserste Spitze getrieben, sie kann auch unter diesem Niveau noch bestehen. Positive Funktion heisst nicht „fundirende Kraft des Urtheils", wenigstens würde Verf. diese Erklärung ablehnen, positive Funktion heisst vielmehr: Substanziirung der *exceptio* oder *replicatio rei judicatae* aus dem Inhalte des Urtheils, nicht aus der nackten Thatsache des blossen Gefälltseins desselben. Der *actio* kann solch' nackte Thatsache entgegengehalten werden, aber gegenüber einem neuerdings geltend gemachten materiellen Rechtsanspruch sagt sie nichts, und ist unzureichend um dessen civilrechtliche Unbegründetheit darzulegen. Wichtig ist hier auch l. 11 § 3 und l. 12 D. 12, 2, aus welchen Stellen Windscheid Aktio S. 111 überzeugend dargelegt hat, dass der Ausschluss des Widerspruchs gegen das durch rechtskräftiges Urtheil Festgestellte, bei einem zweiten Prozesse *inter easdem personas, officio judicis* realisirt worden sei. Diess ergiebt sich zwar erst aus einem *arg. a contrario,* jedoch keinem „schwachen und unzuverlässigen", wie

Westerburg meint, sondern einem beim ersten Blick sich unablehnbar aufdrängenden.

3. Bekker entwickelt bekanntlich die Consumtion aus der Regel „*bis*“ etc., und hat hierin mit Recht die allgemeinste Zustimmung gefunden. Näher, sagt Bekker, liege in jener Regel, dass der an sich klagbare Anspruch nur einmal mit Klage verfolgt werden dürfe, wenn es aber dennoch geschähe, so finde je nach dem Prozessabschnitte, bis zu welchem die frühere Klage durchgeführt worden, *exceptio rei in jud. ded.* oder *rei judicatae* statt. Diess heisst also: keine Klage mehr auf einen Anspruch, welcher entweder schon einmal Gegenstand einer *actio* oder eines Erkenntnisses gewesen.

Hiebei aber soll nun nach Bekker das Römische Recht stehen geblieben sein, obwohl Bekker S. 269 selber anerkennt, dass zur Zeit der entwickelten Jurisprudenz ein neues Prinzip vielfach wirkungsvoll mit der Regel „*bis*“ etc. konkurrirte, nämlich: den materiellen Inhalt des richterlichen Urtheils als wahr zu fingiren.

Dieses „neue Prinzip“ ist aber eben nichts als die Grundlage der positiven Funktion, und nun steht die Sache so: keine Klage mehr wegen desselben, schon abgeurtheilten Anspruchs — diess bewiesen zu haben, hiefür hat Bekker gesorgt; aber auch: keine Klage mehr wegen eines andern Anspruchs, wenn er im Widerspruche zum Inhalt eines früheren Urtheils steht, und bzw. keine *exceptio, replicatio* mehr unter derselben Voraussetzung: diess zu beweisen ist die Aufgabe der Anhänger der sog. positiven Funktion. Diese Aufgabe kann aber nur eine Prüfung der Quellenaussprüche lösen, allgemeine Raisonnements würden eben zu nichts führen.

V. Es fragt sich nun: welche positive Aussprüche der Quellen und welche sich hieran anschliessende Argumente sind von den Vertheidigern der positiven Funktion geltend gemacht worden, und wie hat sich Bekker und seine Schule zu denselben verhalten? [99])

99) Dazu besonders Windscheid Aktio S. 72 — S. 110, mit dem Bemerken, dass, wo eine Meinungsverschiedenheit nicht ausdrücklich hervorgehoben ist, oder früher schon wurde, Verf. den Ausführungen Windscheid's unbedingt beipflichtet. S. auch noch oben § 14, § 15, wo bereits manche sonst hieher gezogene Stelle berücksichtigt wurde.

1. Keller L. C. § 28 führt eine Reihe von Stellen auf (l. 30 § 1, l. 15 h. t.; l. 40 § 2 D. 3, 3), wonach dem im Eigenthums- oder Erbstreite Besiegten die *exceptio rei judicatae* entgegensteht, wenn er selbst später an derselben Sache oder Erbschaft Eigenthums- oder Erbrecht geltend machen wolle. Keller folgert nun: da er nicht früher Kläger war, also keine *actio* zur Consumtion gebracht, so könne die ihm hier entgegenstehende *exceptio rei judicatae* ihre Begründung nur in dem Inhalte des früheren Urtheils finden.

Gegen Keller wendet sich nun neuestens Windscheid Aktio S. 84 (obwohl Windscheid schliesslich dennoch das Bestehen der positiven Funktion anerkennt) mit dem Einwurfe, er (Windscheid) finde es nicht für stringent genug, hier gerade an die positive Funktion denken zu müssen, weil in den Fällen der angeführten Stellen mit Anerkennung des klägerischen Eigenthums *implicite* ausgesprochen wäre, dass Beklagter nicht Eigenthümer, also auch über seine Eigenthumsansprüche geurtheilt sei.

Es fragt sich aber: sollte diesem Einwurfe nicht mit der Bemerkung begegnet werden können, dass die Folgerung: in der Anerkennung des klägerischen Eigenthums liege Aberkennung des Eigenthums beim Beklagten, selbst nichts ist als ein Operiren mit der (hier doch abgelehnten) positiven Funktion? Wie kann man denn zu dem Satze: „das Eigenthum des Beklagten ist *implicite* aberkannt", anders gelangen als auf dem Wege einer Folgerung — nicht dass geurtheilt, sondern dass für den Kläger geurtheilt sei? Diess ist aber augenscheinlich nichts als eine dem Urtheils-Inhalt entnommene Conklusion.[99a])

Es liesse sich aber obigem Einwurfe noch entgegenhalten: dürfte man für die Zeit des Paulus, Julianus, Ulpianus, der Verfasser obiger Stellen, noch an den alten Eigenthumsstreit mit seiner *contravindicatio* denken, dann liesse sich von einer Mitentscheidung über das Eigenthum des Beklagten reden; zu jener Zeit bestand aber der alte Eigenthumsprozess schon lange nicht mehr.

Wie dann ferner, wenn der Beklagte für sich gar keinen

99a) Anderer Ansicht als Windscheid auch Dworzack, Krit. Ueberschau V (1857) S. 20; dagegen stimmt dieser überein mit Windscheid's (S. 91) Vertheidigung Savigny's gegen l. 17 und l. 23 h. t.

Eigenthumsanspruch an der strittigen Sache geltend gemacht hätte, sondern sich auf die Abläugnung des klägerischen Anspruchs beschränkt? Dennoch stünde seiner späteren Vindikation die Urtheilseinrede entgegen, nicht weil ihm früher das Eigenthum aberkannt worden — zu welcher Frage es hier gar nicht kommt —, sondern wegen durch *pronuntiatio* erfolgter Feststellung des Eigenthums des jetzigen Beklagten, also wegen des Inhalts des früheren Urtheils.

Westerburg l. S. 383, welcher in diesem Punkte „jedenfalls die schwächste Seite" der von ihm vertretenen Theorie sieht,[99b]) will diese durch die Aufstellung retten: in dem Urtheile über das Eigenthum, Erbrecht des Klägers liege vermöge der „exklusiven Natur dieser Rechte auch das Urtheil über diejenigen des Beklagten."

Versteht nun Verf. Westerburg recht, so verlegt er die Nichtannahme des Eigenthums des Beklagten ausserhalb des Urtheils, nämlich in die „Natur" des Eigenthums, woraus das Nichteigenthum des Beklagten nur als privatrechtliche Consequenz folge; weil eben ein Anderer als Eigenthümer anerkannt worden; so enthalte das Urtheil nicht die Dezisive: Beklagter ist *nondominus*, sondern nur: Kläger ist Eigenthümer, — dass es Beklagter nicht sei, besorge das Privatrecht.

Hiegegen ist aber kurz zu erwidern: jene privatrechtliche Consequenz wird gar nicht flüssig, wenn man nicht von dem Inhalt des Urtheils: Kläger ist Eigenthümer, ausgeht. „Beklagter ist Nichteigenthümer": diess ist doch eine materiellrechtliche Annahme; zu dieser gelangt man aber nie von der nackten Thatsache aus: es ist geurtheilt.

Neben obigen Stellen führt Keller zum Beweis der positiven

99b) S. auch Bekker Consumtion S. 17, welcher in dem Fall, wo die *exceptio rei judicatae* den siegreichen Vindikanten wider die neue Vindikation des unterlegenen Beklagten schützt, den für die Annahme der positiven Funktion einzig plausibeln sieht, — hiezu aber bemerkt: wer ihm (Bekker) zugebe, die genannte *exceptio* liesse sich auch hier aus der Consumtion rechtfertigen, müsse überhaupt darauf verzichten, die *exceptio r. j.* als Organ der positiven Kraft des Urtheils darzustellen. Hiegegen erwidert Verf.: Dieser Schluss ist richtig, dessen Prämisse aber muss aus den im Text ad 1) angegebenen Gründen abgelehnt werden.

Funktion der *exceptio rei judicatae* auch noch l. 19 h. t. (Marcellus) auf, welche lautet:

> *Duobus diversis temporibus eandem rem pignori dedit, egit posterior cum priore pignoraticia, et obtinuit, mox ille agere simili actione instituit; quaesitum est, an exceptio rei judicatae obstaret. Si opposuerit*[99c]) *exceptionem rei sibi ante pignoratae, et nihil aliud novum et validum adjecerit, sine dubio obstabit; eandem enim quaestionem revocat in judicium.*

Diese Stelle liefert aber, genauer besehen, kein Argument für die Keller'sche Theorie, wie Windscheid l. S. 68 erwiesen, denn die *species facti* der Stelle zeigt, dass der vom Kläger jetzt selbständig geltend gemachte Anspruch in seiner (Klägers) früheren Eigenschaft als Beklagter bereits vertheidigungsweise vorgebracht, und dass über ihn schon damals entschieden wurde. Die ihm, jetzigem Kläger, früherem Beklagten entgegenstehende *exceptio rei jud.* fundirt sich also nicht auf den richterlichen Pfandzuspruch an den Kläger, sondern auf den bereits im früheren Prozesse erfolgten direkten Pfandabspruch gegenüber ihm, jetzigem Kläger, als damaligem Beklagten selber. Ganz dasselbe gilt bezüglich abgewiesener Compensations-Ansprüche, sie sind eben im ersten Rechtsstreite direkt und *ex professo* aberkannt.

2. Die *replicatio rei judicatae.*

Bekker Cons. S. 137 giebt selbst zu, dass Repliken mit Bezug auf den positiven Inhalt eines Erkenntnisses vorkamen, wie in l. 16 § 5 D. 20, 1:

> *si secundum me judicatum non est.*

Wenn hiebei Bekker bemerkt, man wisse nicht, ob man eine solche Replik jemals *replicatio rei jud.* genannt habe, so ist diess kein Gegenargument gegen die Annahme einer positiven Funktion der *exceptio rei judicatae*: am Namen liegt nichts, es genügt, wenn das Römische Recht in welcher Form immer die

---

99c) Bethmann-Hollweg l. II S. 650 will, weil es hier „*si opposuerit*", und nicht: *si judicatum erat* heisst, hierin „den deutlichsten Beweis" für die positive Funktion finden.

exceptio rei judicatae durch eine Berufung auf den Urtheilsinhalt beseitigen liess, und zwar genügt diess desshalb, weil die jenseitige Lehre aufstellt, *exceptio rei jud.* heisst: ich berufe mich darauf, dass ein Urtheil da ist, daher *causa finita est;* desshalb dürfte von einer weiteren *exceptio exceptionis rei judicatae* gar keine Rede mehr sein, geschweige einer, welche den Urtheilsinhalt berührt.[100]).

Diese *exceptio exceptionis rei judicatae* ist aber nichts als eine *exceptio (replicatio) rei sic judicatae, sic i. e. secundum me,* m. a. W. die Urtheils-Einrede in ihrer positiven Funktion.

Ganz dasselbe gilt von der schon zu Julian's Zeit (l. 16 h. t.) aus Rücksichten der *aequitas* gegenüber der strengen Rechtskonsequenz verstatteten Replik, fundirt auf den Urtheilsinhalt, gegen die *exceptio rei judicatae.*

Westerburg l. Heft 4 S. 387 will das Gewicht der vielbesprochenen l. 16 § 5 D. 20, 1, dazu l. 9 § 1 und l. 16 D. 44, 2 durch die Bemerkung beseitigen, fragliche Replik sei nichts als eine *replica doli* (*generalis*) „gegen eine dem Sinne des Urtheils schnurstracks zuwiderlaufende unredliche Berufung auf dessen Existenz."

Hiegegen spricht aber schlagend, dass die *species facti* in beiden Stellen l. 9 § 1 u. l. 16, § 5 cit. mit Nichten einen *dolus* des mit der Urtheilseinrede Excipirenden erkennen lässt. Der Verklagte in l. 9 § 1 cit. war gutgläubig vermeintlicher Besitzer, da er aber in der That nicht Besitzer war, musste Kläger trotz des von ihm geführten Eigenthumsbeweises abgewiesen werden; später kauft Verklagter die strittig gewesene Sache und hält, ebenso gutgläubig, jetzt sich selbst für den Eigenthümer der Sache. Tritt nun der frühere Kläger abermals mit der *rei vindicatio* gegen ihn auf, worin sollte dann der *dolus* liegen, wenn er, Beklagter zum Schutze seines vermeintlichen Eigenthums, für dessen Erwerb er einen geeigneten Titel aufführen kann, dem Kläger das frühere Urtheil entgegenhält? Nicht anders steht es mit l. 16 § 5 cit., über deren mögliche Erklärungen vgl. Keller L. C. S. 591—S. 600.

---

100) S. auch Windscheid Aktio S. 80.

Bekker Cons. (S. 137) führt l. 24 h. t. als ein gewichtiges Zeugniss gegen die Lehre von der positiven Funktion der *exc.* und *replicatio rei judicatae* auf. Diese Stelle Julian's lautet:

Si quis rem a non domino emerit, mox petente domino absolutus sit, deinde possessionem amiserit, et a domino petierit, adversus exceptionem: si non ejus sit res, replicatione hac adjuvabitur: at si res judicata non sit.

Diese Stelle handelt nun direkt von der *replicatio rei judicatae,* und Keller L.C. § 20 will die Wirksamkeit derselben aus dem positiven Inhalte des früheren Erkenntnisses erklären, Bekker dagegen schon aus dem blossen Umstande, dass überhaupt judizirt ist.

Der Fall ist einfach: der mit der Eigenthumsklage früher Abgewiesene überkommt später den Besitz der Sache und wird jetzt von dem früheren Beklagten selbst auf Herausgabe der Sache verklagt; seine *exceptio dominii* wird aber durch die Replik „*at si res judicata non sit*“ zurückgeschlagen. Bekker lässt nun hier die *exceptio dominii* desshalb ausgeschlossen sein, „weil überhaupt eine *res judicata,* gleichviel in welchem Sinne, vorhanden ist.“

Die kritischen Worte so zu übertragen, würde Verf. nur dann berechtigt finden, wenn dieselben lauteten: *at si judicatum non sit inter te et me;* nun lauten sie aber: *at si res judicata non sit,* — was nicht übersetzt werden darf mit „weil eine *res judicata* da ist“, also gewissermassen generisch, sondern: „weil die *res* durch Urtheil erledigt ist“, nämlich die Frage des Eigenthums beim Verklagten, früherem Kläger, aus welcher Frage er ja gerade seine *exceptio* substanziirt. Diese materielle Einrede wird nun durch jene Replik getroffen und zurückgeschlagen, was nichts anderes ist, als die Geltendmachung des Inhalts des früheren Urtheils, oder ein Bezug auf den positiven Gehalt desselben. Verf. kann daher nicht umhin, sich der Keller'schen Auffassung von l. 24 anzuschliessen und in letzterer einen weiteren Beleg für die sog. positive Funktion zu erblicken.

VI. Blickt man nun auf die von den Anhängern wie Gegnern der positiven Funktion vorgebrachten Gründe, wie aufgeführten Hauptstellen des Quellenmaterials zurück, so muss Verf. offen gestehen, dass er nicht erkennen kann, es seien für die eine oder andere der sich gegenüberstehenden Ansichten ganz sichere Resultate gewonnen. Derselbe ist sogar der Ansicht, dass das Römische Recht, soweit es in dieser Frage auf uns gekommen ist, selber nicht zu einem bestimmten und klaren Abschluss gelangt ist. Einerseits nämlich liegt doch allzu greifbar vor, dass die alte Consumtionslehre in einzelnen Anwendungen bis in das Justinianische Recht hineinragt, und andererseits enthalten wieder gewichtige Stellen die unläugenbarsten Zeugnisse für die Begründung der *exceptio* und *replicatio rei judicatae* aus dem Inhalte des Urtheils, während es endlich daneben noch andere Stellen giebt, welche es zweifelhaft erscheinen lassen, ob in ihnen der Gedanke der sog. positiven oder negativen Funktion zum Ausdruck gelangt ist.

Wenn Westerburg l. S. 377 für den Ausschluss der positiven Funktion den Mangel eines Organs zur selbständigen Geltendmachung der Urtheils-Dezisive vorbringt, so liegt hierin noch kein Beweis gegen das Bestehen der positiven Funktion überhaupt, wohl aber dafür, dass das Römische Recht den Gedanken der positiven Funktion nicht bis in seine letzten Consequenzen ausgebildet und mit den erforderlichen Mitteln ausgestattet hat; m. e. W.: theoretisch und praktisch ist im Römischen Recht die Entwickelung der positiven Funktion nicht zum letzten Abschluss gelangt; nur so viel ist sicher: nach Römischem Rechte darf der abgesprochene Anspruch nicht mehr vorgebracht, der zugesprochene nicht mehr bestritten werden; aber eine Begründung von Ansprüchen aus einer noch so bestimmt lautenden Urtheilsdezisive giebt es nicht nach Römischem Recht. Man muss aber fragen: giebt es solche denn selbst bei uns, so wenig daran auch zu zweifeln, dass die positive Funktion das vorherrschende Prinzip geworden? Mit Recht erkennt Bethmann-Hollweg, wie auch Unger in der zu bewirkenden Einführung entsprechender Einrichtungen eine wichtige Aufgabe unserer Gesetzgebungen.[101])

Dass das Römische Recht der späteren Kaiserzeit, jener Zeit der wissenschaftlichen Erschlaffung und stets mehr um sich grei-

---

101) Bethmann-Hollweg Civ. Pr. II S. 650 n. 89; Unger l. S. 640 n. 38; s. auch Pfeiffer Archiv f. civ. Pr. Bd. 37 § 13.

fender Geistesöde, in dieser Frage nichts geleistet, darf billig Keinen Wunder nehmen.

Was aber die alte Consumtionslehre betrifft, so zeigen zunächst verschiedene Constitutionen, dass später Stücke dieser Lehre einzeln abgerissen wurden, und dass dieselbe in wichtigen Punkten bedeutende Veränderungen und Abschwächungen erlitten, geben unsere Gegner selbst zu; ein wichtiges Zugeständniss in dieser Beziehung ist das des Verschwindens der konsumirenden Wirkung der *litiscontestatio* und daher der *exceptio rei in judicium deductae*; ja sie geben selbst zu, dass schon zur Zeit der entwickelten Jurisprudenz mit der Regel „*bis etc.*" das „Prinzip" in Conkurrenz getreten war, den materiellen Inhalt des richterlichen Urtheils als wahr zu fingiren, und dieses Prinzip die Wirkungen jener alten Regel immer mehr beschränkte.

Es liegt in der „Natur der Sache" — so wenig auch sonst Verf. Argumentationen aus solcher liebt —, dass der jenem Prinzip zu Grunde liegende, so viel einfachere Gedanke: was ist früher entschieden worden?, die seitherige Sichbeschränkung auf das dürre Faktum, dass entschieden, allmählich verdrängen musste. Die Unproduktivität der späteren Zeit verhinderte nur die entsprechende Durcharbeitung und Formulirung jenes natürlichen Gedankens, welcher zur klassischen Zeit nicht weiter als zur Höhe eines nur koordinirten Verhältnisses zu dem Consumtionsgedanken gelangt war. Hat doch auch Bekker, Aktionen I S. 319 auf die Frage: ob die einschlägigen Quellenstellen das Prädikat der Genügendheit, oder gar Erschöpfung, der hier behandelten Lehre verdienen, die richtige Antwort gegeben.

Dernburg dagegen, Preuss. Priv. R. I S. 266 spricht sich schärfer dahin aus, dass das Ziel der *exceptio rei judicatae*, nämlich die Wiederholung eines einmal abgeurtheilten Prozesses unmöglich zu machen, allerdings darauf geführt habe, zur Herausstellung der Identität zweier Rechtssachen auf den Inhalt der früheren „Verhandlungen" zurückzugehen, dass aber „das Römische Recht niemals den Grundsatz schlechthin als bestimmend aufgestellt habe, dass der konkrete Inhalt des früheren Entscheids in späteren Prozessen maassgebend sein solle", — was, nach Dworzack l. S. 18, freilich nur „halbe Rechtskraft" wäre. —

Als Endergebniss alles Vorstehenden spricht sich nun Verf. dahin aus:

Die positive Funktion der aus dem rechtskräftigen Urtheile begründeten Vertheidigungsmittel der *exceptio* und *replicatio rei judicatae* kann nicht geläugnet, die vollständige Beseitigung der alten Consumtionslehre im Römischen Rechte nicht bewiesen werden.

VII. Was aber das heutige Recht betrifft, so bezieht sich Verf. zunächst auf die in den §§ 13, 14, 15 enthaltenen Grund legenden Ausführungen über Gegenstand und Inhalt des Civilurtheils, sowie das Verhältniss der Rechtskraft zu den Entscheidungsgründen, und bemerkt noch ferner:

Unser rechtskräftiges Urtheil ist der Entscheid streitiger Rechtsansprüche, welche zuerkannt als für alle Zeiten wahr, aberkannt als nicht wahr gelten. Wird späterer Geltendmachung neuer Ansprüche die Berufung auf ein früheres Urtheil entgegengesetzt, so kommt es ausschliesslich auf die Prüfung des materiellen Urtheilsinhalts an, näher: es ist zu prüfen, ob der neu erhobene Anspruch nicht in Widerspruch stehe zur Urtheils-Dispositive, oder -Dezisive.

Im ersten Falle führt die Bejahung zur schlechthinnigen Abweisung mittelst der *exceptio*, bzw. *replicatio*, *rei judicatae*, im andern Falle kommt dem Urtheile wenigstens die Kraft eines, Gegenbeweis ausschliessenden, Beweismittels zu. Doch versteht hier Verf. die Urtheils-Dezisive in dem Sinne, dass eine wirkliche richterliche Entscheidung (Vorentscheidung) eines für den eigentlichen Anspruch wenigstens mittelbar bedeutsamen rechtlichen Umstandes ergangen ist.

Als selbstverständlich nimmt Verf. an, dass die Wirkung des rechtskräftigen Urtheils auch alle jene Consequenzen in sich begreift, welche nach den Grundsätzen des Privatrechts aus der Zuerkennung oder Aberkennung eines Anspruchs folgen; daher muss die *exceptio rei judicatae* der Confessorienklage Desjenigen ohne weiteres entgegenstehen, dessen Vindikation auf das als *praedium dominans* bezeichnete Grundstück, wegen nicht bewiesenen Eigenthums früher abgewiesen wurde.

Ob es heutzutage noch eine negative Funktion der *exceptio rei judicatae* giebt, — diese Frage verneint Verf., und zwar aus dem Grunde, weil h. z. T. der Begriff Aktio hinter den: Anspruch zurückgetreten ist. Ob Einer diesen Anspruch habe: darauf kommt es h. z. T. an, auf weiter nichts, und wäre er ein aktionsloser, so stünde ihm unter Umständen doch immer wenigstens die *replicatio rei judicatae* entgegen.

Im Uebrigen pflichtet Verf. der höchst bemerkenswerthen Ausführung bei, in Windscheid's Aktio S. 118, S. 119.

Drittes Kapitel.

Neuere Gesetzgebungen und Gesetzentwürfe.

Einleitung.

§ 19.

Mit nachstehenden Erörterungen beabsichtigt der Verf. nicht eine umfassende Darstellung der Lehre von der Rechtskraft nach einigen neueren Prozess-Ordnungen und Entwürfen, sondern nur eine Prüfung, wie sich die heutige Gesetzgebung zu einigen der wichtigsten in den §§ 11—15 herausgestellten Sätzen verhalte. Diese Sätze lauten aber:

1. Gegenstand der Rechtskraft ist nur die Entscheidung streitiger Rechtsansprüche.

Nicht rechtskräftig wird der richterliche Ausspruch über den dem Streitverhältnisse zu Grunde liegenden Sachverhalt; ebensowenig der über solche Thatsachen, welche mittelbare Voraussetzungen der streitigen Rechtsansprüche sind, ausser fragliche Thatsachen wären im Laufe des Prozesses selber wahre Streitpunkte geworden; in diesem Falle aber kommt dem sie erledigenden richterlichen Ausspruche keine über den gegenwärtigen Fall hinausreichende Rechtskraft zu.

Nicht rechtskräftig, als keine wahre Entscheidung enthaltend, wird aller letztere nur begründende Inhalt des richterlichen Urtheils (reine Entscheidungsgründe).

2. Die richterliche Anerkennung des klägerischen Anspruchs enthält eine rechtskräftige, endgültige Aberkennung des geltend

gemachten und mit demselben unverträglichen Gegenanspruchs des Beklagten.

3. Die Abweisung des Klägers wegen bewiesenen besseren Rechts des Beklagten verleiht diesem Recht nicht die Eigenschaft rechtskräftiger, über den jetzigen Rechtsstreit hinausgehender Feststellung.

4. Ueberhaupt wirkt die wenn auch rechtskräftige Anerkennung der Vorbringen des (nicht widerklagenden) Beklagten nicht über den Zweck blosser Vertheidigung hinaus, namentlich nie Klage begründend. —

Es soll nun geprüft werden, wie sich zu den vorstehenden Sätzen verhalten:

a. Der Hannover'sche Entwurf (1864).[102])

b. Der Entwurf einer Prozessordnung in bürgerlichen Rechtsstreitigkeiten für den Preussischen Staat. Berlin 1864. (Preussischer Entwurf).

c. Die Württembergische Civilprozess-Ordnung vom 3. Apr. 1868.

d. Die Bayerische Civilprozess-Ordnung vom 29. April 1869.

e. Der Entwurf einer Deutschen Civilprozess-Ordnung.

Die Eintheilung des Folgenden ist nach den einzelnen zu besprechenden Fragen getroffen, immer obige Civilprozess-Ordnungen und Entwürfe zusammen betrachtend.

§ 20.

Herausstellung des Sachverhalts und richterlicher Ausspruch über denselben.

I. Hannover'scher Entwurf.

Der Hannover'sche Entwurf widmet dem Zwecke möglichs gründlicher Erhebung des Sachverhalts eine Reihe sehr förder licher Bestimmungen.

Zunächst sind die §§ 119 und 120 hervorzuheben, welcl

---

102) Entwurf einer allgemeinen Civilprozess-Ordnung für die deutsche Bundesstaaten. Nach den von der Civilprozess-Commission zu Hannov bei der zweiten und letzten Lesung gefassten Beschlüssen. Herausgegeb von Struckmann. Hannover 1866. Hiezu auch die Protokolle d Commission zur Berathung einer allgemeinen Deutschen Civ.-Pr.-O. f die deutschen Bundesstaaten. Hannover 1862—4.

für die in Anwaltsprozessen obligatorischen, sonst fakultativen „vorbereitenden Schriftsätze“ Vorschriften aufstellen, denen zugleich die Eigenschaft allgemeiner Anwendbarkeit zukommt. Hiernach müssen jene Schriftsätze immer enthalten: eine kurzgefasste, aber vollständige und bestimmte Angabe der die Gesuche begründenden thatsächlichen Verhältnisse, sowie eine entsprechende Erklärung des Gegners über diese thatsächlichen Behauptungen, so dass nicht zweifelhaft bleibt, was zugestanden und was bestritten wird. Dazu hat der Vorsitzende des Gerichts ein unbeschränktes Fragerecht zum Zwecke erschöpfender Erörterung der Sache und genügender Feststellung des Sachverhalts (§ 135, 137, 454), auch die Befugniss, zur Aufklärung der Sache jederzeit Urkunden einzusehen, einen Augenschein vorzunehmen und Sachverständige beizuziehen (§ 140—142). Hiebei besteht überall das durchgreifende Präjudiz, dass wenn eine Parthei nicht, oder nicht bestimmt antwortet, die Frage als auf die dem Gegner vortheilhafteste Weise beantwortet angesehen wird (§ 139).[103]) Unabhängig von diesen Vorschriften über die vorbereitenden Schriftsätze besteht noch nach § 241 für jede Parthei die Verpflichtung, dem Gegner solche thatsächliche Behauptungen, Beweismittel und Gesuche, auf welche derselbe voraussichtlich ohne vorhergehende Erkundigung keine Erklärung abgeben kann, vor der mündlichen Verhandlung so zeitig mitzutheilen, dass der Gegner die erforderliche Erkundigung einzuziehen im Stande ist.

Durch vorstehende Bestimmungen, besonders § 241, ist den unzähligen Fristgesuchen und Prozessverschleppungen des gemeinen deutschen Civilverfahrens der wirksamste Damm gezogen, sowie auch das schneidige Präjudiz des § 139 von Chikanen abhält und weitere Beweiserhebungen erspart.

Die Protokolle ergeben auch, dass die Gesetzkommission der Frage nach Feststellung des Sachverhalts eine sehr eingehende Besprechung widmete. Bei der Berathung über die schriftliche

---

103) Hieher gehört auch die kombinirte Vorschrift von Abs. 2 und 3 § 129, wonach sich jede Parthei, den Fall eines allgemeinen Zugeständnisses ausgenommen, über jede einzelne von der Gegenparthei behauptete, erhebliche Thatsache bestimmt zu erklären hat, — ferner: Thatsachen, welche nicht ausdrücklich bestritten worden sind, für zugestanden gelten, ausser die Absicht sie bestreiten zu wollen gienge aus den übrigen Erklärungen der betreffenden Parthei hervor.

Feststellung desselben sprach sich der Referent (s. Protokolle S. 23) höchst sachgemäss dahin aus, dass Gründe der Zweckmässigkeit dafür sprächen, das thatsächliche Vorbringen der Parthei im Termine selbst in Anwesenheit der Partheien oder ihrer Anwälte protokollarisch festzustellen. Hiedurch sei nämlich eine weit grössere Sicherheit für die richtige Ermittelung des Thatbestandes gegeben, als wenn dieser ohne Mitwirken der Partheien erst nach Verlauf kürzerer oder längerer Zeit durch das Gericht im Urtheile festgestellt werde. Mit Recht tadelte Referent die Bestimmung des § 360 Hannov. Pr.-O., wonach bei einer unrichtigen Darstellung des Thatbestands durch den Richter erster Instanz die Parthei zwar befugt sei, eine Berichtigung zu veranlassen, diess aber nur im Appellationsweg könne, die Parthei also bezüglich einer so wichtigen Frage um eine Instanz zu kurz käme. Daher formulirte Referent einen Abänderungs-Vorschlag dahin: Werden bei der mündlichen Verhandlung die in den Parthei-Anträgen enthaltenen Behauptungen oder Gesuche abgeändert und neue Thatsachen vorgebracht, so ist diess auf Antrag und selbst von Amtswegen durch nachträgliches schriftliches Vorbringen oder durch das Sitzungsprotokoll festzustellen.[104])

Bezüglich der Frage, ob der Thatbestand als solcher mit in die Beweisverfügung aufzunehmen sei, entschied sich die Commission dahin, dass: das Gericht mittelst Beweisverfügung diejenigen bestrittenen Thatsachen bestimmt bezeichnen solle, welche es für die Entscheidung erheblich betrachtet, ohne hiebei an die Anträge der Partheien gebunden zu sein. Würden vom Gericht Thatsachen als erheblich betrachtet, welche von den Partheien als erheblich nicht angesehen worden, so seien letztere dennoch vor Eröffnung der Beweisverfügung zur Angabe ihrer Beweismittel hierüber, soweit solche noch nicht angezeigt worden, aufzufordern.

Augenscheinlich ruht vorstehende Entscheidung auf der unwidersprechlichen Erwägung, dass das Gericht bezüglich der rechtlichen Würdigung des Thatbestandes von Anträgen und Ansichten der Partheien nicht abhängig sein kann.

---

104) S. auch Protokolle S. 94 — S. 122.

Dagegen aber muss immer verlangt werden, dass die Partheien von der Auffassung des Sachverhalts durch das Gericht vollständig und rechtzeitig schon in erster Instanz unterrichtet werden; „rechtzeitig“ heisst aber hier: „noch vor dem Urtheil“, damit es den Partheien durch stets zulassbare sachliche Erläuterungen möglich sei, diese Grundfrage in jedem Rechtsstreit gleich von vornherein in's Reine zu bringen.

Diess ist nun nach dem Hannover'schen Entwurf auch zulässig, dennoch aber kann sich noch nach gefälltem Urtheile und erst aus diesem ergeben, dass die Erhebung des Sachverhalts keine vollständige war, und mit dieser Möglichkeit beschäftigt sich § 263 des Entwurfs. Nachdem nämlich § 258 für das vollständig abgefasste Urtheil gefordert: eine von den Entscheidungsgründen und der Entscheidung getrennte gedrängte Darstellung des dem Rechtsstreite zu Grunde liegenden Thatbestands in Gemässheit der mündlichen Vorträge der Partheien unter Hervorhebung ihrer Gesuche, — heisst es in § 263: Kommen in der Darstellung des Thatbestands Unrichtigkeiten vor, welche nicht unter die Bestimmung des § 262 (Schreib-, Rechnungs-Fehler etc.) fallen, oder finden sich in diesem Theile des Urtheils Auslassungen, Dunkelheiten oder Widersprüche, so kann die Berichtigung, Ergänzung oder Erläuterung der mangelhaften Stellen nur dann erfolgen, wenn dieses binnen einer Woche beantragt wird. — — Ueber solchen Antrag beschliesst das Gericht ohne vorgängige Beweisaufnahme. Gegen diesen Beschluss ist ein Rechtsmittel nicht zulässig. Die Berichtigung, Ergänzung oder Erläuterung des Thatbestands hat an sich eine Aenderung des übrigen Inhalts des Urtheils nicht zur Folge.

Diese Bestimmung dürfte nun doch den Eindruck der Befriedigung nicht machen.

Wozu ein Antrag auf Berichtigung einer falschen Darstellung des Sachverhalts im Urtheile, wenn selbst bei bester Begründung des Antrags der sonstige Inhalt des Urtheils nicht um ein Jota geändert wird? Ausserdem begründet jener Umstand doch zweifellos eine zur Ergreifung der Berufung genügende Beschwerde, denn es kann wohl nicht anders sein, als dass ein auf einen mangelhaft erhobenen Sachverhalt gestütztes Urtheil selbst mangelhaft oder falsch sein wird. Um so zweckloser und unnöthiger erscheint daher obiger „Antrag“. Uebrigens hält Verf. den § 263 auch desshalb für praktisch werthlos, weil es bei der Sorgfalt, welche der Hannover'sche Entwurf der Erhebung des Sachverhalts gleich in erster Instanz zu Theil werden lässt, nicht allzu oft vorkommen dürfte, dass ein Urtheil auf einen geradezu falschen Sachverhalt gestellt wird.

Mit der Frage möglicher Veränderung des seither gerichtsbekannten Sachverhalts durch Vorbringen von neuen Thatsachen in der Berufungs-Instanz beschäftigen sich die §§ 573, 579 Abs. 2, 589, 599 des Entwurfs. Zunächst schreibt § 573 Abs. 1 vor, dass der die Berufung enthaltende Schriftsatz die Bezeichnung der einzelnen Beschwerden enthalten soll, nebst einer kurzgefassten aber vollständigen Angabe der dieselben begründenden thatsächlichen Verhältnisse. Nach § 589 dürfen neue, gegen ein Urtheil, welches mittelst Einspruchs angefochten werden konnte und gegen welches nun die Berufung erhoben wird, die Sache selbst betreffende Thatsachen und Beweismittel, nur insoweit vorgebracht werden, als der Berufende in erster Instanz ausser Stand war, dieselben durch Einspruch geltend zu machen, auch bereit ist, diess nöthigenfalls zu bescheinigen.

Complementarisch zu diesen Bestimmungen heisst es dann in § 579 Abs. 2, dass der Berufungsbeklagte in seiner dem Berufungskläger zu behändigenden Vernehmlassung „sich über die Berufung, insbesondere über die neuen Thatsachen und Beweismittel zu erklären hat, auch die Beschwerden, welche er mittelst Anschliessung geltend machen, sowie neue Thatsachen und Beweismittel, welche er vorbringen will, anzugeben hat.“ Hiebei besteht nach § 599 (ähnlich dem § 139) ein Präjudiz, um die Sache rasch einer bestimmten Erledigung zuzuführen. Erscheint nämlich Berufungsbeklagter bei der Verhandlung nicht, so hat das Gericht die vom Berufungskläger neu vorgebrachten Thatsachen, soweit sie mit dem Inhalte des dem Berufungsbeklagten mitgetheilten Schriftsatzes übereinstimmen, als zugestanden anzunehmen. —

II. Der Preussische Entwurf von 1864 widmet dem Zwecke möglichst gründlicher Erhebung des Sachverhalts mehrere höchst sachgemäss angelegte Paragraphen.

So ist zunächst, nach § 259 des Entwurfs, jede Parthei verpflichtet, die Thatsachen, auf welche sie ihre Anträge gründet, bestimmt und unzweideutig anzugeben, auch sich ebenso über die von dem Gegner angeführten Thatsachen zu erklären. Daher muss (§ 296 3) die Klage die Darstellung der Thatsachen enthalten, aus welchen Kläger seinen Anspruch herleitet, wie überhaupt (§ 308) jeder Parthei-Antrag die wesentlichen Thatsachen erwähnen soll, auf welche sich der Antrag stützt.

Hiebei ist auch überall (§ 262) der Vorsitzende des Gerichts befugt, bei der mündlichen Verhandlung von jeder Parthei oder deren Bevollmächtigten diejenigen Aufklärungen zu fordern, welche zum Verständnisse ihrer Anführungen und Anträge, zur Beseitigung von Dunkelheiten und Zweifeln, sowie überhaupt zur vollständigen Ermittelung des Sachverhalts dienlich erscheinen.

Auch das Urtheil soll dem Sachverhalt die gebührende Beachtung zuwenden. Bei Aufzählung der Punkte nämlich, welche das vollständige Urtheil enthalten soll (§ 357), heisst es, dass namentlich, wenn in der mündlichen Verhandlung die Sachlage anders dargestellt sei, als in den Parthei-Anträgen, das Gericht den Inhalt der Ziffer 6 eben dieses §[104]) durch eine gedrängte Darstellung der Sachlage unter wörtlicher Aufnahme der in den Parthei-Anträgen enthaltenen einzelnen Anträge ersetzen soll.

Endlich kann es nur als zweckmässig befunden werden, wenn § 358 des Entwurfs verlangt, dass der Inhalt der Parthei-Anträge, oder die an Stelle desselben in das Urtheil aufzunehmende Darstellung der Sachlage, von den Entscheidungsgründen äusserlich zu sondern sei, — während man z. B. in den Protokollen der deutschen Gesetzkommission zu Hannover die Bemerkung des Referenten findet, es sei nicht die Absicht, zu bestimmen, dass der Thatbestand abgesondert von den Entscheidungsgründen im Urtheile aufgeführt werden müsse, dass es vielmehr zulässig wäre, beide mit einander zu verbinden[105]).

---

104) Nach dieser Ziffer 6 soll das vollständige Urtheil auch enthalten: „den vollständigen Inhalt der von den Anwälten zu dieser mündlichen Verhandlung eingereichten Parthei-Anträge nebst ihren etwaigen Nachträgen und Zusätzen."

105) Dennoch kann § 258 des Hannover'schen Entwurfs nicht anders verstanden werden, als dass der Sachverhalt abgesondert vom übrigen Inhalte des Urtheils darzustellen sei.

Uebrigens ist noch zu bemerken, dass die oben erwähnte Substitution der Ziffer 6 des § 354 stets nur ausnahmsweise erfolgen soll, nämlich, wie die Motive zu diesem § sagen, wenn die Parthei-Anträge in Folge der durch das Sitzungs-Protokoll konstatirten Erklärungen kein übersichtliches Bild des Rechtsstreits gewähren.

Hieraus erhellt, wie auch die Motive selber zugeben, dass der Entwurf zwei andere Systeme abweist:

a. Das System, wonach der Richter immer die *species facti* geben soll;

b. das französische System, welches die Anwälte zur Fertigung der *species facti*, der sog. „*qualités*" verpflichtet.

Ueber diess letztere System bemerken die Motive, es habe sich in der Praxis nicht bewährt; das System *a* sei aber desshalb verwerflich, weil es augenscheinlich zu grosser Belästigung des Richters führe, und bei dem Prinzip der Mündlichkeit und dem Mangel von Gerichtsakten die missliche Frage anrege, inwieferne den betreffenden Feststellungen des Richters Beweiskraft beiwohne und den Partheien gestattet sei, sich auf dieselben, obschon ohne Zuziehung der Betheiligten entstanden, als gültige Beweisurkunden zu berufen.

Bemerkenswerth ist noch § 367 in seiner Bestrebung nach Herausstellung der materiellen Wahrheit bezüglich des Sachverhalts. Hier zeigt sich eine bedeutende Abweichung von der gemeinrechtlichen Lehre von der Verhandlungs-Maxime und über die Folgen des Ungehorsams des Beklagten.

Nachdem nämlich § 367 bestimmt, dass, wenn Beklagter ausbleibt, der Richter das in der Klage vorgetragene Sachverhältniss, sowie die in der Sitzung erfolgenden Ergänzungen und Erläuterungen des thatsächlichen Inhalts der Klage für richtig anzunehmen hat, — heisst es dann wörtlich: „wenn jedoch die Richtigkeit der in der Klage oder in der Sitzung vorgetragenen Thatsachen dem Gericht ganz oder zum Theil bedenklich erscheint, so ist dasselbe befugt, den Kläger zur Beweisantretung aufzufordern, und durch ein Beweisurtheil die Erhebung des Beweises anzuordnen".

Diese Bestimmung steht ersichtlich in der Mitte zwischen dem gemeinrechtlichen Systeme zu präsumirenden Klagswiderspruchs und dem Hannover'schen der Annahme des Klagzugeständnisses.

Das System des gemeinen Prozesses kann dem Vorwurfe, irrationell zu sein, nicht entgehen, denn es ist nicht einzusehen, warum der ungehorsame Beklagte gerade als die Klage abläugnend, als Negans, angesehen werden soll; vielmehr liegt ein *non liquet* vor, da aber der Prozess doch zu Ende geführt werden muss und vom Kläger auch will, und ein entschiedener Ungehorsam des Beklagten vorliegt, so liegt es doch augenscheinlich näher, an diesen letzteren Umstand anzuknüpfen und dem zu eventueller Bestreitung der Klage Eingeladenen diese Bestreitung zu entziehen.

Im Allgemeinen befolgt nun auch der Preussische Entwurf dieses System, überlässt es jedoch dem richterlichen Ermessen, den Kläger zum Beweis der angegebenen Klagsthatsachen dann zu verhalten, wenn solche ihm, dem Richter, „bedenklich" vorkommen.

Dem Verf. scheint, es liesse sich mehr gegen, als für diese Clausel vorbringen. Zunächst könnte man geltend machen, dass der Richter in den meisten Fällen gar nicht in der Lage sein dürfte, beurtheilen zu können, ob die klägerische Geschichtserzählung innerlich unwahrscheinlich ist oder nicht: hiezu gehört eine mit den Verhältnissen der Partheien so intime Bekanntschaft, wie solche nur in den kleinsten Orten erworben werden kann, dann ist aber auch wahrlich nicht einzusehen, warum der Richter im Interesse eines fahnenflüchtigen Beklagten nun auf einmal die Rolle eines Inquirenten ergreifen soll.[106])

III. Württembergische Civilprozessordnung (1868).

Grundlage derselben ist der von der Bundes-Commission zu Hannover ausgearbeitete Entwurf einer Deutschen Civilprozessordnung (zweiter Lesung), zugleich aber mit Berücksichtigung inländischer (württembergischer) Verhältnisse und von Bestimmungen anderer deutscher Gesetzgebungen.

Hervorzuheben sind vor Allem die Artikel 201—205 der Pr. O., wonach dem Gerichte ausgedehnte Befugnisse zustehen,

---

106) v. Bayer, Vorträge über den gem. ordentl. Civ.-Pr. 8. ed. S. 649 und die daselbst Citirten.

um die mündliche Verhandlung zu einem dem wahren Sachverhalt entsprechenden Ergebnisse zu fördern.[107]) Nur sind selbstverständlich die Gerichte nicht befugt, thatsächliche Verhältnisse, welche aus den Verhandlungen des Rechtsstreits nicht hervorgehen, bei der Entscheidung zu berücksichtigen (Art. 175).

Auch das vollständig abgefasste Urtheil hat dem Sachverhalt gebührende Rücksicht zuzuwenden, indem es nach Artikel 370 Nro. 4 enthalten soll: eine gedrängte Darstellung des dem Rechtsstreite zu Grunde liegenden Thatbestands in Gemässheit der mündlichen Vorträge der Partheien unter Hervorhebung ihrer Gesuche. Hiebei kann sich das Gericht auf den Inhalt der Schriftsätze oder auf die zum Sitzungsprotokolle festgestellten Erklärungen der Partheien beziehen; und war dem Urtheil eine Beweisverfügung vorangegangen, so ist auf den in der Beweisverfügung enthaltenen Thatbestand zu verweisen und daneben das Ergebniss der Beweisführung aufzunehmen.

Kommen aber in der Darstellung des Thatbestands Unrichtigkeiten vor, welche nicht unter die Bestimmung des Art. 373 (Schreibfehler, Rechnungsfehler etc.) fallen, oder finden sich hier Auslassungen, Dunkelheiten, Widersprüche, so kann die Berichtigung, Ergänzung, Erläuterung erfolgen, wenn bezüglicher Antrag binnen „einer Woche" vom Zustellungstag des Urtheils gestellt wird. Das Gericht beschliesst hierüber gleich definitiv, Berufung ausgeschlossen, auch soll, wenn dem Antrage stattgegeben wird, dennoch der sonstige Inhalt des Urtheils aufrecht erhalten bleiben (Art. 374). Diese dem Hannover'schen Entwurfe § 263 fast wörtlich entnommene Bestimmung ist oben schon besprochen worden. —

IV. Bayerische Civilprozessordnung (1869).[108])

Für den Zweck möglichst genauer Feststellung des Sach-

---

107) Auch Art. 733 Nro. 15 (Nichtigkeitsklage gegen gerichtliche Urtheile) und Art. 753 Nr. 6 und 7 sind von dem Streben beseelt, der wahren Sachlage gerecht zu werden. Vgl. noch Motive I S. 222; Commissions-Bericht S. 80.

108) Hauptwerke: Dr. G. Schmitt, der bayerische Civilprozess nach der Civilprozessordnung vom 29. April 1869, systematisch dargestellt. Bamberg 1870—71. J. Wernz, O.-A.-G.-Rath, Commentar zur Prozessordnung in bürgerlichen Rechtsstreitigkeiten für das Königreich Bayern. München 1870.

verhalts ist hier vor Allem das umfassende Fragerecht hervorzuheben, welches nicht allein dem Gerichte zusteht, sondern mit seiner Erlaubniss auch den Partheien und deren Beiständen (Art. 154). Diese Ausdehnung des Fragerechts auch auf die Partheien verdiente in alle Prozessordnungen aufgenommen zu werden, da der Richter dem, was unter den Partheien vorgegangen ist, doch niemals so nahe stehen kann, als die Partheien selber; auch sind die reichen Erfahrungen, welche man mit der ganz gleichen Einrichtung der englischen *cross-examination* gemacht hat, derselben durchweg günstig.

Die Würdigung, ob der Sachverhalt hinreichend aufgeklärt sei, ist, wie billig, dem Gerichte überlassen, wie auch seinem freien Ermessen anheimgegeben, welche Folgen der Ungehorsam der bezüglich der Erhebung des Sachverhalts in Frage genommenen Parthei haben soll (Art. 156 und 158); andererseits darf einer Parthei, gegen welche, seit ihrer letzten Deposition, neue Thatsachen vorgebracht worden sind, das Wort zur Entgegnung nicht versagt werden.

Eine sehr wichtige Bestimmung, wobei die gemeinrechtliche Verhandlungsmaxime in einem ihrer wichtigsten Ausflüsse ganz aufgegeben ist, enthält Art. 264. Hiernach kann das Gericht, steht nur nicht die Willensmeinung der Parthei, oder eine gesetzliche Bestimmung entgegen, Einreden, Repliken und sonstige selbständige Rechtsbehelfe, deren thatsächliche Unterlage sich aus der Verhandlung ergiebt, auch ohne desfallsigen Partheiantrag berücksichtigen.

Diess heisst nun nicht: das Gericht könne selbständige Rechtsbehelfe, an welche die Partheien gar nicht dachten, für diese suppliren, was eine wahre Ungeheuerlichkeit wäre, sondern nur: das Gericht könne nicht formulirte Einreden, Repliken etc., für deren Begründung die Partheien aber das vollständige Material beigebracht haben, so berücksichtigen, als wäre deren Berücksichtigung in besonderen Anträgen verlangt worden. Hiebei ist aber noch zu bemerken: diess kann das Gericht, muss es aber nicht, sein Ermessen entscheidet; es darf es nicht, wenn eine entgegenstehende Willensmeinung der Parthei irgendwie erkennbar wäre, oder eine gesetzliche Bestimmung entgegenstünde. Daher hat obiger Artikel keineswegs den Hauptgrundsatz alles Civilprozesses verlassen: keine Verfolgung von Privatrechten *ex officio*, — es ist nur die gemeinrechtliche Vorschrift ausdrücklicher Formulirung der Partheivorbringen im wohlverstandenen Interesse der Partheien selber aufgegeben.

Hervorhebung verdient schliesslich noch im Allgemeinen das Bestreben der bayer. Civ.-Pr.-O., der Forderung nach möglichst vollständiger und klarer Herausstellung des Sachverhalts für jede Lage, in welche der Rechtsstreit kommen kann, z. B. in Folge erhobener Nichtigkeitsbeschwerde, so viel nur immer thunlich, gerecht zu werden. —

V. Entwurf einer Deutschen Civilprozessordnung, zweite Lesung 1872.

Für den Zweck der Erhebung des Sachverhalts sind hier massgebend für das Verfahren vor allen Gerichten und in allen Verfahrungsarten (s. z. B. Entwurf § 300^3, § 453 al. 1, § 484) die „allgemeinen Bestimmungen" über die vorbereitenden Schriftsätze in Anwaltsprozessen (§ 117— § 126). Hiernach sollen nicht allein die gegenseitigen thatsächlichen Behauptungen der Partheien einander und dem Prozessgericht rechtzeitig zur Kenntniss gelangen, sondern der Vorsitzende des Gerichts hat auch ein Behufs Feststellung des Sachverhalts unbeschränktes Fragerecht, welches mit seiner Gestattung auch jedes andere Gerichtsmitglied hat.

Noch zweckfördernder wäre ohne Frage die Herübernahme des Art. 154 der Bayerischen Civilprozessordnung gewesen, wonach mit Erlaubniss des Gerichts auch die Partheien und ihre Beistände das Fragerecht ausüben können.

Durchgreifend, und rasch zu einem Ergebniss führend, ist jedenfalls das in § 125 al. 3 ausgesprochene Präjudiz. Nach al. 1 desselben § hat nämlich jede Parthei sich über die von dem Gegner behaupteten Thatsachen zu erklären; dann heisst es in obiger al. 3: Thatsachen, welche nicht ausdrücklich bestritten werden, sind als zugestanden anzusehen, ausser aus sonstigen Erklärungen der Parthei gienge die Absicht der Bestreitung hervor.

Dieses System ist dem gemeinrechtlichen, mit seiner Fiktion negativer Einlassung, aus praktischen Gründen weitaus vorzuziehen.

Obige allgemeine Bestimmungen über die vorbereitenden Schriftsätze kehren auch in den Regeln für die Revisionsschrift wieder (§ 484), wo es in Nro. 3 heisst, dass, wenn die Revision darauf gestützt wird, dass unter Verletzung des Gesetzes Thatsachen festgestellt, übergangen oder als vorgebracht angenommen seien, eben diese Thatsachen bezeichnet werden müssten. Letztere können dann auch für das Revisionsgericht massgebend sein (§ 492).

Was endlich die Frage nach Fixirung des Thatbestands anlangt, so ist für letztere im Entwurfe durch dreierlei Einrichtungen gesorgt: durch die vorbereitenden Schriftsätze, durch das Sitzungsprotokoll (§ 139, § 140, § 255) und das Urtheil, welches nach § 269³ eine gedrängte Darstellung des Sach- und Streitstandes auf Grundlage der mündlichen Vorträge der Partheien unter Hervorhebung der gestellten Anträge enthalten soll, wobei dann auch die Vorschrift gilt, dass die Urtheilsformel getrennt zu halten sei von der Darstellung des Thatbestands und den Entscheidungsgründen. Hiezu vgl. noch Motive § 5.

Auch § 348 des Entwurfs einer Civ.-Pr.-O. für den Norddeutschen Bund schreibt vor: „Die Urtheilsformel ist von der Darstellung des Thatbestands und der Entscheidungsgründe äusserlich zu sondern; sie kann derselben vorangestellt oder nachgestellt werden“.

Noch genauer drückt sich aber § 358 des Preussischen Entwurfs (1864) aus: „Der Inhalt der Partheianträge, oder die an Stelle desselben aufzunehmende Darstellung der Sachlage ist von den Entscheidungsgründen, und die Urtheilsformel von dem übrigen Inhalte des Urtheils äusserlich zu sondern“.

§ 21.

Gegenstand und Umfang der Rechtskraft; Entscheidungsgründe.

Bezüglich vorstehender Materien beschränkt sich Verf. auf die Besprechung der in dem Entwurfe einer Deutschen Civ.-Pr.-O., sowie der Bayerischen Pr.-O. in bürgerlichen Rechtsstreitigkeiten, enthaltenen Bestimmungen.

I. Entwurf einer Deutschen Civilprozessordnung.

Die formelle Rechtskraft wird in § 589 des Entwurfs in folgender Weise geordnet:

„Die Rechtskraft der Urtheile tritt vor Ablauf der für die Einlegung des zulässigen Rechtsmittels oder des zulässigen Einspruchs bestimmten Frist nicht ein. Der Eintritt der Rechtskraft wird durch rechtzeitige Einlegung des Rechtsmittels oder des Einspruchs gehemmt.“

Hiernach ist also, wenn Berufung ergriffen werden kann, die betreffende Frist ein Monat, beginnend mit Zustellung des Urtheils (§ 451); wenn gegen ein in erster Instanz erlassenes Endurtheil eines Land-, oder eines Handelsgerichts Revision verlangt werden kann (§ 477), und in den für die Oberrevision geeigneten Fällen (§ 497), die gleiche Frist.

Was das Rechtsmittel der Beschwerde betrifft, welches nach § 499 in den in dem Entwurfe besonders hervorgehobenen Fällen[109]), und solchen, eine vorgängige mündliche Verhandlung nicht erfordernden Entscheidungen stattfindet, durch welche ein das Verfahren betreffendes Gesuch zurückgewiesen ist, so ist dieselbe nach § 509 an eine Nothfrist von zwei Wochen gebunden, beginnend mit Zustellung der Entscheidung des betreffenden Prozessgerichts.

Endlich beträgt die Frist zur Erhebung des Einspruchs (§ 199, § 204, § 288—297) zwei Wochen, beginnend von der Zustellung des Versäumungsurtheils.

Die materielle Rechtskraft ordnet § 278 an; dessen Wortlaut ist:

„Urtheile sind der Rechtskraft nur insoweit fähig, als über den durch die Klage oder durch die Widerklage erhobenen Anspruch entschieden ist.

„Die Entscheidung über das Bestehen oder Nichtbestehen einer mittelst Einrede geltend gemachten Gegenforderung ist der Rechtskraft fähig, jedoch nur bis zur Höhe desjenigen Betrags, mit welchem aufgerechnet werden soll.

„Der Eintritt der Rechtskraft ist nicht davon abhängig, dass

---

109) S. die §§ 46, 67, 96, 114, 122, 216, 275, 286, 328, 334, 337, 352 355, 583, 745, 761.

die der Rechtskraft fähige Entscheidung in die Urtheilsformel aufgenommen ist."

Die Bestimmungen dieses § sind in mehrfacher Beziehung bemerkenswerth und von eingreifender Bedeutung.

Aus Absatz 1 des § 278 ergiebt sich zweifellos, dass der Umfang der Rechtskraft keineswegs alle Punkte trifft, welche unter den Partheien streitig waren und richterlich entschieden wurden, sondern nur die mittelst Klage oder Widerklage geltend gemachten, bestimmt bezeichneten Ansprüche, soweit sie entschieden wurden. Doch ist in Folge besonderer Gestaltung, welche der Rechtsstreit in seinem Verlaufe nehmen kann, möglich, dass der Umfang der Rechtskraft noch weiter erstreckt wird. Entsteht nämlich Streit über ein Rechtsverhältniss, dessen Bestehen oder Nichtbestehen zur Ermöglichung der Endentscheidung vorher festgestellt sein muss, so hat die hieran interessirte Parthei: Kläger durch Erweiterung des Klagantrags, Beklagter durch Erhebung einer Widerklage, noch rechtzeitig, spätestens bei der der Urtheilsfällung vorhergehenden Verhandlung (§ 237), — ausdrücklich Antrag auf richterliche Entscheidung solchen Präjudizialpunkts zu stellen. Diese Entscheidung kann dann ebenso zur Rechtskraft erwachsen, wie die über die Hauptansprüche, welche unmittelbar Gegenstand des Rechtsstreits sind. Es ist aber wohl zu bemerken, dass diess nur unter der Voraussetzung stattfindet, wenn der Streit über jene Präjudizialpunkte ein zweiter förmlicher Rechtsstreit mit bestimmt formulirten Anträgen geworden ist[110]).

Es bedarf wohl keines weitläufigen Erweises, wie weit entfernt von der Savigny'schen „Rechtskraft der Elemente des Urtheils" der Deutsche Entwurf in seinen Bestimmungen über die materielle Rechtskraft ist.

Entscheidend für den Entwurf war die Rücksicht auf den

---

110) Neben dieser sog. „Inzidentfeststellungs-Klage" kennt der deutsche Entwurf auch eine besondere Feststellungsklage, wodurch ein wesentlich praktisches Bedürfniss befriedigt wird. Der § 218 des Entwurfs gestattet nämlich: „Auf Feststellung des Bestehens oder Nichtbestehens eines Rechtsverhältnisses, auf Anerkennung einer Urkunde oder auf Feststellung der Unechtheit derselben kann Klage erhoben werden, wenn der Kläger ein rechtliches Interesse daran hat, dass das Rechtsverhältniss oder die Echtheit oder Unechtheit der Urkunde durch richterliche Entscheidung alsbald festgestellt werde."

Willen der Partheien, und von diesem Gesichtspunkte aus ist § 278 aufzufassen, der reinste Ausdruck der Verhandlungsmaxime.

Wenn man bei der neueren Gesetzgebung vielfach das Bestreben wahrnimmt, sich von jenem Grundsatze zu entfernen, so liegt die Frage nahe, wie weit hierin gegangen werden dürfe. Verf. glaubt, hiebei in folgender Weise unterscheiden zu müssen.

Wenn die strengen Consequenzen der Verhandlungsmaxime nur im Interesse einer möglichst wahrheitstreuen und vollständigen Herausstellung des Sachverhalts verlassen werden wollen, dann ist jede solche Abweichung gewiss unbedingt gerechtfertigt, da hiedurch nur das wohlverstandene Interesse der Partheien gewahrt wird; denn je unaufgeklärter der Sachverhalt in Civilstreitigkeiten bleibt, um so leichter kommt es zu einer Kränkung des materiellen Rechts, endlosen Streitereien, wie auch Chikanen Thür und Thor geöffnet ist.

Ebenso kann es auch nur befürwortet werden, wenn, wie nach Art. 264 Bayer. C.-Pr.-O., dem Gerichte das Recht eingeräumt ist, Einreden, Repliken und sonstige selbständige Rechtsbehelfe, deren thatsächliche Unterlage sich aus der Verhandlung ergiebt, auch ohne ausdrücklich hierauf gerichteten Partheiantrag zu berücksichtigen.

Dagegen würde der Charakter des Civilprozesses, als eines nur Privatrechte zum Gegenstande habenden Verfahrens, wesentlich verletzt, ja vernichtet werden, wollte eine Civ.-Pr.-O. so weit gehen, dem Richter zu gestatten, auch über die von den Partheien ausdrücklich geltend gemachten, oder ihren Vorbringen unzweifelhaft zu entnehmenden Ansprüche hinauszugehen, oder die Rechtskraft beschreitende Feststellungen von Rechtsverhältnissen zu erkennen, deren Feststellung von den Partheien nicht verlangt worden ist. Will man überhaupt noch auf dem Boden des Civilprozesses bleiben, so ist diess die Grenze, welche nicht überschritten werden darf, welche aber von Savigny überschritten worden ist, denn seine Lehre führt unvermeidlich zu rechtskräftigen Feststellungen, an welche die Partheien nicht gedacht, oder die sie geradezu nicht gewollt haben.

Den in vorliegender Frage einzig richtigen Standpunkt nimmt

auch der Entwurf einer Civ.-Pr.-O. für den Norddeutschen Bund § 359[111]) ein, wo es heisst:

Die in dem Rechtsstreite erlassenen Urtheile sind der Rechtskraft nur insoweit fähig, als über den durch die Klage oder Widerklage erhobenen Anspruch entschieden ist.

In § 196 ebenda finden wir dann die Bestimmung:

Wird im Laufe des Prozesses ein Rechtsverhältniss streitig, von dessen Bestehen oder Nichtbestehen die Entscheidung eines Rechtsstreits ganz oder zum Theil abhängt, so ist dieses Rechtsverhältniss in demselben Prozesse durch richterliche Entscheidung festzustellen, wenn hierauf von dem Kläger durch Erweiterung des Klagantrags, von dem Beklagten durch Erhebung einer Widerklage angetragen wird.

Nach dem Schlusse der Hauptverhandlung ist der Antrag auf eine solche Entscheidung nur mit Zustimmung des Gegners zulässig.

Um nun wieder zu § 278 des Deutschen Entwurfs zurückzukehren, so beschäftigt sich der zweite Absatz dieses wichtigen Paragraphen speziell mit dem Verhältniss der Rechtskraft zu Vorbringen des Beklagten, erklärt aber den richterlichen Entscheid über solche nur dann für der Rechtskraft fähig, wenn solche Vorbringen Gegenforderungen sind, mit welchen Beklagter kompensiren will; und auch dann soll die Rechtskraft nur beschränkt wirken: nämlich nicht unbedingt ein für allemal über den Bestand oder Nichtbestand der Gegenforderung entscheidend, sondern nur bis zu der Höhe des in Aufrechnung gebrachten Betrags. Würde also die Gegenforderung mehr betragen als die ihr gegenüberstehende des Klägers, so ergiebt sich die Eigenthümlichkeit, dass die Gegenforderung bezüglich dieses „mehr“ von dem Urtheile nicht berührt wird, also in soweit weder als zu- noch abgesprochen zu gelten hat. Die Wirkung der Rechtskraft gegenüber dem Beklagten fasst sich daher nach dem Deutschen Entwurfe dahin zusammen:

---

111) Welcher § der deutschen Civ.-Pr.-Commission augenscheinlich als Muster vorlag.

Gegenansprüche des Beklagten unterliegen unbedingt der Rechtskraft, wenn sie durch Widerklage geltend gemacht werden; wenn durch Compensation: nur für den in Aufrechnung gebrachten Betrag.

Nicht zu verkennen ist, dass die Gesetzcommission auch bei dieser Materie sich streng an die Verhandlungsmaxime gehalten, und die Massgabe der zu treffenden Bestimmung, der Lage des Beklagten, als eines sich nur vertheidigen Wollenden entnommen hat. Reiner kann jener prozessleitende Grundsatz wohl nicht mehr zum Ausdruck gebracht werden. —

Absatz 3 des § 278 enthält die eigentlich ziemlich liberale Bestimmung, dass der Eintritt der Rechtskraft einer richterlichen Entscheidung nicht davon abhängig sei, dass letztere in die Urtheilsformel aufgenommen worden.

Nach dem preussischen und französischen System ist diess bekanntlich anders, und nur diejenigen richterlichen Entscheidungen für der Rechtskraft fähig erklärt, welche in den Urtheilstenor aufgenommen sind.

Keine Frage ist es, dass man über den Vorzug des einen vor dem andern Systeme streiten kann.

Das Preussische System, welches eine strenge Sonderung der Urtheilsformel von der Darstellung des Thatbestands und der Entscheidungsgründe verlangt, bietet jedenfalls den Vortheil der sicheren Erkenntniss derjenigen Punkte, worüber entschieden ist und welche der Rechtskraft fähig, also nach Umständen Appellationspunkte sind. Dagegen liesse sich diesem Systeme der Vorwurf machen, die wichtige Frage, welche Theile des richterlichen Urtheils der Rechtskraft fähig sind, welche nicht, weniger auf innere Momente, auf das Verhältniss der materiellen Entscheidung zu den erhobenen Privatrechtsansprüchen zu stellen, als auf Aeusserlichkeiten, auf den Umstand, ob eine fragliche Entscheidung auch wirklich in der Urtheilsformel steht. Solche Lokalisirung veranlasst in Fällen, in welchen wahre Decisen besser in den Entscheidungsgründen stehen, den Richter entweder zu Wiederholungen oder zu unvollständiger Abfassung der Entscheidungsgründe. —

Was dann endlich die Bestimmungen des Deutschen Entwurfs über die Entscheidungsgründe anlangt, so entscheidet hier

§ 269 Nro. 4, wonach die Entscheidungsgründe zwischen der Darstellung des Thatbestands und der Urtheilsformel ihre Stelle erhalten haben. Dass sich unter ihnen auch wahre, der Rechtskraft fähige Entscheidungen finden können, wurde so eben bemerkt. Um so wünschenswerther wäre für den Zweifelsfall die Aufnahme einer Bestimmung gewesen, wonach auch in Bezug auf die Entscheidungsgründe eine Erläuterung oder Ergänzung vorkommen dürfe; die eine wie andere müsste der geurtheilt habende Richter auf entsprechenden Antrag der Partheien abgeben[112]. Zur Unterstützung einer entsprechenden Einrichtung liessen sich allerwege praktische Beispiele finden. Man nehme z. B. den Fall: der Richter hat unter Verwerfung der beiden Einreden der Compensation und der Verjährung den Beklagten verurtheilt; die Redaktion des Urtheils lässt aber nicht deutlich genug erkennen, aus welchem Grunde jede einzelne dieser Einreden verworfen wurde, auch nicht, ob die Entscheidung auf einer kombinirten Verwerfung jener beiden Einreden beruhte, oder sich speziell auf die Verwerfung nur einer derselben stützte, so dass also die, wenn auch erfolgte Verwerfung der anderen keinen Gegenstand der Beschwerde für den Beklagten bildet. Da derselbe ferner auch im Unklaren über den Grund der Verwerfung der Einreden ist, weiss er auch nicht, welches Rechtsmittel er ergreifen soll, ob die Berufung oder Nichtigkeitsbeschwerde: der Richter könnte ja z. B. bei Verwerfung der Einrede der Verjährung eine Vorschrift des Civilrechts verletzt oder unrichtig angewendet haben. —

II. Bayerische Prozessordnung in bürgerlichen Rechtsstreitigkeiten (1869).

1. Zum Zwecke des Verständnisses der Rechtskraft nach der Bayer. Pr.-O. muss von den betreffenden Bestimmungen über die Klagschrift und das Urtheil ausgegangen werden.

Nach Art. 225 soll die Klagschrift unter genauer Bezeichnung des Streitgegenstands eine gedrängte aber vollständige und deutliche Darstellung der den Klaganspruch begründenden Thatsachen, den Rechtsgrund, aus welchem der Anspruch abgeleitet

---

112) Dieser Punkt wurde auch von einem der Abgeordneten der Hannover'schen Ges.-Comm. treffend besprochen; s. Protokolle von S. 6180 an; auch S. 3780.

wird, und ein bestimmtes Gesuch in der Hauptsache sowohl als in den Nebenpunkten enthalten.

Sonach sind die Hauptmomente der Klagschrift dreierlei: Bezeichnung des Streitgegenstands (z. B. Streit über das Eigenthum einer Sache), Klaganspruch (Zuerkennung des Eigenthums an den Kläger), Gesuch (Verurtheilung des Beklagten zur Herausgabe der Sache an den Kläger).

Dass das Gericht im Allgemeinen der Parthei nicht ein Anderes oder Mehreres zuerkennen kann, als um was sie gebeten hat, — diess bestimmt Art. 262 Abs. 1.

Dennoch aber kann nach Art. 294 die Rechtskraft viel weiter greifen, als gerade über die erhobenen Ansprüche. Der Eingangssatz des Artikels lautet nämlich:

> Die Wirkung des Urtheils ist beschränkt einerseits auf den Gegenstand des Rechtsstreites und die in diesem entschiedenen Streitpunkte — — —[113].

Hierin liegt nun Folgendes:

a. Zunächst soll das der Rechtskraft fähige Urtheil auf den „Gegenstand des Rechtsstreits" wirken. Auch diess ist ein unglücklicher Ausdruck wegen seiner Unpräcision, denn hierunter kann man zweierlei verstehen: einmal, z. B. im Eigenthumsstreite, die strittige Sache, — dann den hieran geltend gemachten Eigenthumsanspruch. Jenes anzunehmen wäre falsch, denn das heutige Urtheil über die Sache X macht keine Rechtskraft für den Fall, dass morgen ein anderes Recht an derselben Sache verlangt wird; also kann „Gegenstand des Rechtsstreits" nur obige zweite Bedeutung haben. Dass nun das Urtheil über einen konkreten Rechtsanspruch in Rechtskraft erwachsen kann, ist nur selbstverständlich.

---

113) Folgt dann: „andererseits beschränkt" auf folgende Personen etc. Warum hier die Lehre von der Rechtskraft, bezw. die Wirkung des Urtheils in objektiver und subjektiver Beziehung, unter dem Titel einer „Beschränkung" hierauf eingeführt wird, ist nicht einzusehen. Wie weit sollte denn sonst die Bayerische Rechtskraft noch wirken können? Ist ohnehin ihre Wirkung so weit gezogen als möglich, daher jenes „beschränkt" doppelt unpassend ist. Ueberhaupt wirkt nichts auf der Welt absolut und unbeschränkt, — am Wenigsten die Rechtsinstitute, welche alle ihre festgezogenen Grenzen und genau bestimmten Wirkungskreis haben. Was würde man von einem Gesetzartikel halten, welcher lautete: „Die Wirksamkeit eines Testaments ist beschränkt auf die in demselben genannten Personen"?

b. Nach Artikel 294 soll sich aber die einstige Rechtskraft auch noch auf alle in diesem Rechtsstreite entschiedenen Streitpunkte beziehen, womit unzweifelhaft gesagt ist, dass sich die Rechtskraft nicht auf die ausdrücklich erhobenen Parthei-Ansprüche beschränkt, sondern auch alles Andere trifft, was unter den Partheien streitig war und entschieden wurde.

Hierin liegt als eigentlicher Kern dieser Bestimmung, dass der richterlichen Entscheidung streitiger Incidentpunkte, z. B. über das Bestehen einer Capitalforderung bei Gelegenheit des Streites über einen einzelnen Zinszieler, nicht allein für gegenwärtigen Rechtsstreit Rechtskraft zukommt, sondern für alle Fälle und alle Zeiten, in welchen der betreffende Incidentpunkt unter den jetzigen Partheien oder ihren Rechtsnachfolgern wieder streitig werden sollte.

Dass diese Bestimmung nichts ist als eine Legalisirung der Savigny'schen Lehre von der Rechtskraft der „Elemente des Rechtsstreits", dürfte einleuchtend sein. Die Bayer. Pr.-O. hat auch gesorgt, dass die in Folge des Art. 294 leicht eintreten könnende Durchbrechung der Competenzen-Ordnung hintangehalten werde, worüber zu vgl. die sorgfältigen Ausführungen von Schmitt l. § 81—§ 83. Uebrigens bedarf es keiner besonderen Ausführung mehr, dass Verf. die Bestimmungen der Bayer. Pr.-O. über die Rechtskraft als nicht mehr im Einklang mit dem Grundsatze der Verhandlungsmaxime stehend finden kann.

2. Nach Art. 294 ergiebt es sich von selbst, dass wenn sich Beklagter in der Hauptsache einlässt, also keine Einreden im Sinne der Art. 184—186 vorbringt, das richterliche Urtheil in Bezug auf die von ihm, wenn auch nur zu seiner Vertheidigung vorgebrachten und streitig gewordenen, seine Verurtheilung beseitigen oder mindern sollenden Ansprüche, unbedingt Rechtskraft erzeugen muss. Daher würde z. B. über einen Compensations-Anspruch nicht etwa, wie nach dem Entwurfe einer Deutschen Civ.-Pr.-O. nur bis zum Betrage der Aufrechnungssumme, sondern ein für allemal über die ganze in Aufrechnung gebrachte Gegenforderung rechtskräftig abgeurtheilt.

3. Was endlich die Entscheidungsgründe betrifft, so enthalten die Artikel 275, 278, 295 die allgemeinen Vorschriften über dieselben. Ihrem reinen Begriffe nach (Art. 275) sind sie

derjenige Theil des Urtheils, welcher die thatsächliche und rechtliche Begründung des richterlichen Ausspruchs enthält, und sind sie jedenfalls von der Darstellung des Sachverhalts und der gestellten Gesuche (Art. 289) getrennt zu halten. Sie sind im Allgemeinen der Rechtskraft nicht fähig (Art. 295), so wenig sie auch bei Vermeidung der Nichtigkeit des Urtheils fehlen dürfen (Art. 788[4]), allein sie können auch wahre Entscheidungen enthalten (Art. 790). —

Druck von Metzger & Wittig in Leipzig.

FSC
www.fsc.org
MIX
Papier | Fördert gute Waldnutzung
FSC® C083411

Kolibri 360 GmbH
Ferdinand-Jühlke-Straße 7
99095 Erfurt, Deutschland
produktsicherheit@kolibri360.de